el

DIOS

que no entiendo

el
DIOS
que no entiendo

Reflexiones y preguntas difíciles
acerca de la fe

CHRISTOPHER J. H. WRIGHT

prólogo por JOHN R. W. STOTT

Vida®

La misión de Editorial Vida es ser la compañía líder en comunicación cristiana que satisfaga las necesidades de las personas, con recursos cuyo contenido glorifique a Jesucristo y promueva principios bíblicos.

EL DIOS QUE NO ENTIENDO
Edición en español publicada por
Editorial Vida – 2010
Miami, Florida

© 2010 by Christopher J.H. Wright

Originally published in the USA under the title:
   The God I Don't Understand
   Copyright © 2008 by Christopher J.H. Wright
Published by permission of Zondervan, Grand Rapids, Michigan 49530.

Traducción: *Rojas & Rojas Editores, Inc.*
Edición: *Rojas & Rojas Editores, Inc*
Diseño interior: *Base creativa*
Adaptación de cubierta: *Cathy Spee*

ISBN: 978-0-8297-5353-0

CATEGORÍA: Estudios bíblicos/General

IMPRESO EN ESTADOS UNIDOS DE AMÉRICA
PRINTED IN THE UNITED STATES OF AMERICA

10 11 12 13 ❖ 6 5 4 3 2 1

Dedicado a:
Gordon y Ann

ÍNDICE

PRÓLOGO

La primera vez que conocí y escuché a Chris Wright fue en una Conferencia de Ética Cristiana. Se le había encomendado un tópico hasta cierto punto controversial y él lo había manejado con coraje y equilibrio. Subí después a donde él estaba y le di las gracias por ello.

Desde entonces he leído mucho de lo que él ha escrito y escuchado numerosas conferencias y sermones suyos; en cada ocasión me han impactado las mismas características de coraje y equilibrio. Él está absolutamente comprometido con la autoridad suprema de la Escritura. Al mismo tiempo, enfrenta con integridad el problema de la interpretación bíblica.

No importa con cuánta fuerza creamos en la revelación divina, tenemos que reconocer que Dios no nos lo ha revelado y que mucho de lo que él nos ha revelado no es sencillo. Es debido a que el Dr. Wright enfrenta los problemas bíblicos con una combinación de honestidad y humildad que recomiendo encarecidamente este libro.

—John Stott, agosto de 2008

PREFACIO

Algunos de mis amigos fruncieron las cejas cuando les dije que estaba escribiendo un libro titulado *El Dios que no entiendo*. Puede que esto haya tenido algo que ver con el hecho de que ellos saben que he escrito tres libros sobre conocer al Padre, al Hijo y al Espíritu Santo en el Antiguo Testamento[1]. ¿Era esto una súbita caída en la apostasía o un resbalón? Les dije que era una saludable señal de equilibrio.

Como espero que se haga evidente a lo largo de este libro, vivo a diario con el grato gozo de conocer y confiar en Dios. Pero conocer y confiar no equivale necesariamente a comprender. Incluso conocer muy bien alguien no es lo mismo que comprenderlo del todo, como podrían testificar la mayoría de las parejas casadas felices. Y en la vida diaria tenemos que confiar a menudo en personas sin comprender muy bien cómo funcionan, como estoy obligado a hacer cada año en mi declaración de impuestos a Rentas Internas. De la misma manera, conocer a Dios, amarlo y confiar en él con todo nuestro corazón y alma y fuerzas, no es lo mismo que comprender a Dios en todos sus caminos. Pues como el propio Dios nos recuerda:

> —Porque mis pensamientos no son los de ustedes, ni sus caminos son los míos —*afirma el Señor*—. Mis caminos y mis pensamientos son más altos que los de ustedes; ¡más altos que los cielos sobre la tierra!
>
> —Isaías 55:8-9

Este un tipo de libro más personal que la mayoría de los que he escrito, como a veces aparentan ser mis propios empeños. Iba a decir que este no es un libro de teología, pero sería errado. No es un libro de una construcción teológica sistemática. Pero es un libro que trata de contar una enseñanza bíblica, una fe personal, cuestiones apremiantes, y experiencias de vida al mismo tiempo, y eso debe ser lo que haga la teología. Mi esperanza es que lo haga con un equilibrio saludable de honestidad (donde yo no comprenda) y claridad (donde pienso que hay cosas que podemos y debemos comprender). Por lo menos esa ha sido mi oración.

Muchas personas participan en la redacción de un libro. Me gustaría agradecerle a Stan Gundry de Zondervan junto con Pieter Kwant, director de *Langham Literature* y mi agente literario, por la conversación inicial que me alentó a unir en un solo libro varios de los tópicos que en ese tiempo estaban en una confusión desordenada en mi cabeza. Katya Covrett ha estado entre los más alentadores y atentos editores con los que he trabajado y se lo agradezco cálidamente. También agradezco que Hugh Palmer, rector de la Iglesia de Todas las Almas, de Langham Place, Londres, me haya permitido predicar una serie sermones en septiembre de 2007 bajo el mismo título de este libro, para sacar a la luz de manera preliminar algunas de mis reflexiones. Mi esposa y familia saben de la gratitud diaria que expreso a Dios por la bendición que ellos representan, como la evidencia personal viva de la gracia divina que va más allá de mi comprensión.

El libro está dedicado a Gordon y Ann McBain, cuya familia y la nuestra están unidas por muchos años de enriquecedora amistad, en gratitud por las conversaciones con Gordon que pusieron en marcha el tren de pensamiento que ahora ha llegado a su destino en este pequeño volumen.

Notas

1. *Knowing Jesus through the Old Testament, Knowing the Holy Spirit through the Old Testament, and Knowing God the Father through the Old Testament* (todos publicados en el Reino Unido por Monarch Press, y en Estados Unidos por InterVarsity Press).

INTRODUCCIÓN

Este libro comenzó en torno a nuestra mesa de comedor. Estaba tomando café con mi esposa y Gordon, un viejo amigo nuestro. Hablábamos de otros amigos y de los miembros de nuestras familias ampliadas. Algunos de ellos estaban pasando por circunstancias realmente estresantes o tragedias familiares de un tipo u otro. Esta era excelente gente cristiana, así que sentimos extrañeza por lo extraños que eran los caminos de Dios y por qué permitía que algunos de sus hijos sufrieran tanto y otros tuvieran vidas que parecen casi libres de dolor.

Meditaba en que las personas con frecuencia están prestas a decir rápidamente: «Eso no es justo», cuando ellas o gente cercana a ellas pasan por sufrimientos que parecen del todo inmerecidos, en tanto que a veces yo mismo siento que es injusto que haya sufrido tan *poco* en mi propia vida mientras en mi familia tengo hermanos que han experimentado todo tipo de tensiones, enfermedades, aflicciones y otras agonías en las suyas. Parece no haber consonancia o razón que explique tal desigualdad de experiencias, cuando todos somos creyentes. Ninguno de nosotros es mejor como santo. Ninguno de nosotros es peor como pecador. Pero Dios ha permitido un gran sufrimiento para algunos y se lo ha ahorrado a otros.

—No entiendo por qué Dios hace eso —dije.

La reacción de Gordon fue una mezcla de sorpresa y alivio.

—Pensé que tú, siendo un especialista bíblico y teólogo y todo eso, habías resuelto todas estas cosas —dijo—. Es alentador pensar que tienes inquietudes exactamente como el resto de nosotros.

—Lejos de haberlas resuelto todas —respondí—, me parece que mientras más viejo me pongo, menos pienso que comprendo a Dios. Lo cual no significa que no lo ame y confíe en él. Por el contrario, según avanza la vida, mi amor y confianza se hacen más profundos; pero mi conflicto con lo que Dios hace o permite también se hace más profundo.

Este curso de pensamiento comenzó entonces con el problema del sufrimiento, el cual, por supuesto, ha sido un problema muy analizado por creyentes sensibles desde los tiempos bíblicos y a través de los tiempos. Pero esa conversación me llevó a reflexionar en que había varias otras maneras en las cuales, si soy sincero, no comprendo a Dios. Nada de esto me hace dudar de la existencia de Dios ni caer en la incredulidad o la rebelión. Ninguna de ellas amenaza el profundo amor de toda la vida por el Señor y su Palabra que ha moldeado mi existencia desde la niñez. Pero estoy consciente que, para muchas personas, estas áreas problemáticas pueden ser una verdadera piedra de tropiezo. Pueden suscitar tantas preguntas e incertidumbres que la propia fe se convierte en una pugna, y se cuestiona la propia persona y el carácter de Dios, o algo peor.

No es que estos sean ni remotamente problemas nuevos o que solo recientemente me haya vuelto consciente de ellos. Recuerdo bien haber tenido discusiones con amigos de la escuela y la universidad hace más de cuarenta años sobre algunos de los temas que aparecen en los capítulos de este libro. Pero pienso que cuando uno es joven, pone estas cuestionas en un anaquel mental denominado «Para resolverlo más adelante». Usted casi espera que tiene que haber una respuesta para ello, con un poco más de lecturas y estudios, o escuchando a líderes cristianos más maduros e instruidos. De seguro que alguien en algún lugar debe haber desentrañado estos problemas. Pero mientras avanza la vida, usted se da cuenta de que nadie parece haberlo logrado de manera convincente. ¿Tiene alguien *en realidad* una respuesta para estas cosas? Quizá no. Quizá no estemos destinados a tenerla.

Por otra parte, mientras la vida avanza, los propios problemas se hacen aun más urgentes cuando asuntos como el sufrimiento y la mortalidad comienzan a invadir la vida propia y nuestro círculo familiar y de amistades. De esa manera, como lo dije antes, mientras mi amor por el Señor y mi gratitud y fe se fortalecen a diario a través de sus ricas bendiciones, las preguntas se mantienen y la falta de comprensión asume un perfil más definido. «¿Por qué, Señor?» y «¿Cuánto tiempo, Señor?» parecen salir con más frecuencia a la superficie en nuestra conversación diaria con Dios.

Como Gordon (igual, sin duda, que muchos otros) piensa que los teólogos y los eruditos bíblicos se supone que comprendan todas estas cosas, pienso que es bueno que todos a los que Dios ha llamado y dotado en ese particular ministerio seamos los primeros en afirmar que eso está lejos de ser el caso. Ahora, por supuesto, los estudios bíblicos y teológicos sí llevan a una mayor comprensión de Dios, sus palabras y sus caminos, en todo tipo de ricas dimensiones. Estoy agradecido por la modesta participación en esa gran herencia que Dios me ha concedido. Es un gozo y un inmenso privilegio que se me haya concedido tiempo y oportunidad, durante tantos años, para estudiar y enseñar la Palabra de Dios a otros y para encontrar una profunda realización personal en que me capacitaran para explicar lo que se puede explicar y así ayudar a otros a alcanzar una mayor comprensión. Pero estas son cuestiones misteriosas de nuestra fe cristiana que están más allá de la más acuciosa erudición y los más profundos ejercicios espirituales.

Un escritor bíblico que ha tratado más esforzadamente que la mayoría de probar los misterios de la vida y de Dios y que parece haber sido un maestro de profesión, llegó a la siguiente conclusión,

Al dedicarme al conocimiento de la sabiduría y a la observación de todo cuanto se hace en la tierra, sin que pudiera conciliar el sueño ni de día ni de noche, pude ver todo lo hecho por Dios. ¡El hombre no puede comprender todo lo que Dios ha hecho en esta vida! Por más que se esfuerce por hallarle sentido, no lo encontrará; *aun cuando el sabio diga conocerlo, no lo puede comprender.*

—Eclesiastés 8:16-17

Aun los que dicen tener las respuestas definitivas para los profundos problemas de la vida sobre la tierra creada por Dios viven en cierto grado de falsa ilusión. No saben realmente lo que reclaman saber. Mi esperanza es que este libro comunique algo de la sinceridad y el realismo de Eclesiastés al tiempo que sea capaz de afirmar las más amplias dimensiones de la acción y la revelación de Dios que no estuvieron a disposición del autor en su día.

De tal manera que, entonces, no me apena decir que hay muchas cosas que no comprendo sobre Dios.

Diferentes tipos de incomprensión

Pero mi «incomprensión» asume diferentes formas y produce diferentes reacciones internas.

Hay cosas que no comprendo de Dios y me dejan *irritado* o *apesadumbrado*, porque eran, o son todavía, horribles e inexplicables. Todos nosotros luchamos para encontrarle sentido a la presencia del mal en medio de la bondadosa creación de Dios (aunque quizá no estemos destinados a hacerlo, y nunca podamos «encontrarle sentido» al mal; la propia esencia del mal es la negación de toda bondad y el «sentido» es una cosa buena. En fin de cuentas, el mal no tiene ni puede tener sentido).

Sin embargo, el problema filosófico y teológico del mal es una cosa; la torcida realidad del sufrimiento real es otra; y mientras más lo vemos, más difícil es llegar a comprender a Dios en relación con él. ¿Cómo se supone que respondamos al desconcertante y asombroso grado de sufrimiento que tiene lugar en este mundo? Una respuesta que encontramos en la propia Biblia es el lamento. Una palabra más moderna para la misma cosa es protesta. ¿Qué significa lamentarse y protestar delante de Dios por cosas que no podemos comprender? Y por qué parece que pensamos que de alguna manera está mal el hacerlo?

Hay cosas que no comprendo sobre Dios que me dejan *moralmente turbado*. Algunas de estas son cosas que suceden en la propia Biblia, y especialmente en el Antiguo Testamento. Hay una gran cantidad de violencia: actos violentos, palabras violentas, metáforas violentas. El acontecimiento sobresaliente en que todo el mundo piensa es la destrucción de los cananeos cuando los israelitas del Antiguo Testamento se apoderaron de la tierra que Dios les había prometido. ¿Hay alguna manera en que podamos interpretar esas cosas que sea consistente con lo que nos dice el resto de la Biblia sobre el carácter de Dios?

Hay cosas que no comprendo sobre Dios porque son muy *extrañas*. ¿Por qué dijo e hizo Dios cosas en la Biblia que han sido tan incomprendidas en generaciones posteriores? Quizá esto sea más un problema que tengo al tratar de comprender la forma en que muchos cristianos parecen aturdirse en la manera que interpretan la Biblia que un problema con el propio Dios. Pero aun así, a veces me pregunto si el propio Dios no se rasca la cabeza por lo que hemos hecho con unos cuantos versículos acerca de unos misteriosos miles de años, o cómo fantaseamos y novelamos sobre el rapto y lo que viene después, o cómo nos obsesionamos con el cronograma del «fin del mundo» en un asombroso desafío a las advertencias de Jesús de no hacerlo.

Hay cosas que no comprendo sobre Dios, pero me llenan de *gratitud* porque no podría vivir sin la realidad de su verdad, aceptada por la fe. El ejemplo supremo es, por supuesto, la misma cruz. ¿Quiénes son tan atrevidos que pueden decir que *comprenden* exactamente *cómo* la cruz ha resuelto nuestras más profundas necesidades? Pero de todas formas nos aferramos al hecho de que, por la gracia de Dios y con la autoridad de la Palabra de Dios, lo ha hecho. Se ha señalado con sabiduría que, cuando Jesús se dispuso a explicar la expiación a sus discípulos, no les dio una teoría, sino una comida. Eso, por supuesto, no ha impedido que la gente teorice, comenzando de hecho con esos primeros discípulos y aquel que pronto se les sumó, el apóstol Pablo. Y todavía la controversia se desata alrededor del significado de la cruz.

Sin pretender comprenderla del todo, ¿podemos al menos disipar algunas de las peores incomprensiones?

Hay cosas que no comprendo sobre Dios, pero ellas me llenan de esperanza en medio de la deprimente destrucción de la tierra y sus habitantes. La Biblia lidia con las verdades más oscuras de la vida sobre la tierra en el presente, incluyendo los temas mencionados arriba. Pero lo hace con un lento crescendo de expectativa de un mundo mejor en el futuro. Tanto en el Antiguo como el Nuevo Testamento, una visión de la nueva creación de Dios nos deslumbra. Aquí tampoco soy capaz de explicar a como será o cómo se realizará, pero lo que sí encuentro es que el verdadero retrato bíblico de la nueva creación brilla más que muchos de los mitos populares y caricaturas del «cielo» y me parece mucho más digna de que se la busque. Estoy feliz de esperar la nueva creación de Dios sin una comprensión total (creyendo, igual que Pablo, que el momento para eso llegará), pero no sin una gozosa confianza.

Estas, entonces, son algunas de las cosas que encontré que en realidad no comprendía sobre Dios; no todas son del mismo tipo, no todas representan la misma carga emocional o espiritual. Y sin embargo, cuando nos enfrentamos a estos problemas con la ayuda de la Biblia, parece que podemos al menos esclarecer algunas respuestas equivocadas, inadecuadas o engañosas que se les dan. De manera que, siempre que sea posible en este libro, trataré de mostrar por qué algunos tipos de respuestas que se ofrecen a cuestiones perturbadoras, en realidad no son útiles en lo absoluto.

No obstante, hay algunas consideraciones sobre estas cosas que son útiles e instructivas, aunque no den respuesta a todas nuestras dudas. Así que, dondequiera que haya tales consideraciones las quiero decir, porque pueden arrojar una luz sobre temas difíciles de discusión. Por lo tanto, mediante un análisis de ambos puntos de vista de lo que se pueda decir, espero mostrar que es posible ser muy claro sobre cosas que sí comprendemos, o debemos comprender, porque Dios las ha aclarado en la Biblia, mientras que aceptamos nuestra falta de comprensión (incluso nuestra confusión y dolor) de muchas otras cosas que Dios ha decidido no explicarnos, y lo hacemos con humildad y hasta con gratitud y alivio. Podemos ser perfectamente honestos sobre cosas que no comprendemos sin amenazar la esencia de nuestra fe en la verdad de las cosas que podemos y debemos comprender.

En buena compañía

Después, mientras seguía pensando en las cuestiones de mi propia falta de comprensión de alguna de estas cosas, me encontré confortado por una buena compañía.

La Biblia nos ofrece muchos ejemplos de gente que estuvo delante de Dios en confusión, aflicción, ansiedad o temor y le dirigió a él sus preguntas. Valdría la pena hacer una investigación que abarcara todas las preguntas que encontramos en la Biblia. Por supuesto, muchas son retóricas, meramente una manera de formular una afirmación contundente. Pero muchas de las preguntas de la Biblia parecen surgir de un profundo anhelo de comprender los caminos de Dios cuando él habla o actúa o cuando declara su intención de hacerlo de formas que trascienden nuestra comprensión.

Abraham es suficiente enérgico para convertirse en la primera persona de la Biblia que inicia una conversación con Dios y le hace preguntas, preguntas sobre la justicia de sus intenciones en cuanto a Sodoma y Gomorra. «Tú, que eres el juez de toda la tierra, ¿no harás justicia?», pregunta (Génesis 18:25).

La pregunta de Sara, encerrada en la realidad de la esterilidad y musitada con una amarga risa, estaba dirigida directamente a Dios, aunque irónicamente ella no sabía que él estaba escuchando al otro lado de la puerta de la tienda (Génesis 18:12).

Puede que Agar le haya estado hablando o no al Dios de la familia que había acabado de expulsarla cuando se marchó desesperada: «No quiero ver morir al niño» (Génesis 21:16), pero fue Dios quien intervino para ayudarla, como había hecho antes cuando Agar se convirtió en la primera persona en la Biblia en darle un nombre a Dios, y una que fue notablemente perspicaz y reconfortante al hacerlo (Génesis 16:13).

Moisés más de una vez le pregunta a Dios, a veces sobre sus intenciones en relación con los israelitas y a veces sobre su propia exclusión de la Tierra Prometida, algo que ni Moisés ni aquellos que han reflexionado en esa decisión divina durante todos los siglos posteriores parecen haber comprendido (Deuteronomio 3:23-28).

Noemí, en la profunda aflicción de haber enterrado a su esposo y los hijos sin descendencia (un tipo de triple viudez), está en un hirviente conflicto de emociones, mientras confía en Dios y le ora, pero lo acusa de tratarla como a un enemigo (Rut 1:13b); ella echa la responsabilidad absoluta por toda la amargura, el vacío, y la aflicción de su vida sobre el propio Señor (Rut 1:20-21).

David no puede explicarse la generosidad de Dios en relación con él y su familia y solo es capaz de preguntar: «¿Quién soy yo?» (2 Samuel 7:18).

Elías no puede comprender cómo Dios puede salvar una vida solo para destruirla después, y protesta (exitosamente) contra tal inconsistencia (1 Reyes 17:20-21). Más tarde lamenta algo similar en su propio caso (1 Reyes 19:4, 10).

Todo el libro de Job es una pregunta lanzada a Dios después de sus pérdidas y sufrimiento. Dios le responde a *Job*, ¿pero responde *la pregunta*?

Jeremías se esfuerza por comprender lo que Dios dice a través de él cuando las palabras de otros profetas y todas las circunstancias externas apuntan en dirección opuesta. Su angustia a menudo toma la forma de la aflicción y, a veces, de airadas preguntas (Jeremías 12:1-3; 15:15-18; 20:7-18).

Habacuc no puede comprender la justicia soberana de Dios en los asuntos internacionales (Habacuc 1:12-17). Ello no le impide confiar en Dios con regocijo (Habacuc 3:16-19).

El libro de los Salmos está lleno de angustiosas preguntas: «¿Por qué?», «¿Cuándo?», «¿Por cuánto tiempo?». Quizá se pueda entender las preguntas de este libro a través de una exégesis cuidadosa y creativa solo del libro de los Salmos. Aquí, sobre todo, está el libro de la fe, la confianza, el amor, el gozo, la alabanza y la esperanza que coexisten con un penetrante y doloroso déficit de comprensión.

Por eso, fue una palabra de los Salmos la que dio forma a la más profunda pregunta en el momento más crucial de la historia: el clamor de abandono en los labios de Jesús al entrar en las profundidades de su sufrimiento sobre la cruz: «Dios mío, Dios mío, ¿por qué me has abandonado?» (Salmo 22:1; vea Mateo 27:46). Tenemos que escuchar la pregunta de Jesús, y discernir la respuesta, a la luz de todo el resto del Salmo, como indudablemente lo hizo Jesús. Pero todavía permanece la pregunta que nos conduce al punto central del misterio de la expiación. Para mí es un pensamiento profundamente inspirador que la palabra que introduce nuestras preguntas más atormentadoras —¿Por qué…?— las pronunciara Jesús sobre la misma cruz que fue la respuesta de Dios a la pregunta que toda la creación plantea.

Después, otra cosa comenzó a impactar en mi conciencia. ¿Ha notado usted cuántos himnos y canciones cristianas expresan los aspectos más profundos de nuestra fe a través de la formulación de preguntas (donde no podemos dar una respuesta adecuada), o a través de afirmaciones directas de que hay cosas que no podemos comprender, pero que recibimos con gozo y gratitud?

¿Y puede ser, que deba ganar
Un interés la sangre del señor?

Murió por mí, quien causó su dolor;
Por mí, ¿quien lo persiguió hasta la muerte?
¡Admirable amor! ¿Cómo puede ser
Que tú, Dios mío, debiste morir por mí?

—Charles Wesley

¡Todo esto es misterio! El Inmortal muere;
¿Quién puede explorar su extraño designio?
En vano trataba el serafín primogénito
De medir las profundidades del amor divino.

—Charles Wesley

¿Por qué debo ganar de su recompensa?
No puedo dar una respuesta;
Pero esto sé con todo mi corazón:
Sus heridas han pagado mi rescate[1].

—Stuart Townend, énfasis mío

No puedo contar por qué aquel a quien los ángeles adoran
Debe poner su amor sobre los hijos de los hombres,
Ni por qué como pastor debe buscar a los que vagan,
Para traerlos de vuelta, ellos no saben cómo ni cuándo.
Pero esto sé: que nació de María
Cuando el pesebre de Belén fue su único hogar.
Y que vivió en Nazaret y trabajó;
Y así el Salvador, el Salvador del mundo, ha venido.

—William Fullerton, énfasis mío

No sé por qué la gracia del Señor me ha hecho conocer,
Ni sé por qué su salvación me dio y salvo soy por él.
Mas yo sé a quién he creído, y es poderoso para guardarme,
Y en ese día glorioso iré a morar con él.

—Daniel W. Whittle, énfasis mío

Quizá este sea el rasgo especial y el don de la poesía, pero también un profundo reconocimiento de que la fe *busca* entender y la fe *edifica* sobre el entendimiento donde se la concede, aunque la fe no *depende* en última instancia de la comprensión. Esto no es decir, por supuesto, que la fe sea intrínsecamente irracional (todo lo contrario), sino que la fe nos lleva al ámbito donde las explicaciones nos fallan... por el momento.

La falta de comprensión anclada en una fe que adora

Un pensamiento final antes de sumergirnos en nuestra lista de preguntas.

El Salmo 73 presenta un poderoso precedente bíblico de lo que espero hacer en este libro. Este un salmo que comienza afirmando lo esencial de la fe de Israel: «En verdad, cuán bueno es Dios...». Pero continúa expresando una profunda angustia por la aparente inversión moral y espiritual que el autor (como nosotros) puede ver a su alrededor, a saber: el constante triunfo del mal sobre el bien, el éxito del malvado, y la aparente futilidad de intentar vivir una vida piadosa y recta (vv. 1-14). Aquí hay alguien que habla sobre el Dios que no comprende, en tanto que Dios no parece responder ni abordar la situación.

En medio del Salmo él hace dos cosas. Primero, en el versículo 15, se cuida de no ir muy lejos por el camino de anunciar sus propias luchas sobre estas materias por miedo de traicionar al pueblo de Dios. Esto es, sabe que los hijos de Dios tienen suficientes problemas propios sin ser peligrosamente acosados por el líder de su culto que difunde sus preguntas y dudas. Hay un *límite* pastoral apropiado a la hora de vociferar las protestas, como Dios le recordó a Jeremías en una ocasión (Jeremías 15:19) y como Isaías le advirtió a su audiencia (Isaías 45:9-13). He orado constantemente al trabajar sobre este libro para no transgredir ese límite. Quiero analizar las preguntas con las que lidia la propia Biblia, pero quiero edificar al pueblo de Dios, no traicionar su fe.

Y en segundo lugar, en el Salmo 73:16-17, el salmista va a adorar a la casa de Dios con el pueblo de Dios. Allí, en el contexto del culto, su perspectiva cambia y ve las cosas a la luz de la suprema voluntad y el gobierno moral de Dios. Esto no cambia las realidades del presente. Pero les inyecta una expectativa transformadora desde el futuro que es sobria y consoladora. Sin embargo, de manera crucial, habiendo alcanzado el lugar de la confianza y complacencia al final del Salmo («para mí el bien es estar cerca de Dios»), el autor no regresa y borra todo lo que ha escrito en la primera mitad. Nos deja oír su combativa falta de comprensión y su restaurada fe que adora.

Oro para que este libro siga el ejemplo del escritor del Salmo 73 en todos estos aspectos. Busco ser honesto y realista, no quiero alterar aun más la fe de aquellos que ya están turbados. En su lugar, quiero enfrentar las limitaciones de nuestra comprensión y reconocer el dolor y la pena que esto causa a menudo. Pero al mismo tiempo, quiero que seamos capaces de decir con este salmista (73:28): «Pero eso está bien. Dios en última instancia tiene el control y puedo confiar en él para que arregle las cosas. Mientras tanto, me quedaré cerca de él, haré de él mi refugio, y seguiré contando sus hazañas».

Nota

1. Esto es del himno de Stuart Townend: *«How Deep the Father's Love for Us»*; utilizado con permiso.

PRIMERA PARTE

¿QUÉ DEL MAL Y EL SUFRIMIENTO?

En términos prácticos, todo el mundo tiene problema con el mal y el sufrimiento. Todos los seres humanos experimentan las realidades de la vida en este mundo, con sus dolores, crueldades, enfermedades, violencia, accidentes, duelos, tortura, sufrimiento físico y emocional, y muerte. Estas cosas son los problemas de vivir en el mundo. Nos bombardean en cada giro de la vida diaria. Sufrimos el dolor de experimentar algunos de ellos nosotros mismos, y sufrimos el dolor de presenciar los sufrimientos de otros, a menudo mucho peor que los nuestros. De tal manera que sí, el sufrimiento y el mal son problemas prácticos para todo el mundo.

Pero en términos *teóricos*, el mal y el sufrimiento constituyen un problema singular para los cristianos. Los cristianos se enfrentan mentalmente con el problema del mal de una forma que otros no lo hacen. No quiero decir que los no cristianos no sufran ni luchen mentalmente con los terribles enigmas del sufrimiento y el mal. Por supuesto que sí sufren. Algunas de las mayores obras del arte, la literatura y la música del hombre han emergido de esa lucha mental y emocional con la realidad del sufrimiento y el mal. Lo que quiero decir es que *la existencia del mal en sí mismo* no es realmente el espantoso reto contradictorio para otras visiones del mundo como ciertamente lo es para la cosmovisión cristiana. Cuando uno piensa en lo que nosotros los cristianos creemos sobre Dios y el mundo, la existencia del mal es realmente un problema.

¿Cómo podríamos explicarlo?

¿Por qué existe el mal?

¿De dónde viene?

El mal no es un problema (en teoría) para las cosmovisiones y religiones *politeístas* (las que creen en la existencia de muchos dioses). Los muchos dioses son ellos mismos una mezcla del bien y el mal: en motivos, relaciones y acciones. Así que, como la vida en el mundo físico y humano está íntimamente ligada con lo que sucede en el mundo de los dioses, el mal y el sufrimiento son «normales». Esto es, son lo que usted esperaría si creyera que el propio mundo divino tiene dimensiones del mal. Si los dioses, o algunos de ellos, son como los hombres que se portan de mala manera, ¿por qué sería diferente el mundo del comportamiento humano, si está gobernado por esas malévolas influencias? De hecho, el politeísmo se puede comprender como una manera plausible de resolver el problema del mal. Simplemente, usted sitúa el origen del problema en el mundo de los dioses. ¿Por qué existe el mal en el mundo? Porque algunos dioses son siempre malvados y algunos dioses son malvados una parte del tiempo. ¿Qué más puede esperar usted que sea el mundo sobre el que estos influyen?

El mal no es un problema para las cosmovisiones y religiones *monistas*. El monismo es el punto de vista según el cual toda realidad es una e indivisible. El monismo espiritual o trascendental, como se encuentra, por ejemplo, en algunas formas de religión oriental, tales como el hinduismo y el budismo, afirma que todas las cosas son parte de un Ser (Brahma) absolutamente trascendente, y que todas las distinciones que vemos en el mundo, incluyendo la manera en que *parecemos* ser individuos distintos, son ilusorias. En última instancia no hay diferencia entre el usted y el yo, entre el «me» y el «le», entre el mundo que se ve y el que no se ve, entre el mundo físico o espiritual; todo es uno. No hay distinción (como existe sin duda alguna en la cosmovisión bíblica) entre el creador y lo creado.

Eso también es puramente una ilusión o un mito para explicar cómo parecen ser las cosas (para el hinduismo tales mitos están para satisfacer las mentes inferiores). La suprema meta de la iluminación espiritual es lograr la absoluta unidad de todas las cosas, sin diferencias. Al final, esta mezcla trascendental incluye también todas las distinciones morales. En el gran «más allá» no hay diferencias entre el bien y el mal. La idea de que hay una diferencia entre el bien y el mal es en sí misma una ilusión persistente que tenemos que superar en la senda hacia la iluminación. Todos son uno. Así que, de nuevo, no existe un «problema» real con el mal. El mal es en última instancia ilusorio, como todo lo demás en el mundo material de nuestro estado no iluminado.

El monismo materialista también asume el punto de vista de que hay una realidad única: la física, la realidad material del universo. «La materia es todo lo que existe», como se ha resumido. A la forma más común de esto se le llama *ateísmo*. No hay nada trascendente. La realidad no es otra cosa que la suma total de la masa y la energía del universo, y para nosotros como seres humanos, la realidad no es más que el producto final de nuestra larga historia evolutiva de mutación genética.

El mal no en un problema *teórico* para el ateo. Es solo una dimensión del mundo en su estado actual de evolución dentro del universo. No podría ser diferente, ¿así que por qué quejarse? De hecho, la realidad de la *bondad* es un problema teórico mucho mayor para el ateísmo (es decir, mucho más difícil de explicar). No es nada fácil ni obvio dar una explicación al altruismo, la bondad, el amor, y otras actitudes y acciones humanas no egoístas en términos puramente evolutivos.

Pero para los cristianos, el mal es un problema en todos los niveles.

Esto se debe a nuestra entrega al teísmo bíblico. Sobre la base de lo que la Biblia explica —de forma inequívoca y reiterada— los cristianos creemos que hay un Dios vivo, creador de todo el universo, que es un Dios personal, bueno, amante, omnipotente y soberano sobre todo lo que sucede.

Ahora bien, una vez que uno está convencido de esas grandes verdades bíblicas sobre el Dios viviente, no puede dejar de tener un gran problema con la existencia del mal. Para decirlo de otra manera, como hacen muchas personas cuando quieren condenar o rechazar la creencia cristiana, ¿cómo puede uno creer en la existencia de un Dios amante y omnipotente en un mundo lleno de mal y sufrimiento? ¿No son las dos cosas mutuamente excluyentes e incompatibles? La acusación contra la fe cristiana en este punto toma a menudo la forma de un gastado dilema: podemos decir que Dios es omnipotente, que podría prevenir todo mal y sufrimiento, pero dado que no lo hace, *no puede ser un Dios amoroso;* o podemos decir que Dios es amoroso y prevendría todo mal y sufrimiento si pudiera, pero no puede, en cuyo caso *no puede ser omnipotente.*

¿Estamos empalados en uno de los cuernos de este dilema? ¿Tenemos que decir: Dios es todopoderoso, pero no nos ama lo suficiente para enfrentarse al mal; o Dios nos ama, pero no tiene el poder de enfrentarse al mal? Espero que, aun si tenemos que confesar que hay algo en todo esto que nunca podamos comprender por completo, encontraremos al final de esta parte del libro que no estamos reducidos a esas horrendas alternativas.

Así que volvemos a nuestra Biblia.

Incuestionablemente, la Biblia afirma que Dios es todo amor y todopoderoso, y aun así la Biblia también describe la terrible realidad del mal. ¿Qué ayuda nos da la Biblia al sostener unidas estas irritantes contradicciones en nuestras mentes de manera que, aun si no nos da una respuesta que podamos comprender completamente, sí nos dé una esperanza en la que podamos confiar?

O dicho de otra forma: En tanto que a menudo preguntamos: «¿Por qué?», las personas en la Biblia preguntaban con más frecuencia: «¿Por cuánto tiempo?». Su tendencia no era demandar que Dios les diera una explicación del origen del mal, sino más bien suplicar a Dios que hiciera algo para ponerle fin al mal. Y eso, veremos, es exactamente lo que Dios ha prometido hacer.

1

EL MISTERIO DEL MAL

Está muy bien decir: «Acude a la Biblia», pero se puede leer la Biblia de tapa a tapa, una y otra vez, buscando una respuesta simple y clara a la pregunta del origen del mal, y no encontrar una respuesta. No hablo aquí de la entrada del mal en la vida y la experiencia humana en Génesis 3, sobre lo cual pensaremos en un momento, sino de cómo la fuerza del mal que tentó a los seres humanos al pecado y a la rebelión llegó a estar allí. Ese decisivo origen no se explica.

Esto no ha impedido que muchas personas traten de llegar a una respuesta por sí mismos y apelar a cualesquiera porciones de la Biblia que piensan que apoyan su teoría. Pero me parece que cuando leemos la Biblia preguntándole a Dios: «¿De donde viene el mal? ¿Cómo comenzó?», Dios parece contestar: «Eso no es algo que me haya propuesto contarte». En otras palabras, la Biblia nos obliga a aceptar el misterio del mal. Fíjese que no dije: «Nos obliga a aceptar el mal». La Biblia nunca hace eso, ni nos pide que hagamos eso. Más bien, quiero decir que la Biblia nos lleva a aceptar que el mal es un misterio (especialmente en lo que respecta a su origen), un misterio que nosotros los seres humanos no podemos en última instancia comprender ni explicar. Y veremos en un momento que hay una buena razón para que sea así.

El mal moral

Sin embargo, en cierto sentido, no hay misterio alguno sobre el origen (en el sentido de la *causa* real efectiva) de una gran parte del sufrimiento y el mal en nuestro mundo. Una gran cantidad, y creo que podría decir la mayor parte, del sufrimiento es el resultado de la maldad y el pecado humano. Hay una dimensión moral en este problema. Los seres humanos sufren en términos y circunstancias generales porque los seres humanos son pecadores.

Resulta útil, pienso, aun si está muy simplificado, hacer algunas distinciones entre lo que podríamos llamar el mal «moral» y el mal «natural». Esta no es necesariamente la expresión más adecuada, y ahí hay todo tipo de traslapos y conexiones. Pero pienso que por lo menos articula una distinción que reconocemos como una cuestión de sentido común y observación.

Mal «moral» se le llama al sufrimiento y dolor que encontramos en el mundo de alguna manera relacionado directa o indirectamente con la maldad de los seres humanos. Es un mal que se ve en cosas que se dicen y hacen, cosas que se perpetran, causan o explotan, por la acción (o inacción) humana en el ámbito de la vida y la historia de los seres humanos. Para hacer esto necesitamos interconectar el mal espiritual y explorar lo que la Biblia dice sobre el «maligno», la realidad de las malignas fuerzas espirituales satánicas que invaden, explotan y amplifican la maldad humana.

Mal «natural» se le llama al sufrimiento que parece ser parte de la vida sobre la tierra de todo lo natural, incluyendo el sufrimiento animal ocasionado por la depredación y el sufrimiento causado a los seres humanos por acontecimientos del mundo natural que parecen no estar relacionados con ninguna causa moral humana: cosas como terremotos, volcanes, maremotos, tornados y huracanes, inundaciones, etc., o sea, los llamados desastres naturales.

En el caso del mal moral, a veces hay un vínculo *directo* entre el pecado y el sufrimiento. Por ejemplo, algunas personas hacen que otras sufran directamente a través de la violencia, el abuso, la crueldad, o solo por pura insensibilidad o negligencia. O a veces la gente sufre de manera directa los efectos de sus propias acciones erróneas. Alguien que maneja muy rápido o bebe mucho y termina matándose en un accidente vial sufre el impacto directo de su propio pecado o disparate. O podemos sufrir el castigo de las leyes de nuestra sociedad por un crimen. Ser puestos en prisión es una forma de sufrimiento y en ese respecto es algo malo, pero aun así reconocemos que algunas formas de castigo por un delito son un mal necesario. Más que eso, tenemos el fuerte instinto de que no castigar a las personas cuando son culpables de un delito es otro mal, quizá mayor. El castigo, cuando se merece como un proceso consensuado de justicia, es también algo bueno.

Pero también hay una gran cantidad de sufrimiento causada indirectamente por la maldad humana. El chofer borracho puede que sobreviva, pero mata o hiere a otras personas inocentes. Las guerras causan los llamados daños colaterales. Las balas perdidas de una pelea de pandillas o el robo de un banco matan a espectadores inocentes. Una cuadrilla de mantenimiento del ferrocarril se marcha temprano y no completa la inspección de las vías; se descarrila el tren y la gente muere o termina herida. Poblaciones enteras sufren por generaciones después de una contaminación industrial negligente. Podemos multiplicar los ejemplos sacados de casi todo boletín de noticias que vemos o escuchamos. Todas estas son formas del mal moral. Causan sufrimientos indecibles, y todos se remiten en una forma u otra a malas acciones o fallos humanos.

De alguna forma nos arreglamos para vivir con tales hechos, simplemente porque son tan comunes y universales que los hemos «normalizado», aun si nos arrepentimos y los rechazamos y aun si de mala gana reconocemos que la propia humanidad es culpable en gran medida. Pero siempre que algo terrible ocurre en gran escala, como el maremoto de 2004, o el ciclón de 2008 en Myanmar, o los terremotos de Pakistán, Perú y China, se eleva el lamento: «¿Cómo permite Dios una cosa así?», «¿Cómo puede Dios permitir tal sufrimiento?». En mi propio corazón encuentra eco ese clamor y me uno a la protesta a las puertas del cielo. Ese espantoso sufrimiento, en una escala como esa, en tan corto período de tiempo, infligido a gente desprevenida y sin ningún motivo, sacude nuestras emociones y suposiciones de que Dios debe atender. Los que creemos en Dios, que conocemos y amamos y confiamos en Dios, nos sentimos destrozados por el asalto emocional y espiritual de esos acontecimientos.

«¿Cómo puede Dios permitir tales cosas?», clamamos, con la acusación implícita de que si fuera un Dios bueno y amoroso no las permitiría. Nuestra visceral reacción es acusar a Dios de insensibilidad o falta de cuidado y demandar que haga algo para detener esas cosas.

Pero cuando escucho a las personas hacerse eco de tales acusaciones, especialmente a las que no creen en Dios, pero les gusta acusar al Dios en quien no creen de no hacer cosas que debería hacer si de verdad existiera, creo que escucho una voz del cielo que dice:

«Bueno, bueno, pero si vamos a hablar de quién permite qué, déjenme apuntar que miles de niños mueren cada minuto en el mundo de enfermedades prevenibles que ustedes tienen los medios (pero evidentemente no la voluntad) de detener. ¿Como pueden ustedes permitir eso?

»Hay millones en su mundo que mueren lentamente de hambre mientras algunos de ustedes se matan de glotonería. ¿Cómo pueden permitir que tal sufrimiento continúe?

»Ustedes parecen estar muy cómodos sabiendo que millones tienen menos para vivir cada día de lo que otros gastan en una taza de café, mientras unos cuantos de ustedes tienen más riqueza individual que países enteros. ¿Cómo pueden permitir ese mal obsceno y llamarlo un sistema económico?

»Hay más gente en la esclavitud hoy que en los peores días que precedieron a la abolición de la trata de esclavos. ¿Cómo pueden permitir eso?

»Hay millones y millones de personas que viven en refugios, en el límite de la existencia humana, debido a las guerras interminables que ustedes permiten por egoísmo, codicia, ambición y mentiras hipócritas. Ustedes no solo permiten eso, sino que cooperan con ello, lo alimentan y sacan ganancias de ello (incluyendo a muchos que claman creer en mí con mucha vehemencia).

»¿No lo dijo de esta manera uno de sus cantantes: "Antes de acusarme, mira a tu alrededor"?».

Así que me parece que no hay duda alguna —aunque no se pueda hacer un cálculo porcentual del asunto— de que la gran mayoría de todo el sufrimiento y el dolor en nuestro mundo es el resultado directo o indirecto de la maldad humana. Aun cuando no sea causado de forma directa por el pecado humano, el sufrimiento puede incrementarse en gran medida por este. Lo que el huracán Katrina le hizo a Nueva Orleáns fue muy malo, ¿pero cuánto sufrimiento adicional estuvo causado por todo lo demás, desde los saqueadores hasta la incompetencia burocrática? El VIH-SIDA es malo, pero ¿cuántos millones sufren de enfermedades prevenibles y muerte prematura porque la codicia y la insensibilidad corporativa y política hacen que las medicinas costeables y disponibles en Occidente estén totalmente fuera de su alcance? Lo que el ciclón le hizo a Myanmar fue horrendo, pero sus efectos se multiplicaron debido al característico y brutal rechazo del gobierno de permitir a las organizaciones de ayuda internacional entrar al país hasta semanas más tarde. La insensibilidad humana precipitó la muerte de miles y prolongó la agonía de los sobrevivientes.

El diagnóstico bíblico

Entonces, en cierto sentido, no hay misterio. Sufrimos porque pecamos. Esto no quiere decir, me apresuro a añadir de inmediato, que cada persona sufra directa o proporcionalmente a causa de su propio pecado (la Biblia niega eso). Lo que digo es solo que el sufrimiento de la raza humana en general es en gran medida atribuible al pecado de la raza humana en general.

La Biblia aclara esto desde el principio. Génesis 3 describe en una historia muy simple la entrada del pecado en la vida y experiencia humanas. Este surgió debido a nuestro rechazo voluntario de la autoridad de Dios, la desconfianza en la bondad de Dios, y la desobediencia a los mandamientos de Dios. Y el efecto fue el quebranto de toda relación que Dios había creado con esa poderosa bondad.

El mundo presentado en Génesis 1 y 2 es como un enorme triángulo de Dios, la tierra y la humanidad.

DIOS

LA HUMANIDAD △ LA TIERRA

Todas las relaciones descritas se echaron a perder por la invasión del pecado y el mal: la relación entre nosotros y Dios, la relación entre nosotros y la tierra, y la relación entre la tierra y Dios.

El mismo Génesis 3 muestra la escalada del pecado. Aun en esta simple historia podemos ver al pecado moviéndose desde el corazón (con sus deseos), a la cabeza (con sus racionalizaciones), a la mano (con sus acciones prohibidas), a las relaciones (con la complicidad compartida de Adán y Eva). Entonces, desde Génesis 4—11, la escena se traslada de la relación matrimonial a la envidia y la violencia entre hermanos, a la venganza brutal dentro de las familias, a la corrupción y la violencia en la sociedad en general y la impregnación de toda la cultura humana, que infecta a generación tras generación con una virulencia siempre creciente.

El diagnóstico bíblico es radical e integral.

- El pecado ha invadido a toda persona humana (todo el mundo es pecador)
- El pecado distorsiona todas las dimensiones de la personalidad humana (espiritual, física, mental, emocional, social).
- El pecado impregna las estructuras y convencionalismos de las sociedades y culturas humanas.
- El pecado se incrementa de generación en generación dentro de la historia humana.

- El pecado afecta incluso a la misma creación.

Leemos un capítulo como Job 24 y sabemos que dice la verdad sobre el espantoso pantano de la explotación, la pobreza, la opresión, la brutalidad y la crueldad humanas. Y, al igual que Job, nos preguntamos por qué parece que Dios no hace nada, por qué no obliga a nadie a rendir cuentas, ni lleva a nadie inmediatamente ante la justicia.

> Si los tiempos no se esconden del Todopoderoso,
> ¿por qué no los perciben quienes dicen conocerlo?
> Hay quienes no respetan los linderos,
> y pastorean ganado robado;
> a los huérfanos los despojan de sus asnos;
> a las viudas les quitan en prenda sus bueyes;
> apartan del camino a los necesitados;
> a los pobres del país los obligan a esconderse.
> Como asnos salvajes del desierto,
> se afanan los pobres por encontrar su presa,
> y el páramo da de comer a sus hijos.
> En campos ajenos recogen forraje,
> y en las viñas de los malvados recogen uvas.
> Por no tener ropa, se pasan la noche desnudos;
> ¡no tienen con qué protegerse del frío!
> Las lluvias de las montañas los empapan;
> no teniendo más abrigo, se arriman a las peñas.
> Al huérfano se le aparta de los pechos de su madre;
> al pobre se le retiene a cambio de una deuda.
> Por no tener ropa, andan desnudos;
> aunque cargados de trigo, van muriéndose de hambre.
> Exprimen aceitunas en las terrazas;
> pisan uvas en las cubas, pero desfallecen de sed.
> De la ciudad se eleva el clamor de los moribundos;
> la garganta de los heridos reclama ayuda,
> *¡pero Dios ni se da por enterado!*
>
> —Job 24:1-12 (énfasis añadido)

Y entonces temblamos porque sabemos que si Dios fuera a hacer eso ahora mismo e impartir justicia instantánea, ninguno de nosotros escaparía. Porque cualquiera que sea el grado y el nivel del mal que haya entre la gente en general, sabemos que eso es algo que se esconde en nuestro propio corazón. El mal que tanto deseamos que Dios prevenga y castigue en otros está allí dentro de nosotros mismos. A ninguno de nosotros lo tienen que escarbar muy hondo para descubrir las oscuras profundidades de nuestros peores deseos y las malas acciones de las que cualquiera de nosotros es capaz, si se nos presiona. Tratamos de pararnos para juzgar a Dios, pero en realidad no tenemos base para hacerlo.

> Si tú, Señor, tomaras en cuenta los pecados, ¿quién, Señor, sería declarado inocente?
>
> —Salmo 130:3

Respuesta: Ni uno solo de nosotros.

Y aun aparte de ese mal latente o palpable dentro de nosotros, está también el hecho de que es prácticamente imposible vivir en este mundo sin alguna complicidad con su maldad o algún beneficio de males hechos en alguna parte. Tenemos que seguir viviendo, y mientras lo hacemos, nuestra vida toca cientos de otras vidas humanas —por todo el planeta— para bien o para mal. Estamos conectados con la vasta red de la experiencia humana alrededor del mundo. Puede que no seamos directamente culpables del sufrimiento de otros, pero no podemos ignorar la conexión.

La camisa que llevo en mi cuerpo se hizo en un país asiático. No tengo forma de saber si las manos que la confeccionaron pertenecen a un niño que apenas ve nunca la luz del día, nunca ha tenido una comida completa, ni conoce lo que es jugar y ser amado, y que ahora puede estar deformado o hasta muerto por esa crueldad. Pero también es probable que tal maldad esté tejida dentro de la tela de otras cosas aparte de mi camisa. En la semana que escribo esto, algunas de las más grandes compañías internacionales de Gran Bretaña están bajo investigación por obtener ganancias de trabajo prácticamente esclavo (a unos pocos centavos la hora) en la mayor parte del mundo. Sin duda he comprado bienes de algunas de ellas. La injusticia y el sufrimiento infectan la industria alimenticia, de tal manera que es probable que algo de lo que como o tomo cada día haya llegado a mi mesa teñido de explotación y opresión en algún lugar de la cadena. Las manos que han contribuido a mi pan cotidiano indudablemente incluyen manos teñidas por la sangre de la crueldad, la injusticia, y la opresión… ya sea infligida o sufrida.

El mal tiende sus tentáculos a través de sistemas de varias capas que son parte de la realidad globalizada. Por supuesto, podemos (y debemos) dar pasos para vivir tan éticamente como sea posible, comprar comida y ropas comercializadas de forma justa, y evitar compañías y productos con expedientes vergonzosos en esta área. Pero dudo que podamos escapar de la complicidad de las redes del mal, la opresión y el sufrimiento en todo el mundo. No digo esto para convertir todo nuestro disfrute de la vida en una depresión culpable. Antes bien, mientras disfrutamos los buenos dones de la creación de Dios, debemos aceptar al mismo tiempo el diagnóstico bíblico de cuán radical, penetrante y profundamente incrustado está el mal en toda la vida y las relaciones humanas.

Solo Dios en su omnisciencia puede desentrañar tal urdimbre del mal, pero lo que hace la Biblia es poner la culpa del sufrimiento y el mal donde la mayor parte de este corresponde *primariamente*, a saber, sobre nosotros mismos, la raza humana. La Biblia aclara por igual que no podemos trazar simples ecuaciones entre lo que sufre una persona y su propia pecaminosidad. A menudo es terriblemente equivocado hacerlo (y hace el sufrimiento aun peor, como descubrió Job). Pero en general, para la realidad humana colectiva, la mayor parte del sufrimiento humano es el resultado de la abrumadora cantidad y complejidad de la pecaminosidad humana. En eso no hay misterio, me parece a mí, en este diagnóstico bíblico, que se verifica tan empíricamente por nuestra observación y experiencia.

¿De dónde vino el mal?

Cuando formulamos esta pregunta es que comienzan nuestros problemas.

Es importante ver que Génesis 3 no nos habla del origen del mal como tal. Más bien describe la entrada del mal en la vida y la experiencia humanas. El mal parece explotar dentro de la narración bíblica, sin anunciarse, ya formado, sin explicación ni razones. Nunca se nos dice, por ejemplo, cómo o por qué «la serpiente era más astuta que todos los animales del campo que Dios el SEÑOR había hecho» (Génesis 3:1). No se nos cuenta por qué habló como lo hizo, pese a que el mero hecho de que lo hiciera debía motivar nuestra sospecha de que algo no iba bien en la buena creación de Dios. Pero por qué esa «incorrección» estaba ahí, o de dónde había llegado… estas preguntas no se contestan en el texto.

¿Qué podemos decir entonces sobre la misteriosa fuente de tentación que llevó a Eva y a Adán a escoger la desobediencia? *No fue Dios*: el mal no forma parte del ser de Dios. *No fue otro ser humano*: el mal no es parte intrínseca tampoco de lo que significa ser humano. Una vez fuimos humanos sin pecado, de manera que podemos serlo otra vez. *Fue algo en el interior de la creación...* y no fue un animal «corriente», pues «habló». ¿Pero cómo pudieron brotar esos pensamientos y palabras malvadas de dentro de una creación que había sido declarada siete veces buena en los capítulos 1 y 2? Entonces, cualquier cosa que fuera la serpiente en la narración, cualquier cosa que esta represente, está fuera de lugar, es una intrusa, no bienvenida, incoherente, contraria a la historia hasta aquí.

Luego, si el mal viene en cierto sentido de dentro de la creación (de acuerdo con el simbolismo del relato de Génesis 3), pero no desde la creación humana, los únicos otros seres creados capaces de tal idea y lenguaje son los ángeles[2]. De manera que, aunque en el propio Génesis 3 no se establece la relación, la serpiente se vincula en todas las partes de la Biblia con el maligno, el diablo (p. ej., Apocalipsis 12:9; 20:2). Y en todas partes se presenta al diablo como un ángel, al lado de otras huestes de ángeles que se rebelaron contra Dios junto con él (2 Pedro 2:4; Judas 6; Apocalipsis 12:7-9).

¿Entonces, qué es el diablo o Satanás?

Primero que nada, *no es Dios*. Ni siquiera solo otro dios. La Biblia aclara muy bien que no debemos caer en ningún tipo de dualismo: un Dios bueno (que hizo un mundo completamente agradable y amistoso), y un dios malo (que lo echó a perder todo). Algunos tipos de cristianismo popular sí se deslizan en esa dirección y le dan a Satanás un supuesto poder mucho mayor y una atención mucho más obsesiva de lo que se le concede en la Biblia. Y ese dualismo es el alimento y la bebida de un gran monto de ficción cuasi-religiosa, que tristemente muchos cristianos leen con más frecuencia y más fe que la Biblia.

Pero Satanás *no es* Dios, nunca lo ha sido y nunca lo será. Eso significa que, aunque la Biblia presenta a Satanás claramente como poderoso, *no es omnipotente*. Asimismo, aunque en la Biblia se dice que Satanás comanda huestes de otros ángeles caídos (demonios) que realizan su trabajo sucio, *no es omnipresente*. Satanás no puede estar en todas partes al mismo tiempo (solo Dios puede hacerlo y lo hace). Y aunque la Biblia muestra a Satanás como muy astuto, sutil y engañoso, *no es omnisciente*. No lo sabe todo ni tiene un conocimiento soberano del futuro, de la manera en que Dios ha llevado adelante sus planes para la creación y la historia.

Como un ángel entre otros ángeles caídos, aun como su príncipe, el diablo es un ser creado. Eso significa que está sujeto a la autoridad y el control último de Dios. Como todo lo demás en la creación, Satanás está limitado, es dependiente, contingente... y en última instancia destructible. Debemos tomar en serio a Satanás, pero no debemos dignificarlo con un poder y una realidad mayores de lo que es apropiado para una criatura.

¿Pero es el diablo *personal*? ¿Es Satanás una persona como nosotros? ¿Es una persona como Dios?

Tenemos que ser cuidadosos al contestar esta pregunta. Me parece que hay peligros en un simple sí o un no. Por un lado, la Biblia se refiere al diablo en formas que asociamos normalmente con personas. Es un agente activo, con poderes e inteligencia, intencionalidad y capacidad de comunicarse. Esto es, la Biblia presenta al diablo como actuante, pensante y parlante, las maneras como exactamente hacemos las cosas y que son ciertamente superiores a lo que hace cualquier animal ordinario. Cuando el diablo es mencionado en la Biblia, está claro que la Biblia habla sobre algo más que una atmósfera o tendencia maligna abstracta o una mera personificación metafórica de malos deseos dentro de nosotros, de manera individual o colectiva. La Biblia nos advierte que, en el diablo, confrontamos una realidad objetiva inteligente con un propósito maligno despiadado. Y los Evangelios refuerzan esta evaluación en su descripción de la batalla que tuvo Jesús con el diablo a lo largo de su ministerio. El diablo, dice la Biblia, es muy real, muy poderoso, y actúa de muchas maneras justo como las personas que conocemos.

Pero por otro lado, hay algo que dice la Biblia de nosotros como personas humanas que nunca dice del diablo, ni en absoluto de los ángeles en general. *Dios nos hizo a nosotros los seres humanos a su imagen y semejanza.* De hecho, esto es lo que constituye nuestra humanidad. Lo único que hace que los seres humanos seamos personas, a diferencia del resto del mundo no humano, no es la posesión de un alma[3], sino que los seres humanos estamos creados a imagen de Dios. La especie humana es la única especie de la cual esto es cierto. Fuimos creados para ser como Dios, para reflejar a Dios y su carácter, y para ejercer la autoridad de Dios dentro de la creación.

Aun siendo pecadores, los seres humanos fuimos creados a imagen de Dios. Pese a que esta imagen está dañada y desfigurada, no puede ser completamente erradicada, porque para ser humano hay que tener la imagen de Dios. Así que aun entre los pecadores no regenerados hay cualidades que los asemejan a Dios, tales como las relaciones de amor, el aprecio de la bondad y la belleza, una consciencia fundamental de la justicia, el respeto por la vida, y los sentimientos de compasión y amabilidad. Todas estas son dimensiones de la condición humana, pues todas reflejan la persona trascendente de Dios.

Ahora bien, en la Biblia no se nos dice que Dios haya creado los ángeles a *su propia imagen*. Los ángeles son espíritus creados. Se les describe como siervos de Dios que solo cumplen sus deseos. Adoran a Dios y llevan a cabo las encomiendas de Dios. La palabra común para ellos (*mal'ak* en el Antiguo Testamento y *angelos* en el Nuevo Testamento) solo significa «mensajero» en cada idioma. No lo malinterprete: Esto no significa de ninguna manera que se disminuya o exalte el estatus y la función que los ángeles tienen en la Biblia. Solo se propone señalar que se les distingue de las personas humanas. Y en última instancia es el humano, en y a través del hombre Cristo Jesús, quien tomará el lugar supremo en el redimido orden creado (Hebreos 2). Las cualidades *personales* son una característica única de los seres humanos porque, como imagen de Dios, somos los únicos seres de la creación que fuimos singularmente creados para reflejar la propia persona divina.

Así que, entre los ángeles caídos, especialmente el propio diablo, no hay trazas de esa imagen de Dios que todavía es evidente aun en los seres humanos pecadores. Y esto se explica más fácilmente si asumimos que nunca la hubo antes. En Satanás no hay una relación amorosa residual, no hay aprecio por la bondad o la belleza, no hay misericordia, no hay honor, no hay «un lado bueno», no hay «rasgos redentores». Y sobre todo, en tanto que no hay persona humana —no importa lo malvada y degradada que sea— que esté en esta vida más allá de nuestra amorosa compasión y nuestras oraciones para que se arrepienta y se salve, no hay indicio alguno en la Biblia de que Satanás sea una persona que deba ser amada, compadecida, que se deba orar por ella o que pueda ser redimida. Por el contrario, se presenta a Satanás como totalmente malvado, inexorablemente hostil a todo lo que es y hace Dios, un mentiroso y asesino a carta cabal, implacablemente violento, cruel sin misericordia, siempre engañoso, destructivo, mortal y condenado.

«Así que, ¿cree usted en el diablo?»

Al hacerme esta pregunta siento la necesidad de ofrecer una respuesta calificada de «sí y no». Sí, creo en la existencia del diablo como un poder objetivo, inteligente y «cuasi personal», completamente opuesto a Dios, la creación, a nosotros mismos y a la propia vida. Pero no, no creo en el diablo de ninguna manera que pudiera concederle poder y autoridad más allá de los límites que

Dios ha establecido. La Biblia nos llama no tanto a creer en el diablo, *como a creer contra el diablo*. Debemos poner toda nuestra fe en Dios a través de Cristo y ejercitar esa fe contra todo lo que el diablo es y hace, sea lo que este sea. Nigel Wright argumentó esto muy bien:

> Creer en alguien o algo implica que creemos en su existencia. Pero también conlleva alusiones a una inversión de fe o confianza [...] Creer en Jesús significa, o debe significar, más que creer en su existencia. Esto supone una confianza y una fe personales en virtud de la cual el poder de Cristo se magnifica en la vida del creyente. El acceso de Cristo a una vida individual, su poder o influencia dentro de ella, está en proporción a su fe. El mismo uso del lenguaje se aplica al resto del mundo. Creer en un líder político implica más que creer en su existencia; implica fe en el sistema de valores que defiende y confianza en su capacidad de llevarlo a cabo.
>
> La respuesta a la pregunta de si los cristianos deben creer en el diablo tiene que ser por lo tanto un sonoro «¡No!». Cuando creemos en algo tenemos una relación positiva con eso en lo cual creemos, pero para el cristiano una relación positiva con el diablo y los demonios no es posible. Creemos en Dios y sobre la base de esta fe descreemos del diablo [...] Satanás no es el objeto de la fe cristiana, sino de la incredulidad cristiana. *Creemos contra el diablo*. Declinamos decididamente el lugar del diablo.
>
> [...] El poder de las tinieblas contra el cual creemos tiene su propia realidad. Aunque tiene realidad, carece de validez, no debe existir porque es la contradicción de toda existencia. Su existencia es impensable tanto como es innegable. Existe, pero para los cristianos existe como algo para ser negado y rechazado[4].

Por eso Pablo urge a ponerse «toda la armadura de Dios para que puedan *hacer frente* a las artimañas del diablo» (Efesios 6:11). Por eso es que Pedro, tan pronto como advierte a sus lectores sobre el rondar rapaz del diablo, urge a resistirlo, no a hacerle el cumplido de ninguna forma de «creencia»: «Su enemigo el diablo ronda como león rugiente, buscando a quién devorar. Resístanlo, manteniéndose firmes en la fe» (1 Pedro 5:8-9).

Por eso una de las más antiguas fórmulas de la iglesia, en la liturgia del bautismo, llama a los cristianos que se bautizan a «renunciar al diablo y todas sus obras». Probablemente por esto, cuando una serie popular de libros sobre doctrina cristiana, la serie «Creo» de Hodder y Stoughton, llegó a la doctrina de Satanás, no siguió la fórmula sencilla de los otros volúmenes (p. ej., *Creo en el*

Jesús Histórico; Creo en la Resurrección). No hay ningún libro de la serie con el título: *Creo en Satanás*, sino más bien y correctamente: *Creo en la caída de Satanás*.

¿La caída de los ángeles?

La Biblia nos dice que el diablo y sus huestes son ángeles rebeldes. ¿Pero que nos enseña la Biblia acerca de esta llamada caída de los ángeles? Bien, en realidad, no «enseña» nada sistemático ni claro, aunque nos da cierto número de indicios que apuntan en esa dirección.

Isaías 14:4-21 y Ezequiel 28:1-17 son poemas que celebran la caída de los reyes de Babilonia y Tiro respectivamente. Son típicos cánticos de lamentos burlones que se usaban cuando se humillaba a grandes tiranos imperiales y el mundo profería un suspiro de alivio. Algunos cristianos ven en estos cánticos un tipo de representación simbólica de la caída de Satanás. Sin embargo, no necesitamos hacer memoria de que originalmente fueron escritos para describir la derrota y muerte de reyes humanos históricos, de manera que es un ejercicio dudoso tratar de edificar sobre ellos detalladas afirmaciones doctrinales sobre el mal o el «averno». No obstante, puede que discernamos la huella de Satanás en lo que se describe en estos poemas, pues está claro que estos arrogantes seres humanos fueron humillados debido a su blasfemo orgullo y alardes contra Dios. De hecho, se presentan como queriendo usurpar el trono de Dios. En el poema, tales afirmaciones son probablemente metáforas acerca de la egolatría de los reyes, pero tienen una contraparte espiritual que es reconocidamente satánica

Judas, 2 Pedro y Apocalipsis nos dan algunas confirmaciones claras de la caída de Satanás y sus ángeles rebeldes:

> Y a los ángeles que no mantuvieron su posición de autoridad, sino que abandonaron su propia morada, los tiene perpetuamente encarcelados en oscuridad para el juicio del gran Día.
>
> —Judas 6

> Dios no perdonó a los ángeles cuando pecaron, sino que los arrojó al abismo, metiéndolos en tenebrosas cavernas y reservándolos para el juicio.
>
> —2 Pedro 2:4

> Se desató entonces una guerra en el cielo: Miguel y sus ángeles combatieron al dragón; éste y sus ángeles, a su vez, les hicieron frente, pero no pudieron

vencer, y ya no hubo lugar para ellos en el cielo. Así fue expulsado el gran dra-
gón, aquella serpiente antigua que se llama Diablo y Satanás, y que engaña al
mundo entero. Junto con sus ángeles, fue arrojado a la tierra.

—Apocalipsis 12:7-9

Ese parece ser el caso, por lo que concierne a las referencias bíblicas directas sobre esta materia. En nuestra curiosidad, pedimos más información,
como:

- ¿Cuándo ocurrió esto?
- ¿Por qué se volvieron rebeldes los ángeles creados?
- ¿Algo maligno tentó a los propios ángeles, como la serpiente tentó a Eva?
- Si es así, ¿cómo llegó a existir ese mal?
- ¿De dónde vino el mal que llevó a los ángeles creados a caer? ¿Quien
  llevó después a caer a los humanos?

Pero para esas preguntas no obtuvimos respuesta de la Biblia. Nunca se
nos han dado. El silencio es la respuesta a todas nuestras preguntas. El misterio
permanece sin revelar.

Ahora bien, Dios nos ha revelado un gran monto de verdades en la Biblia: sobre el propio Dios, sobre la creación, sobre nosotros mismos, nuestro
pecado, el plan de Dios de salvación, el evangelio de nuestro Señor Jesucristo,
el futuro destino del mundo, y así sucesivamente. De manera que, a la luz de
toda esta abundante revelación, el silencio de la Biblia en este punto sobre el
origen del mal parece en extremo significativo, y no meramente accidental.
No es como si Dios dijera ahora: «¡Uy, olvidé mencionar ese punto, pero no
importa, ellos pueden resolverlo por sí mismos!». No, la verdad es que Dios
ha decidido en su sabiduría *no* dar una respuesta a nuestras preguntas sobre el
verdadero origen del mal dentro de la creación. No nos corresponde conocer
esto, y esa es la decisión soberana de Dios, la prerrogativa de aquel que es la
fuente de toda verdad y revelación en el universo.

Pienso que hay una buena razón para esto, pero antes que vayamos a eso,
hagamos un breve resumen de lo que hemos visto hasta ahora, de manera que
podamos mantener el hilo de nuestra reflexión.

Hemos argumentado que una gran cantidad de sufrimiento y maldad en
el mundo se puede aplicar en relación con la mala conducta humana, directa

o indirectamente. El mal tiene en lo fundamental una esencia moral, relacionada con esta rebelión moral contra Dios.

Pero también sabemos por la Biblia que en el momento en que el mal entró en la experiencia y la historia humanas (la Caída, como se describe en Génesis 3), ello implicó nuestra colusión humana con alguna realidad preexistente del mal, una siniestra presencia que se insertó en la consciencia humana, nos invitó a levantarnos contra Dios en desconfianza y desobediencia, y después invadió cada aspecto de la condición humana —espiritual, mental, físico y relacional— y cada aspecto de la vida humana sobre la tierra: social, cultural e histórico.

Pero si preguntamos: «¿De dónde vino esa presencia preexistente del mal?», no se nos dice. Dios nos ha dado la Biblia, pero la Biblia no nos lo dice.

Así que entonces, para regresar al título de este capítulo, la Biblia nos compele a aceptar el misterio del mal. Pero aquí está el punto clave: podemos reconocer esta negativa. Sabemos que no sabemos. Comprendemos que no podemos comprender. Y eso en sí mismo es algo positivo.

¿Por qué?

El mal «no tiene sentido»

Es un impulso humano fundamental comprender las cosas. El relato de la creación muestra que hemos sido colocados dentro de nuestro ambiente creado para dominarlo y someterlo, lo cual implica llegar a comprenderlo. Ser humano es estar encargado del gobierno de la creación, y eso demanda una amplitud y profundidad cada vez mayor en la comprensión de la realidad que nos rodea. La simple descripción en Génesis 2 del humano primitivo que da nombre al resto de los animales es una indicación de este ejercicio de reconocimiento y clasificación racional. Nuestra racionalidad es en sí una dimensión de estar hechos a imagen de Dios. ¡Fuimos creados para pensar! Solo *tenemos* que investigar, comprender, explicar; este es un rasgo de la quintaesencia humana que se manifiesta desde los primeros meses de nuestra vida.

Así entonces, comprender las cosas significa integrarlas dentro de su lugar en el universo, proveer un lugar justificado, legítimo y verdadero dentro de la creación para todo lo que encontramos. Buscamos instintivamente establecer un orden, encontrar sentido, hallar razones y propósitos, validar las cosas y de esa manera explicarlas. Como seres humanos hechos a imagen de Dios para este mismo propósito, poseemos un impulso interno, un insaciable deseo y una capacidad casi infinita para organizar y ordenar el mundo en el proceso de comprensión del mismo.

De ese modo, fieles a la forma, cuando encontramos este fenómeno del mal pugnamos por aplicarle toda la destreza racional —filosófica, práctica, y para la resolución de problemas— que desplegamos tan profusa y exitosamente sobre todo lo demás. Estamos impulsados a tratar de comprender y explicar el mal. Pero no funciona. ¿Por qué no?

Dios con su infinita perspectiva, y por razones que solo él conoce, sabe que nosotros, los seres humanos finitos, no podemos, de hecho no tenemos, que «hallarle sentido al mal». «El sentido» es parte de nuestra racionalidad que en sí misma es parte de la buena creación de Dios y de la imagen de Dios en nosotros. De manera que el mal no puede tener sentido, pues el propio sentido es una cosa buena.

El mal no tiene un lugar apropiado dentro de la creación. No tiene validez, ni veracidad, ni integridad. No forma parte intrínseca de la creación como la hizo Dios originalmente ni pertenecerá a la creación cuando Dios al final la redima. No puede y no tiene que ser integrado en el universo como parte de una realidad racional, legitimada y justificada. El mal fue y sigue siendo un intruso, una presencia extraña que se ha «colado» de manera casi inextricable (pero no definitiva) en casa. El mal está más allá de nuestra comprensión porque no es parte de la realidad última que Dios, en su perfecta sabiduría y asombrosa veracidad, intenta que comprendamos. Así que Dios ha retenido los secretos de su propia revelación y de nuestra investigación.

Yo en lo personal he llegado a aceptar esto como una cosa providencialmente buena. De hecho, como he luchado con esta idea sobre el mal, ello trae cierto grado de alivio. Y pienso que ello conlleva la implicación de que siempre que nos confronte algo, absoluta y terriblemente malo, espantosamente maligno, o solo simplemente trágico, debemos resistir la tentación que está resumida en el clamor: «¿Qué sentido tiene todo esto?». No es que no obtengamos una respuesta. Obtenemos el silencio. Y el silencio es la respuesta a nuestra pregunta. No hay sentido ahí. Y eso es también algo bueno.

¿Puedo entender eso?

No.

¿Quiero entender eso?

Probablemente no, si Dios ha decidido que es mejor que no lo entienda. De manera que vivo con el entendimiento de que el Dios que no comprendo ha decidido no explicar el origen del mal, sino que quiere más bien concentrar mi atención sobre lo que él ha hecho para derrotarlo y destruirlo.

Ahora esto puede parecer una respuesta poco convincente al mal. ¿Vamos meramente a silenciar nuestras preguntas desesperadas, a aceptar que eso es un misterio, y a cerrar la boca? ¿De seguro que hacemos mucho más que eso? Ciertamente sí.

Nos acongojamos.

Lloramos.

Nos lamentamos.

Protestamos.

Gritamos de dolor y cólera.

Exclamamos: «¿Cuánto tiempo tienen que durar este tipo de cosas?».

Y esto nos trae a nuestra segunda respuesta bíblica importante. Porque cuando hacemos esas cosas, la Biblia nos dice: «Está bien, sigue adelante. Y aquí hay algunas palabras que a usted le gustaría usar cuando se sienta de esa manera». Pero para eso, debemos ir a nuestro siguiente capítulo.

Notas

1. Eric Clapton, «Before You Accuse Me», tomado del album *Eric Clapton Unplugged*.

2. Es interesante que el otro momento en que se dice que un animal habla en el relato bíblico, es la burra de Balán, y en esa ocasión también participó un ángel. Vea Números 22.

3. Génesis 2:7 se dice a veces que es el momento cuando Dios le sopló un alma a Adán. Pero es exegéticamente imposible. El «soplo de vida» significa el soplo compartido por todos los animales que viven por medio de la respiración (como en Génesis 1:24, 28). El versículo habla de una intimidad especial en la relación entre Dios y su creación humana, pero no de un «alma» a diferencia de los animales. La marca distintiva del humano es estar hecho a imagen de Dios.

4. Nigel G. Wright, *A Theology of the Dark Side: Putting the Power of Evil in Its Place* (Paternoster, Carlisle, 2003), pp. 24-25.

2

LA OFENSA DEL MAL

Aceptar el misterio del mal, como propusimos en el capítulo 1, es una cosa. Pero eso está lejos de todo lo que tiene que decir la Biblia sobre nuestra respuesta al mal. Hay algo dentro de nosotros que reacciona al mal de la manera que el cuerpo reacciona ante un «objeto extraño»: con rechazo y protestas. Queremos expulsar el objeto ofensivo. Todos nuestros sistemas corporales protestan y se defienden, a veces con una regurgitación convulsiva. Así es con el mal. Luchamos contra él con lamentos, amargura, cólera, disgusto y protestas. El propósito de este capítulo es decir que tenemos toda la razón al hacer eso, y la Biblia no solo nos da permiso sino también nos da las palabras para hacerlo.

En el capítulo previo dijimos que aun si no podemos explicar el origen del mal *per se*, hay algo sobre el mal moral y espiritual que se puede explicar: a saber, que una buena parte del mismo está relacionada de alguna manera (directa o indirectamente, según enfaticemos) con la maldad y los errores humanos. Pero ese reconocimiento todavía se queda corto en dar una respuesta satisfactoria cuando enfrentamos otros aspectos del mal. A menudo estamos muy desconcertados y preocupados por el llamado mal natural, precisamente porque este no parece tener ninguna explicación moral ni natural.

Los desastres naturales

Por ninguna razón que parezcamos ser capaces de explicar, los fenómenos naturales tales como terremotos, volcanes, huracanes, maremotos, inundaciones, y cosas parecidas, a menudo causan grandes sufrimientos humanos. Ahora sé que se nos dice que algunos eventos caprichosos del clima que, por ejemplo, causan inundaciones devastadoras, pueden ser el resultado del cambio climático: el calentamiento global causado o agravado por la acción humana. No disputo esta posibilidad. Sin embargo, me refiero aquí a eventos del mundo natural que, hasta donde podemos asegurar, están completamente desconectados de alguna acción o inacción humana, y a pesar de eso matan a cientos y miles de personas y dejan completamente devastadas comunidades completas, a veces por generaciones.

Las placas tectónicas de la corteza terrestre se introducen bajo el fondo del Océano Índico y se encaraman sobre las costas por unos cuantos minutos, dejando miles de muertos alrededor de las márgenes. Las cadenas montañosas de los Himalayas y los Andes gimen y crujen, y otra vez quedan muertos o sin casa miles en Pakistán y Perú. Otro terremoto destroza toda una provincia de China. El huracán Katrina inunda Nueva Orleáns. Los monzones en exceso envuelven a la India y Bangladesh. Un ciclón devastador desgarra el sur de Myanmar y hace desaparecer pueblos enteros en el delta del Irrawaddy y deja millones de desplazados. Tales cosas nos llenan de temor y horror. Ellas infligen un sufrimiento tan gigantesco que nos parece difícil aun contemplarlas.

O podríamos incluir esa pandemia excepcionalmente terrible del VIH-SIDA. Sabemos que hay elementos de responsabilidad humana en el sufrimiento de muchos, pero hay gran cantidad de personas —desde bebés en la matriz a jóvenes que cuidan sacrificadamente a parientes moribundos— que no están infestados o afectados por una falta propia. La escala de sufrimiento humano causado por el VIH-SIDA parece dejar enanos a todos los demás sufrimientos puestos juntos. El África sufre aproximadamente el equivalente del maremoto del 2004 cada mes a través de muertes relacionadas con el VIH-SIDA.

Cada vez que examinamos el mal a esta escala surge una pregunta. ¿Por qué? ¿Cómo pueden suceder tales cosas en un mundo que está a cargo de Dios? Repito, en nuestra aflicción y dolor, o en nuestra cólera y aturdimiento, luchamos por encontrarle sentido a cosas que nublan nuestros sentidos, por encontrar alguna explicación a lo inexplicable.

¿Maldición o juicio?

Algunas de las explicaciones que se ofrecen son tan viejas que se remontan a la Biblia, donde se cuestionan o niegan, pero eso no impide que salgan a relucir de nuevo. Por lo menos dos maneras de explicar cosas como el maremoto se escucharon en vísperas de ese día terrible de diciembre de 2004. Ambas tienen algún elemento de verdad (es decir, se refieren a cosas que se afirman en la Biblia) pero las dos me parecen peligrosamente engañosas cuando se traen a colación como explicaciones completas.

«Es la maldición de Dios»

Hay quienes creen que los desastres naturales, como los maremotos, forman parte de la maldición de Dios sobre la tierra como resultado de la Caída. Este punto de vista tiene el efecto de eliminar por completo la categoría del «mal natural», pues mete todas esas cosas en el cajón del «mal moral». Eso es decir que, si esas cosas suceden a causa de una maldición de Dios, la maldición llegó en respuesta a la rebelión y el pecado humanos, de acuerdo con Génesis 3. Así que, en cierto sentido misterioso, hasta algo tan ajeno a una causa o al control humano como un maremoto termina siendo nuestra propia falta, si vamos a ver. Si eso fuera así, solo alguna gente infortunada sufriría los efectos de nuestro mundo caído porque les tocó vivir en el lugar «equivocado», pero todos nosotros colectivamente como raza humana cargamos la culpa. Trajimos una maldición de Dios sobre la tierra por nuestro pecado, y esto es parte del resultado.

Personalmente encuentro esto improbable, aunque es un punto de vista mantenido por muchos. Génesis 3:17 dice que Dios maldijo la tierra debido al pecado humano. La palabra *'adamah* la mayor parte de las veces se refiere a la tierra o el suelo, o a la tierra en el sentido del lugar de la habitación humana, antes que al planeta creado (para el cual *'eres* se usa más a menudo, aunque esta distinción no es absoluta). De manera que las palabras de Dios parecen muy naturales para describir lo que los humanos tendrán que luchar para arrancar el pan de la tierra con sudor y trabajo, y con la constante oposición de «cardos y espinas». Quizá esto no signifique que esas plantas nunca hayan existido antes de la Caída, sino que llegan ahora a simbolizar las tensiones y la lucha de la existencia humana.

En tanto que antes se comisionó a los humanos a someter la tierra, ahora trabajarán y sudarán solo para sobrevivir sobre un suelo que parece resistirse.

De manera que me inclino a ver la maldición sobre la tierra como algo *funcional*. Es decir, consiste en el quiebre de las relaciones entre la humanidad y el suelo en nuestra vida de trabajadores. La vida humana sobre la tierra está bajo la maldición de Dios en todo lo que afecta a nuestro vínculo con la propia tierra. Este es el estado de cosas del que los primeros seres humanos deseaban ser libertados (Génesis 8:20-21), lo cual Pablo describió como una creación sometida a la frustración hasta que nosotros los humanos seamos libertados de nuestra sumisión al pecado (Romanos 8:20-21), y la cual tendrá su fin solo en la nueva creación, cuando Dios habite de nuevo con nosotros en la nueva tierra y allí ya no haya maldición alguna (Apocalipsis 21:1-4; 22:3).

No pienso que la maldición sobre la tierra se refiera a una maldición intrínseca (u ontológica, si le gustan esas palabras) de todo el orden natural, el cual, en un particular momento de la historia humana (la Caída), cambió la forma en que el planeta «se comporta». Aquellos que asumen este punto de vista tienen que decir que los terremotos y otros fenómenos de la creación como esos, que son dañinos o destructivos (o solo aparentemente desagradables desde nuestro punto de vista, como los animales que se comen unos a otros), llegaron a existir nada más que como resultado de la Caída. Entonces, antes de la Caída histórica de los seres humanos, no debe haber habido cosas como los terremotos.

Pero no hay pruebas de que nuestro planeta haya sido tectónicamente diferente de la manera que ahora es, o de que los animales alguna vez no fueran predadores, o que las placas tectónicas de la corteza terrestre estuvieran de alguna manera perfectamente inmóviles antes que surgiera la especie humana y pecara. Por el contrario, la evidencia disponible sugiere que la historia primitiva del planeta incluyó acontecimientos aun más catastróficos antes de la emergencia de la vida humana. Como dice Tom Wright: «Una placa tectónica tiene que hacer lo que una placa tectónica tiene que hacer»[1].

Por supuesto, si uno asume el punto de vista adoptado en algunas formas del «creacionismo de la tierra nueva» de que el universo entero solo había existido durante cinco días literales de la Tierra antes que llegaran Adán y Eva, no habría habido mucho tiempo para terremotos ni maremotos antes de la Caída. Pero esa posición no me convence.

Antes bien, parecería que siendo la Tierra de la manera que es, como un planeta viviente, que se mueve, e increíblemente complejo, es una parte esencial de la mera posibilidad de nuestra vida en él. Dios hizo el universo considerando las criaturas que viven sobre este pequeño planeta en una galaxia particular, en esta etapa de su historia natural, cuando las condiciones son tales que la vida biológica en general puede sostenerse.

No pretendo comprender *por qué* la Tierra tiene que ser como es, de manera que bloques de la corteza de la tierra que se mueven pueden arrojar el océano temporalmente sobre la costa. Desearía que esto fuera de otra manera. Pero no creo que puedo ser suficiente presuntuoso para decirle al Creador: «Debías haber pensado en alguna otra manera de prepararnos un hogar».

De manera que no encuentro convincente poner todas las cosas de la naturaleza que son desagradables en el mejor de los casos y los desastres cataclísmicos en el peor de los casos, como los efectos de la maldición de Dios por el pecado humano.

«Es castigo de Dios»

Otro punto de vista que sale regularmente a la superficie entre los cristianos cuando golpea algún desastre natural es que esas cosas son castigo de Dios.

Otra vez, exactamente como cuando antes pensábamos en la maldición de Dios sobre la tierra, tenemos que afirmar que existe un sentido general en el cual hay una verdad bíblica en acción en esta perspectiva. La Biblia no nos deja otra opción que aceptar la realidad del castigo de Dios. Dios actúa dentro de la historia humana y a través del orden creado. Y de la misma manera la Biblia nos advierte que los seres humanos y todas las sociedades ignoran las estructuras morales básicas que Dios ha edificado en nuestra vida sobre la tierra —incluyendo el cuidado apropiado de la misma tierra— y entonces el orden natural sufre los efectos de nuestro descuido voluntario. Y a veces se defiende. Muy bien puede haber un sentido en el cual de algún modo los efectos del calentamiento global y el resultante cambio climático, hasta el punto en que estén vinculados con la destructiva avaricia y la contaminación humanas, puedan ser teológicamente interpretados como elementos incorporados al castigo de Dios, conciliados dentro del orden natural.

Sin embargo, lo que no podemos ni tenemos que asumir o afirmar es que las personas que sufren los efectos de los desastres naturales como terremotos, maremotos, volcanes, huracanes, inundaciones, y cosas por el estilo (ya estén vinculados o totalmente desvinculados de la actividad humana) son *los peores pecadores*, y por lo tanto están más bajo el castigo de Dios que quienes tienen la fortuna de vivir en algún lugar distinto a donde golpeó el desastre. Una cosa es decir que puede haber elementos del castigo de Dios que actúan en el orden natural como resultado de la prolongada maldad humana y otra cosa es decir que las personas cuyas vidas fueron absorbidas o devastadas por un desastre natural eran las que merecían el castigo directamente.

A pesar de eso, en vísperas del maremoto de diciembre del 2004, eso fue lo que alguna gente dijo, y lo que hizo que me preguntara si estaba más consternado y colérico con Dios o con las asombrosas cosas que algunos cristianos se apresuraron a decir. Claro, me sentí muy triste cuando un dolido pastor de Sri Lanka, donde iglesias completas fueron devastadas, me envió un mensaje para preguntarme si aquello podría interpretarse como un castigo de Dios sobre los cristianos de Sri Lanka. ¿Por qué debía siquiera comenzar a pensar que lo era, o que ellos se merecían más semejante juicio que los cristianos de la India, o de Gran Bretaña, o de los Estados Unidos?

¿Qué palabras merece un sitio web de una iglesia de Estados Unidos que afirmó que se debía *dar gracias* porque 1.900 suecos se hubieran matado como castigo de Dios por las maldades de la cultura y las leyes sexuales licenciosas de Suecia? Cómo difiere ese tipo de absurdo insensible del musulmán de Gran Bretaña que dijo que había sido el juicio de Alá sobre los turistas sexuales en Tailandia (que eran, se imagina uno, los que con menos probabilidad estaban entre los que disfrutaban de un día junto a sus familias en la playa cuando las olas golpearon). La arrogancia grosera de tal respuesta hace tambalear la imaginación.

Pero la propia Biblia nos enseña otra cosa. El problema es que podemos tomar con mucha facilidad algunos aspectos de lo que enseña la Biblia, invertir la lógica, y aplicarla muy erróneamente. ¿Qué quiero decir?

La Biblia y el desastre natural

La Biblia sí incluye ejemplos en que Dios utiliza la naturaleza o fuerzas naturales como agentes de castigo o salvación (p. ej., el Diluvio; la separación y el retorno del mar cuando el Éxodo; la inundación de un río en Jueces 4—5; piedras de granizo que destruyen a un enemigo). Pero estos relatos se ofrecen con una clara y terminante interpretación del texto de que así es como se debían entender esos eventos en el momento y por lectores posteriores. Así que la Biblia sí nos dice que Dios utilizó algunos (aunque en realidad no muchos) desastres naturales como castigos divinos.

Pero no podemos invertir la lógica y asumir que todo o cualquier desastre natural es castigo divino sobre alguien. Y ciertamente carecemos de una interpretación autorizada de la Escritura que nos dé el derecho dogmático a explicar eventos contemporáneos de esa manera. Por el contrario, la Biblia nos desalienta a saltar a la presunción de que las personas que sufren algún desastre son víctimas del castigo de Dios por sus pecados.

Jesús nos da los más claros ejemplos de rechazo a esa «lógica» pervertida. En Juan 9:1-3 se le preguntó a Jesús si un hombre que había nacido ciego era la víctima del castigo de Dios por su pecado o el de sus padres, y Jesús contestó que ninguna de las dos cosas era correcta. La ceguera del hombre no era en absoluto una cuestión del juicio de Dios sobre el pecado.

En Lucas 13:1-5, Jesús respondió a dos incidentes locales. Uno era un caso de mal moral: un acto de salvajismo por parte del gobernador romano que había costado la vida de algunos galileos; el otro era un caso de mal natural o accidental: el colapso de una torre, posiblemente sobre un sitio de construcción, el cual mató a dieciocho personas en Jerusalén. Jesús preguntó (o puede que se le haya preguntado) si aquellos eventos probaban que los que habían muerto eran más pecadores que los demás; esto es, que sus muertes representaban un juicio específico de Dios sobre ellos. Repito, *en ambos casos*, Jesús dice enfáticamente: No. Jesús rechazó recurrir a la fácil explicación de que, cuando ocurre un desastre, este debe ser como castigo de Dios por el pecado de alguien.

El libro de Job ya ha discutido ese punto con gran profundidad. Los amigos de Job insistían en que los desastres que le habían sobrevenido eran castigo de Dios por su maldad. Pero Dios y los lectores saben que los amigos estaban equivocados. Y Job, aunque no sabía lo que los lectores saben, rehusó creer que los amigos tenían razón en cuanto a él, no importa lo correcta que fuera su teología. Su sufrimiento era una prueba, pero definitivamente no era un castigo. Los amigos se aparecieron con un montón de afirmaciones teológicas generales verdaderas sobre el pecado y el juicio, pero hicieron una aplicación falsa al sufrimiento particular de Job. Los tres amigos de Job eran ortodoxos y fieles a la Escritura en su teología, pero estaban por completo equivocados en su diagnóstico y eran desastrosamente insensibles en su utilización pastoral. Tristemente muchos cristianos siguen su ejemplo, ya sea al responder a desastres en gran escala o a enfermedades y sufrimientos de individuos.

Ahora bien, Jesús sí dijo que la ceguera del hombre creaba una oportunidad para que se manifestara la gloria de Dios (cuando lo curara). Y Jesús también utilizó los dos desastres locales como una advertencia de que la gente necesitaba arrepentirse. Pero repito: tenemos que ser cuidadosos de no convertir lo que dijo Jesús sobre los resultados de estos casos en un principio de *causación*. Jesús no dijo que Dios hubiera hecho que Pilato masacrara a la gente o que la torre colapsara y matara a las personas con el propósito de lanzar una advertencia a todos los demás. Solo utilizó los acontecimientos, muy legítimamente, como un indicador de la brevedad de la vida, la eventual premura de la muerte, y por lo tanto la necesidad del arrepentimiento aquí y ahora.

De la misma manera, podemos ciertamente concordar en que el maremoto nos dio un recordatorio muy terrible de que la vida siempre es vulnerable en este mundo, que se puede apagar en un instante, aun en las situaciones más idílicas y los momentos más inesperados. Si eso lleva a alguna persona a reflexionar sobre la vida y la muerte y a acudir a Cristo en arrepentimiento y fe, podemos estar agradecidos por ello. Pero sería horrendo sugerir que «Dios lo hizo por esa razón». Que 250,000 personas fueran arrastradas a la muerte en unas cuantas horas fue una horrible demostración de la fragilidad de la vida humana. Que de alguna manera Dios lo hiciera «a propósito», solo para darnos una advertencia al resto de nosotros, es grotesco.

Así que si estas son explicaciones erróneas, ¿cuál es la correcta?

No hay en absoluto ninguna explicación correcta (tan lejos como puedo ver o hallar en la Escritura) de por qué suceden esas cosas. La ciencia nos habla de sus causas naturales, y ellas son lo suficiente aterradoras. Ese es el logro, pero también el límite, de la explicación científica «de lo que realmente sucedió». Pero *ni la ciencia ni la fe* le pueden dar una razón más profunda o significativa ni un propósito al desastre. De manera que se nos deja con la agonía del dolor y la protesta desconcertada. «Dios, ¿cómo puedes permitir tales cosas?». «¿Por qué no las detienes?». No pienso que sea erróneo llorar por esas cosas, aun si sabemos que ninguna respuesta va a llegar en una voz desde el cielo.

Cuando se nos terminan las explicaciones o rechazamos las que se nos ocurren, ¿qué vamos a hacer? Nos lamentamos y protestamos. Gritamos que no es justo. Clamamos a Dios enojados. Le decimos que no podemos comprender y demandamos saber por qué no lo previno. ¿Está mal hacer esto? ¿Podemos decir que los verdaderos creyentes no lo deben hacer, como decimos que «los hombres cabales no lloran»? ¿Es pecaminoso estar enojados con Dios? De nuevo regreso a la Biblia y encuentro que la respuesta tiene que ser *No*. O por lo menos, encuentro que Dios permite que se exprese una gran cantidad de enojo aun si, a veces, lo corrige allí donde este amenaza con llevar a una persona al pecado o a la rebelión (como en el caso de Jeremías 15:19-21).

La voz de lamento y protesta de la Biblia

En la Biblia, la cual creemos que es la Palabra de Dios, de manera que lo que encontramos en ella es lo que Dios quiere que esté allí, hay muchos lamentos, protestas, disgustos y preguntas desconcertantes. El asunto que debemos notar (posiblemente para sorpresa nuestra) es que todo esto no lo lanzan a Dios sus enemigos *sino personas que lo aman y confían más en él.* Parece, de hecho, que son precisamente aquellos que tienen una relación más estrecha con Dios quienes se sienten con mayor libertad para derramar su dolor y protesta ante Dios sin temor al reproche. El lamento no solo se permite en la Biblia, sino que se modela para nosotros en abundancia. Dios parece querer darnos tantas palabras con las cuales llenar nuestro formulario de quejas como para escribir nuestras notas de *Te doy gracias*. Quizá esto es porque cualquiera que sea el monto del lamento que el mundo nos hace expresar, es una gota en el océano comparada con el dolor del propio corazón de Dios ante la totalidad del sufrimiento que solo él puede entender.

Job nos da un libro lleno de tales protestas, y al final, Dios declara que Job tiene más razón que sus amigos, quienes dieron tan dogmáticamente su «explicación» (y solución) a su sufrimiento. El propio Job es muy enérgico en sus quejas a Dios y sobre Dios:

> Dios es quien me ha hecho daño, quien me ha atrapado en su red.
> Aunque grito: «¡Violencia!», no hallo respuesta;
> aunque pido ayuda, no se me hace justicia.
> Dios me ha cerrado el camino, y no puedo pasar;
> ha cubierto de oscuridad mis senderos.
>
> —Job 19:6-8

Jeremías (como Job) desea nunca haber nacido, acusa a Dios de haberlo engañado, y derrama su dolor ante Dios (lea especialmente Jeremías 15:10-21; 17:14-18; 20:7-18).

> ¿Por qué no cesa mi dolor?
> ¿Por qué es incurable mi herida?
> ¿Por qué se resiste a sanar?
> ¿Serás para mí un torrente engañoso
> de aguas no confiables?
>
> —Jeremías 15:18

¡Hasta hay todo un libro en la Biblia llamado Lamentaciones! Fíjese que se escribió en vísperas de una calamidad que se reconoce como un castigo directo de Dios, pero incluso en ese momento el autor se siente en libertad de derramar una mezcla de protesta y súplicas ante Dios. Es un libro contundente, lleno de dolor, que constantemente clama a Dios contra la terrible calamidad que le ha acontecido a Jerusalén.

El llanto me consume los ojos;
siento una profunda agonía.
Estoy con el ánimo por los suelos
porque mi pueblo ha sido destruido.
Niños e infantes desfallecen
por las calles de la ciudad.
«¿Dónde hay pan y vino?»,
preguntan a sus madres
mientras caen por las calles
como heridos de muerte,
mientras en los brazos maternos
exhalan el último suspiro.

—Lamentaciones 2:11-12

Salmo tras salmo presenta a Dios cuestiones como: «¿Hasta cuándo, Señor...?», y protesta por el sufrimiento del inocente y el aparente alivio del malvado (p. ej., Salmos 10; 12; 13; 28; 30; 38; 56; 69; 88).

Yo, Señor, te ruego que me ayudes;
por la mañana busco tu presencia en oración.
¿Por qué me rechazas, Señor?
¿Por qué escondes de mí tu rostro?
Me has quitado amigos y seres queridos;
ahora solo tengo amistad con las tinieblas.

—Salmo 88:13-14, 18

Seguramente no puede ser accidental que en el libro divinamente inspirado de los Salmos haya más salmos de lamento y de angustia que de gozo y acción de gracias. Estas son palabras que de hecho Dios nos ha dado. Dios le ha otorgado un lugar prominente a este autorizado libro de cánticos. Necesitamos ambas formas de adoración en abundancia mientras vivimos en este mundo maravilloso y terrible.

Siento que el lenguaje del lamento está seriamente desatendido en la iglesia. Muchos cristianos parecen sentir de alguna manera que no puede ser correcto quejarse ante Dios en el contexto de la adoración colectiva, cuando todos debemos sentirnos felices. Hay una presión implícita para asfixiar nuestros sentimientos reales porque estamos urgidos, por piadosos mercaderes de la negación emocional, a tener «fe» (como si el salmista que se lamenta no la tuviera). Así que terminamos vociferando pretendidas emociones que no sentimos, mientras escondemos en lo profundo las emociones reales con las que luchamos. Ir a adorar se puede convertir en un ejercicio de fingimiento y disimulo, ninguno de los cuales puede conducir a un encuentro real con Dios. De tal modo que, como reacción a alguna espantosa tragedia o desastre, en lugar de gritar nuestros verdaderos sentimientos hacia Dios, preferimos otras maneras de responder a este.

Todo es parte de la maldición de Dios sobre la tierra.

Es castigo de Dios.

Esto significa una advertencia.

Esto es en última instancia para nuestro bien.

Dios es soberano, así que tiene que hacerlo todo bien al final[2].

Pero nuestros amigos que sufren en la Biblia no tomaron ese camino. Clamaron en dolor y protesta contra Dios… *precisamente porque conocían a Dios.* Su protesta nace del irritante contraste entre aquello que saben y lo que ven. Es *debido* a que conocen a Dios que están tan enojados y molestos. ¿Cómo puede el Dios que ellos conocen y aman tanto comportarse de esta manera? Saben que «el Señor se compadece de toda su creación» (Salmo 145:9). ¿Por qué entonces permite que sucedan cosas que parece indicar lo contrario? Ellos *conocen* al Dios que dice: «No me alegro de la muerte del malvado» (Ezequiel 33:11). ¿Cómo entonces puede observar la muerte de cientos de miles de quienes Jesús nos diría que no son necesariamente más pecadores que el resto de nosotros? Ellos *conocen* al Dios de quien Jesús dice que está ahí aun cuando cae un gorrión a la tierra (Mateo 10:29-31). ¿Dónde está ese Dios cuando el océano se traga pueblos enteros (e iglesias)?

Esos desastres inexplicables por completo llenan a los creyentes bíblicos de preocupaciones desesperadas y apasionadas por la propia naturaleza de Dios. Así que claman en un vértigo por encima del abismo que parece abrirse entre el Dios que conocen y el mundo en que viven. Si Dios es como *eso*, ¿cómo puede el mundo ser como *esto*?

Para los que compartimos la fe de estos creyentes bíblicos, esta es una emoción agónica precisamente porque también amamos a Dios. En momentos como esos hasta podemos comprender a aquellos que odian a Dios, y nuestra cólera y dolor podría fácilmente hacer agitar nuestros puños con ellos. Pero no lo hacemos, debido a que toda nuestra vida de confianza y amor por Dios y gratitud por su ilimitada bondad y su misericordia hacia nosotros en Cristo no puede ser desmantelada en el día del desastre. Pero el dolor permanece, y el dolor es agudo.

El lamento es la voz del dolor, ya sea por sí mismo, por una persona, o por la montaña de sufrimientos de la humanidad y la propia creación. El lamento es la voz de la fe que lucha por vivir con preguntas no respondidas y sufrimientos sin explicación.

Dios no solo comprende y acepta ese lamento; ¡Dios hasta nos ha dado palabras en la Biblia para expresarlo! Y una abundancia desbordante de esas palabras. ¿Por qué, entonces, somos tan remisos a dar voz a lo que Dios permite en su Palabra, utilizando las palabras de aquellos que las escribieron para nosotros a partir de su propia fe sufriente?

> Por lo tanto, me uno al lamento del salmista. Doy voz a mi sufrimiento, al nombrarlo y poseerlo. Clamo. Clamo por salvación: «Líbrame, oh Dios, de este sufrimiento. Restáurame, y hazme perfecto». Clamo por una explicación, porque en general ya no sé por qué las cosas se han torcido con respecto al deseo de Dios que expresó el salmista. «¿Por qué se ha frustrado tu deseo, de que todos y cada uno de nosotros debe florecer aquí en la tierra hasta la plenitud de los años? Esto no tiene sentido». Lamentarse es arriesgarse a vivir con nuestras más profundas preguntas sin respuesta[3].

Ante algo como el maremoto, entonces, no me avergüenza sentir y expresar mi cólera y lamento. No estoy avergonzado de derramar lágrimas al mirar las noticias o adorar en la iglesia después que esas terribles tragedias han golpeado otra vez. Le digo al Dios que conozco y amo y confío, pero que no siempre comprendo, que no puedo arrancarme de la cabeza el dolor de ver tal destrucción y muerte. Lloraré por los maltrechos de la tierra. «¿Por qué esa pobre gente, Señor, una vez más? ¿No han sufrido ya lo suficiente de las groseras injusticias del mundo?».

No espero la respuesta, pero no le ahorraré a Dios la pregunta. ¿Acaso no he sido hecho a la imagen de Dios? ¿No ha plantado Dios también una pálida reflexión de su compasión e infinita misericordia en la pequeña jaula finita de mi corazón? Si hay gozo en el cielo por un pecador que se arrepiente, ¿no hay también lágrimas en el cielo por los miles arrastrados a la muerte?

Así que por el momento, me aflijo y me lamento, lloro y siento un intenso enojo, y no vaciló en contarle a Dios esto y presentar mis preguntas delante de su trono. Lo mismo es válido cuando escucho las noticias de algún ser querido que ha sido golpeado por una enfermedad inexplicable e incurable. Ya sea una pérdida de vidas humanas en gran escala o la intensa intimidad del sufrimiento de alguien personalmente conocido y profundamente amado, la respuesta es con frecuencia la misma: tienes que derramar tus verdaderos sentimientos delante de Dios, sentimientos que incluyen enojo, incredulidad, incomprensión y el acendrado dolor de demasiadas contradicciones.

Solo entonces puedo regresar para alabar a Dios con integridad. Las alabanzas no eliminan ni soslayan todas esas emociones. Antes bien, este es el marco seguro de un total reconocimiento de Dios y una absoluta dependencia de él, marco dentro del cual se les puede dar a ellas su plena expresión.

No obstante, expreso toda esta protesta dentro del marco de una fe que tiene *una esperanza y un futuro* edificados en ella. Porque el presente estado de la creación no es su estado final, según la Biblia. Y en la resurrección de Cristo tenemos los primeros frutos de una nueva creación en la cual todas las cosas viejas habrán pasado. Tampoco puedo alegar que comprendo esta gran esperanza bíblica a la perfección, pero obtengo un enorme consuelo de lo terrenal de la visión bíblica del supremo destino de la creación, al cual volveremos en el siguiente capítulo. De manera que mi clamor contra los desastres del presente no solo es un cirio en la oscuridad ni un escupir contra el viento. Es mucho más semejante a ese anhelo agónico del salmista: «¿Hasta cuándo, oh Señor, hasta cuándo?». Ellos estaban seguros de que Dios *haría* algo, pero los consumía el anhelo de que *debía* hacerlo más temprano que tarde.

El clamor [o lamento] ocurre dentro del contexto de la fe que todavía resiste y de la alabanza que avanza, porque en la resurrección de Cristo de los muertos tenemos el acto y la palabra de Dios de que será triunfador en la lucha contra todo lo que frustre su deseo. De manera que la soberanía divina no se sacrificó, sino se concibió de nuevo. Si el lamento es un componente legítimo de la vida cristiana, la soberanía divina no se debe comprender como todo lo que ocurre justo como Dios quiere que ocurra, o lo que ocurre de una manera en la que Dios considere lo que no le gusta como una concesión aceptable por el bien así logrado. La voluntad divina consiste en la batalla victoriosa de Dios contra todo lo que se ha torcido con respecto a la voluntad de Dios[4].

Antes de seguir adelante, sin embargo, permitan que mantengamos el rumbo resumiendo las dos respuestas bíblicas al sufrimiento y el mal que hemos examinado en estos dos primeros capítulos:

- La Biblia nos compele a aceptar que hay un misterio en el mal que no comprendemos (y está bien que no podamos comprenderlo).
- La Biblia nos permite lamentar, protestar y enojarnos ante la afrenta del mal (está bien que debamos hacerlo).

Pero si eso fuera todo, la vida sería extremadamente descolorida y deprimente, y la fe no sería nada sin un rechinar de nuestros dientes frente a un sufrimiento inexplicable que no se alivia. Afortunadamente la Biblia tiene mucho más que decir para elevar nuestros corazones con esperanza y certidumbre. Ahí es hacia donde nos dirigimos en el capítulo 3.

Notas

1. «God, 9/11, the Tsunami, and the New Problem of Evil», conferencia impartida en la Seattle Pacific University, mayo de 2005.
2. Nicholas Wolterstorff, en una profunda reflexión sobre el lamento (surgida de la experiencia personal que él y su esposa sufrieron tras la muerte accidental de un hijo adulto), atribuye algo de esta reticencia cristiana a la enseñanza de Calvino sobre la importancia de la paciencia ante el sufrimiento, puesto que este viene en última instancia de Dios para nuestro propio bien. Los argumentos de Calvino tienen validez dentro de una teología bíblica holística de la providencia de Dios, pero no parecen permitir la igualmente válida prodigalidad bíblica del lamento y la protesta; vea Wolterstorff: «If God Is Good and Sovereign, Why Lament?». *Calvin Theological Journal* 36 (2001), pp. 42-52.
3. Ibíd. p. 52.
4. Ibíd.

3

LA DERROTA DEL MAL

Karl Marx dijo: «Los filósofos solo *han interpretado* el mundo [...] la cuestión, sin embargo, es transformarlo»[1]. La Biblia podría decirnos de manera similar que los teólogos han tratado de *explicar* el mal, mientras que el plan de Dios es *destruirlo*. Dios triunfará. Al final Dios será justo, y justificado en todas sus obras. Y la justicia y la justificación de Dios implicarán al final el desenmascaramiento y la destrucción de todo lo que es malo.

Esta es la tercera perspectiva vital que tenemos que añadir a lo que hemos dicho hasta ahora sobre el mal y el sufrimiento. En el capítulo 1 vimos que la Biblia nos compele a aceptar el misterio del sufrimiento como algo que está más allá en última instancia de nuestra comprensión (y gracias que es así). En el capítulo 2 vimos que la Biblia nos permitía protestar y lamentarnos ante la afrenta del mal como algo que parece contradecir de manera inexplicable la bondad y el propósito del propio Dios. Pero la Biblia nos lleva más allá, mucho más allá, y nos llama a regocijarnos ante la perspectiva de la derrota y final destrucción del mal. El mal será erradicado de la creación de Dios. Ésa es la esperanza y la promesa de la Biblia.

Por supuesto, toda la Biblia se puede leer como un relato épico del plan y el propósito de Dios para derrotar el mal y librar para siempre de este a toda la creación[2]. Eso, se puede argumentar, describe todas las cosas entre Génesis 3 y Apocalipsis 22. No podemos aquí volver a contar o resumir ese gran relato, pero podemos decir inequívocamente que la cruz y la resurrección de Jesús Nazaret se levantan en el centro de esta historia. Aquí está el momento central y decisivo de la victoria de Dios sobre el mal y la garantía de que este al final será destruido.

Permítannos probar tres formas en las cuales la Biblia contribuye a nuestra comprensión del problema que tratamos aquí y provee la respuesta final de Dios a éste[3].

La cruz y las tres grandes verdades bíblicas

En su profundo estudio de este tópico, *Evil and the Cross*[4], Henri Blocher propone que hay tres afirmaciones bíblicas fundamentales que tenemos que mantener unidas al luchar con el problema del mal. Cada una es una parte esencial de la enseñanza de la Biblia. Cada una es algo claro y comprensible cuando se considera en sí misma, pero nuestro principal desafío es mantenerlas unidas en nuestras mentes y nuestra fe cuando nuestras luchas con el sufrimiento y el mal en este mundo parecen contradecir una u otra de ellas. Ellas son: la absoluta maldad del mal, la absoluta bondad de Dios y la absoluta soberanía de Dios.

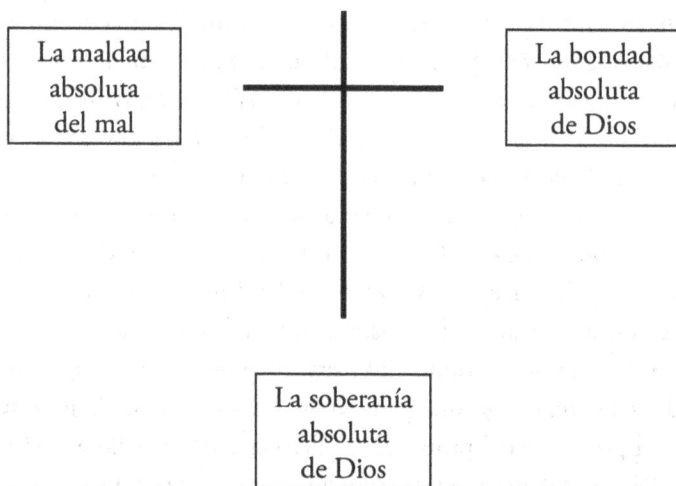

La maldad absoluta del mal		La bondad absoluta de Dios

La soberanía absoluta de Dios

Blocher sugiere que se pueden colocar como una gran T mayúscula, o en la forma de una cruz.

Mientras luchamos con el problema del mal, estamos tentados a comprometer una u otra de estas tres condiciones bíblicas absolutas. Puede que, por ejemplo, reduzcamos la severidad del diagnóstico bíblico del mal: este en realidad no es tan malo como parece y puede que aun sea para lo mejor. O puede que comprometamos la bondad de Dios al hacer de alguna manera a Dios cómplice del mal. O puede que tratemos de «amparar» a Dios de ser la causa del mal limitando su soberanía: hay cosas que simplemente Dios no puede controlar. Pero todos estos movimientos traicionarían la enseñanza bíblica y reducirían el pleno impacto de su mensaje redentor. «Contra estas tres tentaciones, la Escritura levanta una triple afirmación: que el mal es malo, que el Señor es soberano, y que Dios es bueno»[5].

La maldad absoluta del mal

La Biblia no consiente el mal. No acomoda el mal dentro de un marco de realidades aceptables, como muchas formas de concepciones religiosas hicieron y hacen todavía. Nunca es «para que todo al final sea mejor». Tampoco es lo mejor que podemos esperar en «el mejor de los mundos posibles». El mal no es intrínsecamente «necesario» (en el sentido de que el mundo nunca ha estado libre ni podría estar libre del mal); aun cuando la Biblia ciertamente concede que en un mundo caído a veces es necesario que se haga el mal.

Ahora bien, aunque podemos tener razón al señalar que la libertad moral solo tiene sentido cuando tenemos la posibilidad de escoger el mal en lugar del bien, esto no hace a nuestro libre albedrío la causa del origen del mal. En mis tiempos de maestro de secundaria acostumbraba a explicar esto como sigue: Si (arriesgando mi carrera) fuera yo a amarrar a todos mis discípulos y pusiera mordazas en sus bocas y luego los instruyera que no abandonaran la habitación ni hicieran ruido mientras yo me ausentaba, podría regresar felizmente y encontrarlos a todos siguiendo mis órdenes. Pero no tendría sentido elogiarlos por ser *buenos* muchachos». No tendrían libre albedrío para hacer otra cosa. Su comportamiento no sería en lo absoluto verdaderamente moral.

Sin embargo, si abandonó la habitación diciéndoles que se queden allí y se estén quietos, y entonces regreso para encontrar que algunos se han escapado y otros están gritando, mientras unos cuantos continúan con su trabajo, tengo un fundamento racional para un juicio moral de culpa o alabanza, para distinguir entre el comportamiento bueno y el malo. Mi regalo de libertad a la clase ha hecho esa distinción posible. Pero el regalo de libertad no fue la causa de la mala elección que llevó a algunos a desobedecer las instrucciones. Meramente fue la condición en la cual se ejercitó esa mala decisión. La causa descansa en algún otro lugar dentro de ellos.

El mal no puede ser descartado como «el precio que Dios estaba dispuesto a pagar» o «el riesgo que Dios estaba dispuesto a correr» por concedernos el don del libre albedrío. Eso no ofrece una explicación del origen ni la causa del mal, y tiende a reducir la maldad del mal dándole un lugar válido en el universo moral de Dios.

Por el contrario, el mal se rechaza y denuncia sin concesiones, y está categóricamente condenado a destrucción y erradicación final. Es la total negación de todo lo que Dios es y desea, es hostil a la vida, a la bendición y a la bondad que Dios crea. Cualquier solución al problema del mal que lo haga menos malo de lo que dice la Biblia que es en realidad, no es en absoluto una solución para el cristiano. Así que no debe haber confusión ni concesiones en este punto.

> ¡Ay de los que llaman a lo malo bueno
> y a lo bueno malo,
> que tienen las tinieblas por luz
> y la luz por tinieblas,
> que tienen lo amargo por dulce
> y lo dulce por amargo!
>
> —Isaías 5:20

La absoluta bondad de Dios

Habacuc, que luchó muy duro con el problema del mal y la justicia de Dios, declara que Dios no puede ni siquiera mirar el mal, mucho menos comprometerse con él.

> Son tan puros tus ojos que no puedes ver el mal;
> no te es posible contemplar el sufrimiento.
>
> —Habacuc 1:13

Juan está de acuerdo: «Dios es luz; y en él no hay ninguna oscuridad» (1 Juan 1:50).

Muchos otros textos bíblicos afirman esto sobre Dios. No hay una mezcla de mal dentro de él. El mal no tiene asidero en la persona y el carácter de Dios. Por el contrario, él es absolutamente, primariamente, exclusivamente y eternamente bueno. Como un cristiano africano se gozaba en repetir: «¡Dios es bueno, todo el tiempo!»

> Él es la Roca, sus obras son perfectas,
> y todos sus caminos son justos.

Dios es fiel; no practica la injusticia.
Él es recto y justo.

—Deuteronomio 32:4

Por lo tanto, aunque la Biblia indique claramente que Dios es soberano sobre la realidad y el funcionamiento del mal dentro de la creación, de tal manera que puede incluir las realidades del mal existente dentro del cumplimiento de sus propósitos, el propio Dios no es el origen, el autor, ni la causa del mal en sí. Esta es una importante distinción. El *uso* o el *control* soberano de las cosas, los acontecimientos o las personas que son malvadas por Dios no comprometen su propia bondad esencial. Porque, como veremos, todo ese ejercicio del primordial poder de Dios sobre el mal es para propósitos determinados por su bondad.

La soberanía absoluta de Dios

La voluntad de Dios permanece soberana sobre toda la realidad creada. Esto es una afirmación bíblica que se repite. Genera mucho misterio y lucha teológica, particularmente en relación con la afirmación igualmente bíblica de la responsabilidad humana por las decisiones que tomamos como agentes morales libres. No obstante, la Biblia afirma que nada sucede en el universo *fuera* del conocimiento soberano de Dios, ya sea por su decreto o su permiso. Esa única voluntad del único Dios Creador es en realidad lo que constituye el hecho de que vivimos en un universo, no en un caos. Y esa soberana voluntad de Dios puede contener aun la fuerza extraña del mal, rigiéndola y dominándola de tal manera que al final prevalezca la voluntad de Dios.

La Biblia afirma esto aun cuando las cosas que suceden incluyen un desastre y muchas cosas que veríamos como malas. En este punto los teólogos a veces necesitan hacer distinciones entre la voluntad imperativa de Dios (lo que Dios directamente quiere y desea que suceda) y la voluntad permisiva de Dios (lo que Dios permite que suceda aun si esto incluye la realidad del mal en nuestro mundo caído). Este no es el lugar para entrar en los detalles de esa discusión, porque el principal punto todavía está en pie. De cualquier manera, Dios permanece soberano a cargo de todos los desenlaces de la historia y su meta final.

¿Se toca la trompeta en la ciudad
sin que el pueblo se alarme?

¿Ocurrirá en la ciudad alguna desgracia
que el SEÑOR no haya provocado?

—Amós 3:6

Yo formo la luz y creo las tinieblas,
traigo bienestar y creo calamidad;
Yo, el SEÑOR, hago todas estas cosas.

—Isaías 45:7

En el contexto del terrible juicio de Dios sobre Jerusalén, el autor de Lamentaciones lucha precisamente con la agonía de saber que lo que ha sucedido está bajo la voluntad de Dios, y aun así ha traído tanto sufrimiento que el propio Dios se aflige:

El Señor nos ha rechazado,
pero no será para siempre.
Nos hace sufrir, pero también nos compadece,
porque es muy grande su amor.
El Señor nos hiere y nos aflige,
pero no porque sea de su agrado.
Cuando se aplasta bajo el pie
a todos los prisioneros de la tierra,
cuando en presencia del Altísimo
se le niegan al hombre sus derechos
y no se le hace justicia,
¿el Señor no se da cuenta?
¿Quién puede anunciar algo y hacerlo realidad
sin que el Señor dé la orden?
¿No es acaso por mandato del Altísimo
que acontece lo bueno y lo malo?
¿Por qué habría de quejarse en vida
quien es castigado por sus pecados?

—Lamentaciones 3:31-39

Esta agónica serie de preguntas muestra que el escritor mantiene unidas desesperadamente la bondad de Dios (que está lleno de compasión e inagotable amor), el terrible mal de la injusticia y la prevaleciente soberanía de Dios.

Las tres verdades en la historia de José

Hay algunos lugares de la Biblia donde estas tres grandes afirmaciones están entretejidas para mostrar cuan íntimamente se hallan relacionadas. Uno es la historia de José. Esta ilustra lo peor de la maldad humana: hermanos que planean el asesinato de un hermano y más tarde su venta como esclavo; hijos que mienten a su padre. Son males terribles para los cuales no habría excusa ni justificación. Pero la misma historia también ilustra la bondad de Dios al usar estas circunstancias para fines buenos, preservando la vida y trayendo bendición a pesar de las circunstancias constantemente adversas. Y sobre todo, el relato completo se interpreta explícitamente como un despliegue de la soberana voluntad de Dios detrás de decisiones y acciones humanas. Así que en esta historia tenemos el peor de los males, la bondad de Dios y la soberanía de Dios, todos obrando en el mismo escenario.

En el momento en que José dio a conocer su identidad a sus sorprendidos hermanos, pronuncia estas notables reflexiones:

No obstante, José insistió:

—¡Acérquense!

Cuando ellos se acercaron, él añadió:

—Yo soy José, el hermano de ustedes, a quien vendieron a Egipto. Pero ahora, por favor no se aflijan más ni se reprochen el haberme vendido, pues en realidad fue Dios quien me mandó delante de ustedes para salvar vidas. Desde hace dos años la región está sufriendo de hambre, y todavía faltan cinco años más en que no habrá siembras ni cosechas. Por eso Dios me envió delante de ustedes: para salvarles la vida de manera extraordinaria y de ese modo asegurarles descendencia sobre la tierra. Fue Dios quien me envió aquí, y no ustedes.

—Génesis 45:4-8

Más tarde cuando los hermanos están todavía temerosos de que su delito inicial recayera sobre sus cabezas (complicándolo irónicamente con otra mentira), José resume la situación en esta profunda afirmación teológica: «No tengan miedo», les contestó José. «¿Puedo acaso tomar el lugar de Dios? Es verdad que ustedes pensaron hacerme mal, pero Dios transformó ese mal en bien para lograr lo que hoy estamos viendo: salvar la vida de mucha gente» (Génesis 50:19-20).

Ahí no hay ablandamiento alguno del intento y la maligna acción de los hermanos ni de su responsabilidad moral. Sus acciones son inexcusablemente malas. Aun así la bondad y soberanía de Dios no solo predominan sobre sus intenciones sino que las utilizan para el bien último de salvar vidas.

Es importante no sugerir que Dios «convirtió el mal en bien», o que debido a que todo salió bien al final, en realidad no fue del todo tan malo. Las acciones de los hermanos fueron malvadas. Punto. Fue un intento de hacer el mal y la ejecución de un mal. Pero Dios demostró su soberanía al mostrar que puede tomar lo que se hace como un mal que existe en el mundo y utilizarlo para dar pie a sus propios buenos propósitos. Dios se mantiene bueno, y Dios se mantiene soberano.

Las tres verdades convergen en la cruz

Cuando llegamos a la cruz, encontramos las mismas tres grandes verdades obrando soberanamente. La poderosa combinación nos muestra cuán esencial es colocar la cruz en el centro de todas nuestras pugnas con el problema del mal.

Como José, Pedro resume lo que sucedió en la cruz al ver las acciones malvadas de personas moralmente responsables bajo el conocimiento y la voluntad soberana de Dios, y al ver la bondad del amor salvador de Dios, por medio del cual hasta aquellos que perpetraron el acto podían encontrar el perdón de Dios:

> Pueblo de Israel, escuchen esto: Jesús de Nazaret fue un hombre acreditado por Dios ante ustedes con milagros, señales y prodigios, los cuales realizó Dios entre ustedes por medio de él, como bien lo saben. *Éste fue entregado según el determinado propósito y el previo conocimiento de Dios; y por medio de gente malvada, ustedes lo mataron, clavándolo en la cruz.* Sin embargo, Dios lo resucitó, librándolo de las angustias de la muerte, porque era imposible que la muerte lo mantuviera bajo su dominio.
>
> —Hechos 2:22-24 (énfasis añadido)

Poco después Pedro se mantiene firme en las buenas nuevas de la gracia y el perdón de Dios:

> —Por tanto, sépalo bien todo Israel que a este Jesús, a quien ustedes crucificaron, Dios lo ha hecho Señor y Mesías.

Cuando oyeron esto, todos se sintieron profundamente conmovidos y les
dijeron a Pedro y a los otros apóstoles:

—Hermanos, ¿qué debemos hacer?

—Arrepiéntase y bautícese cada uno de ustedes en el nombre de Jesucristo
para perdón de sus pecados —les contestó Pedro—, y recibirán el don del
Espíritu Santo.

—Hechos 2:36-38

Así que las tres verdades centrales están resumidas aquí cuando Pedro
explica la cruz en términos de la maldad humana, la soberanía de Dios y la
bondad de Dios. Primero, la cruz expuso las sumas complejidades de la maldad
humana y satánica (en el odio, la injusticia, la crueldad, la violencia y el
crimen). Todo esto fue arrojado sobre Jesús, sin justificación ni excusa. Jesús
murió a manos de «malvados». En la cruz, el mal se ve en su peor faceta por
lo que es y hace.

Segundo, la cruz tuvo lugar en completo acuerdo con la soberana voluntad
de Dios desde la eternidad. Es el momento supremo de la historia (el cual
define y hace posible todos los demás momentos) en el cual Dios hizo que la
ira de los seres humanos lo alabara, de alguna manera erigiendo las acciones
e intentos malvados de la criaturas libres dentro de su propósito soberano de
amorosa redención.

Tercero, la cruz también expresó la absoluta bondad de Dios, al derramar
su misericordia y gracia en un amor que se prodigaba a sí mismo. En la cruz
atrajo el peor aguijón de la maldad humana y satánica y lo concentró sobre
sí mismo en la persona de su Hijo, a fin de que este sufriera en la máxima
profundidad de todas sus consecuencias y comunicara por ese motivo perdón.
Más adelante diremos más sobre esto.

La cruz y el gobierno de Cristo en la historia

La crucifixión de Jesús fue un acontecimiento de la historia. Pero el Cristo
crucificado es aquel cuyo reinado se extiende a lo largo de la historia. De
hecho, es a través del Cristo crucificado que se ejercita el gobierno soberano
de Dios sobre el universo. Este es el mensaje de la asombrosa, alucinante y
llamativa visión de Juan en Apocalipsis 4—7, la cual se debe leer como una
visión integral. Puede parecer remota y simbólica, pero es imperativamente
relevante para el tema que tratamos aquí: el problema del mal en el mundo y
la historia humana.

El libro de Apocalipsis no solo presenta una visión del postrer futuro, sino que también expone la realidad escondida del mundo en que vivimos. «Revela» (revelación es lo que significa la palabra «apocalipsis») lo que realmente ocurre y cómo debemos vivir en medio de este mundo mientras afirmamos el señorío de Cristo. El mundo en que Juan vivió estuvo lleno de sufrimiento, injusticia y maldad; tanto como lo está el nuestro. Fue el mundo del Imperio Romano. Necesitamos recordar eso como trasfondo de todo el libro.

En un mundo como ese, ¿quién tiene el mando? Apocalipsis 4 proclama la respuesta: Dios está al mando.

Una habitación con una visión

En Apocalipsis 4:1 se invita a Juan a pasar por una puerta dentro de una habitación con una visión, una visión de todo el universo desde la perspectiva de Dios. Este es nuestro mundo desde la perspectiva del trono de Dios. ¿Qué ve Juan? Es como una serie de círculos concéntricos alrededor de un punto focal central:

- El trono de Dios en el centro de todo el universo (4:1-2)
- Veinticuatro ancianos del pueblo de Dios sentados en sus propios tronos (4:4)
- Cuatro seres vivientes (4:6-8)
- Las criaturas de toda la creación (5:13)

Esta es una visión de Dios de la realidad. Incluye el mundo que podemos ver con los ojos de nuestras cabezas (personas y criaturas), pero también el mundo que solo podemos ver con los ojos de la fe (las huestes angélicas). La visión de Juan lo reúne todo y dice: «Éste es el mundo real. Todo lo que hay en el cielo y la tierra; todo el pasado, el presente, y el futuro; todo en el universo del espacio-tiempo íntegro se ve desde el trono de Dios y lo gobierna el Dios que está sobre el trono, y todo lo que existe le da alabanza y adoración».

Esta es una verdadera visión cósmica del mundo, con una perspectiva radicalmente transformadora para alguien que vive en un mundo donde todos veían a Roma como el centro del mundo conocido y al emperador romano como a aquel sentado en el trono del poder y el gobierno imperial. No, dice Juan, el trono del Dios viviente está en el centro, y los imperios y emperadores están entre las criaturas del círculo exterior que existe para dar alabanza a Dios.

El Cordero con el plan

Entonces Juan desplaza nuestra mirada de esta «habitación con una visión» al Cordero con el plan. Tal cual comienza Apocalipsis 5, Juan ve que el Dios viviente sobre el trono sostiene un rollo sellado, escrito por ambos lados. Ese es un libro cerrado, como si fuera una historia que no se puede leer y comprender hasta que se abra. Representa el significado y propósito de la historia, el gran plan de Dios para todos los tiempos. Pero está sellado con siete sellos. La historia es un libro cerrado en el sentido de que ninguno de nosotros que vive dentro de ella tiene la posición ni los medios para abrir el rollo, esto es, para determinar la voluntad de Dios en la historia. Juan llora al darse cuenta de que no podemos comprender por nosotros mismos todo el significado de la historia dentro del plan de Dios (5:4).

¿Entonces quién puede? ¿Quién es digno de gobernar la historia, interpretarla y llevar a cabo el plan de Dios? Los ancianos y los cuatro seres vivientes ofrecen la respuesta: «¡El Cordero que fue sacrificado!», que sabemos de alguna otra parte que se refiere al Jesús crucificado. De esta manera, Juan ve ahora al Jesús crucificado que comparte el trono de Dios y toma el rollo y lo abre, sello por sello (Apocalipsis 5:5-7).

Jesús, el Cordero de Dios, sostiene el rollo del propósito de Dios, la clave del significado y la meta de toda la historia. Para confirmar esto, los seres vivientes y los ancianos proclaman esta gran afirmación:

> Y entonaban este nuevo cántico:
> «Digno eres de recibir el rollo escrito
> y de romper sus sellos,
> porque fuiste sacrificado,
> y con tu sangre compraste para Dios
> gente de toda raza, lengua, pueblo y nación.
> De ellos hiciste un reino;
> los hiciste sacerdotes al servicio de nuestro Dios,
> y reinarán sobre la tierra».
>
> —Apocalipsis 5:9-10

¿Por qué es digno Jesús de abrir el rollo? El cántico da tres razones claras: primero, porque fue sacrificado (lo que se refiere por supuesto a la cruz, a través de la cual redimió a la humanidad); segundo, porque a través de la cruz Jesús cumplió el propósito de Dios, desde Abraham, de bendecir a la gente de *toda* nación; y tercero, porque a través de la cruz Jesús ha alcanzado la victoria para su pueblo, el cual reinará con él sobre la tierra. O, para ponerlo en forma resumida, la cruz es la clave de toda la historia humana porque es *redentora* (la humanidad no descenderá por ningún drenaje de la historia hacia alguna cloaca cósmica), *universal* (la cruz es para personas de todas las naciones y culturas a través de toda la historia humana) y *victoriosa* (¡el Cordero triunfa! La victoria está garantizada para Cristo y los que este ha redimido).

En otras palabras, el desenvolvimiento y el significado de la historia fluye desde la cruz, justo mientras se abre el rollo en las manos del Cordero que fue sacrificado. Como Juan, que vivía en los horrores del Imperio Romano de sus días, atiborrado con el mal, la crueldad y el sufrimiento, nosotros también solo podemos encontrarle sentido al mundo y a todos los acontecimientos terribles que llenan su historia —al pasado, el presente, y lo que está por venir— si los miramos desde la perspectiva de la cruz de Cristo y todo lo que esta logró.

Pero Juan no ha terminado. El rollo empieza a desenrollarse, sello por sello, y la apertura del primero de los cuatro sellos nos conmociona aun más.

Los jinetes de la historia

Apocalipsis 6:1-8 es una visión espeluznante, pero es importante que la leamos ahora solo a la luz de lo que hemos acabado de ser testigos en los capítulos 4 y 5.

> Vi cuando el Cordero rompió el primero de los siete sellos, y oí a uno de los cuatro seres vivientes, que gritaba con voz de trueno: «¡Ven!». Miré, ¡y apareció un caballo blanco! El jinete llevaba un arco; se le dio una corona, y salió como vencedor, para seguir venciendo.
>
> Cuando el Cordero rompió el segundo sello, oí al segundo ser viviente, que gritaba: «¡Ven!». En eso salió otro caballo, de color rojo encendido. Al jinete se le entregó una gran espada; se le permitió quitar la paz de la tierra y hacer que sus habitantes se mataran unos a otros.
>
> Cuando el Cordero rompió el tercer sello, oí al tercero de los seres vivientes, que gritaba: «¡Ven!» Miré, ¡y apareció un caballo negro! El jinete tenía una balanza en la mano. Y oí como una voz en medio de los cuatro seres vivientes, que decía: «Un kilo de trigo, o tres kilos de cebada, por el salario de un día; pero no afectes el precio del aceite y del vino».
>
> Cuando el Cordero rompió el cuarto sello, oí la voz del cuarto ser

viviente, que gritaba: «¡Ven!» Miré, ¡y apareció un caballo amarillento! El jinete se llamaba Muerte, y el Infierno lo seguía de cerca. Y se les otorgó poder sobre la cuarta parte de la tierra, para matar por medio de la espada, el hambre, las epidemias y las fieras de la tierra.

¿Qué pasa aquí en la tierra? Me parece a mí que la intención es que esos caballos y sus jinetes sean símbolos de realidades en los propios días de Juan (y en los nuestros). Ellos representan la llegada de desastres que vemos en ciclos repetidos a través de toda la historia humana[7]. A través del arco y la corona el caballo blanco habla de invasión y conquista. El caballo rojo habla de guerra, probablemente de una guerra civil y especialmente de una rebelión, en la cual las personas se matan unas a otras. El caballo negro habla de hambre, o más bien de hambre para algunos, pero continuos lujos para otros. Y el caballo amarillento habla de enfermedad, plaga, epidemias, y todo tipo de muertes.

Estas son realidades constantes en la historia humana. Estos cuatro jinetes no son pesadillas apocalípticas de un futuro distante. Son realidades del mundo en el cual vivimos. Estos cuatro jinetes truenan a través de las páginas de todo el libro de la historia en cada era. Solo se requiere pensar un momento para identificar al jinete de la conquista, la guerra, el hambre y la enfermedad en sus múltiples formas por todo el mundo hoy en día.

La conquista prosigue todavía, a veces por medio del poderío militar (antes había un país llamado Tíbet), a veces por medio de la agresión económica o cultural. La guerra domina las noticias cotidianas. Tan solo un período de cinco años (1990-1995) vio veintitrés guerras que involucraron a setenta estados y dejaron cinco millones y medio de personas muertas. Las hambrunas ocurren todavía, pese a todos los esfuerzos humanos, y a veces se deben a una cínica o estúpida negligencia humana. El VIH-SIDA está chupando la vida en amplias zonas de África a la tasa de un maremoto por mes, aunque la malaria mata aun más actualmente. Estos son precisamente los tipos de males que luchamos por comprender en relación con el Dios que conocemos y en quien confiamos, pero que a menudo no comprendemos.

¿Qué decir de los propios días de Juan? George B. Caird[8] relaciona algunos de los terribles eventos que convulsionaron al Imperio Romano durante los últimos treinta y cinco años de la vida de Juan: terremotos en el 60 d.C.; derrota de los ejércitos romanos por los partos en el 62 d.C. y la persecución de los cristianos que la siguió; el suicidio de Nerón en el 68 d.C., seguido por el caos, la guerra civil, y cuatro rivales que reclamaban el trono; los cuatro años de horror de la guerra judía, la cual terminó con la destrucción de Jerusalén y el templo en el 70 d.C.; la erupción del volcán Vesubio en el 79 d.C., que arrasó varios pueblos en la bahía de Nápoles; la seria hambruna de granos del 92 d.C.

Desde el siglo I al XXI, estos jinetes han infligido devastación a través de la historia. El asunto es que Juan ve a estos jinetes salir cabalgando del rollo que está *en las manos del Cordero*. Es decir: «La visión de Juan de los cuatro jinetes está dirigida a afirmar la soberanía de Cristo sobre un mundo como ese». De hecho, «a menos que se pueda decir que Cristo reina sobre el mundo de arduas realidades en el cual los cristianos tienen que vivir sus vidas, es difícil decir que él reina»[9].

¿Pero no es esto más bien desalentador, algo como un anticlímax? Allí estábamos nosotros con Juan en la habitación del trono del universo. Escuchamos los coros de toda la creación cantando alabanzas al Cordero. Observamos mientras el Cordero comenzaba a abrir el rollo del plan de Dios en la historia. Y al cabo salen solo estos cuatro jinetes miserables, que representan desastres tan antiguos como el libro de Génesis. ¿Es eso todo lo que hay en el reino de Cristo? ¿Nada más que un tipo de supervisión cósmica de voraces males que arrasan fuera de control?

Ah, pero esa es precisamente la cuestión. *No están* fuera de control.

¿Quién los convocó? Noten la palabra «Ven». Se convoca a cada uno bajo la soberana autoridad del trono. Dios gobierna el mundo, no el jinete.

¿Quién les da poder? Note que a cada uno de ellos «se le da» algo (p. ej., un arco, una espada). Esta es una manera de decir que todos sus poderes son delegados por el Dios soberano. Tienen poder, pero este es temporal, provisional y sujeto al derecho de Dios de dar y quitar.

Sobre todo, ¿quién abre los sellos? ¡El Cordero que fue sacrificado! Él está a cargo del desarrollo de la historia dentro de la cual tienen lugar estos horrores.

El Cordero que fue sacrificado es aquel que sostiene y abre el rollo. Fue por su muerte en la cruz que Jesús se hizo digno —esto es, obtuvo el derecho— de abrir el rollo. Esto significa (y este es el punto esencial, vital que aprehender) *que el poder de Cristo para controlar estas fuerzas malignas es el mismo poder que el que ejerció sobre la cruz.*

¿Y qué era ese poder?

Ya hemos comenzado a pensar en él de esta manera, pero volvamos a él de nuevo. La cruz fue lo peor que la rebelión y la maldad humana contra Dios pudo hacer. A un nivel puramente humano descendió a las profundidades de la depravación, como muestran los Evangelios sin mucha necesidad de embellecer los hechos. Ahí había enardecidos fanáticos, corruptos líderes religiosos, testigos mentirosos, conspiración política, intereses personales, arrebato nacionalista, un proceso judicial moralmente quebrado, tortura intolerable, vergüenza pública, burla recriminadora; y aun entre los amigos de Jesús había alevosía, traición, negación y cobardía. A un nivel más profundo sabemos que todos los poderes del mal, el satánico aliado del humano, alcanzaron a Cristo y arrojaron sobre él lo peor de sí.

Pero Jesús, el Cordero de Dios, cumpliendo la perfecta voluntad de su Padre, transformó todo esto en el triunfo del amor divino, absorbiéndolo y derrotándolo simultáneamente. Pero el asunto crucial es este: No solo Jesús derrotó los poderes del mal, los hizo agentes de la victoria suya y de la propia derrota del mal. Tornó el mal contra sí mismo, hacia su propia destrucción final.

En el deporte del judo, así se me ha contado, la idea esencial es tomar toda la energía y la fuerza del ataque de su oponente y volverla en contra suya de tal manera que quede aplastado por su propio asalto. No es demasiado irreverente decirlo de esta manera: la cruz fue el judo supremo de Dios. En la persona de su Hijo, él tomó todo ese pecado y maldad, humano y satánico, que podía lanzarse contra él y lo devolvió a su propia destrucción final.

Henry Blocher también se apoya en esta ilustración del judo cuando reflexiona sobre cómo la cruz *utilizó* el mal para derrotar el mal:

> En la cruz el mal se conquistó como mal: corrupción, perversión, desorden, un parásito [...] se conquistó como mal porque Dios lo enfrentó a sí mismo. Dios hace del crimen supremo, el asesinato de la única persona justa, la operación misma que suprime el pecado. La maniobra es sumamente inaudita. No se podría imaginar una victoria más completa [...] el mal, como un yudoca, se aprovecha del poder del bien, el cual pervierte; el Señor, como supremo campeón, replica utilizando el mismo agarre de su oponente [...] no tenemos ninguna otra posición que a los pies de la cruz [...] la respuesta de Dios es el mal vuelto contra sí mismo, conquistado por el supremo grado de amor en el cumplimiento de la justicia[10].

El Cordero que fue sacrificado es el Cordero que está sobre el trono

Eso, entonces, fue la realidad de la cruz, el momento central de la historia humana en que Dios se las entendió con el mal. Pero ahora, dice Juan, *ese mismo Jesús, el Cordero que fue sacrificado, reina sobre las fuerzas del mal desatadas en nuestro mundo, de la misma manera en que reinó desde la cruz.* A fin de cuentas, todo lo que es malo y destructivo se someterá al poder soberano de la cruz, para su propia destrucción final.

De nuevo, George B. Caird tiene un fino clímax para su comentario sobre esta parte de la visión de Juan.

> Él, Juan, no nos pide que creamos que la guerra, la rebelión, el hambre y la enfermedad sean una deliberada creación de Dios, o que, excepto de una manera indirecta, estas sean lo que Dios quiere para los hombres y mujeres que ha hecho. Son el resultado del pecado humano; y es significativo que, entre todos los desastres apocalípticos que podría haber escogido, Juan ha omitido en este punto los naturales, como los terremotos, e incluye solo aquellos en que participa la actuación humana. El punto es que, justo donde el pecado y sus efectos son más evidentes, debe verse el señorío del Crucificado, que pone la maldad humana al servicio del propósito de Dios. La voz celestial que dice «¡Ven!» no está invocando desastres. En todo caso estos deben encontrarse dondequiera que haya crueldad, egoísmo, ambición, lujuria, avaricia, miedo y orgullo. Más bien la voz declara que nada puede ahora ocurrir, ni aun la más temible evidencia de desobediencia del hombre y su justo castigo, el cual no puede urdirse dentro de los patrones del bondadoso propósito de Dios [...] El contenido del rollo es el plan redentor de Dios, por medio del cual el Señor saca bien del mal y hace que todas las cosas sobre la tierra se subordinen a su soberanía[11].

Entonces, Apocalipsis 5—7 afirma esta asombrosa paradoja que es crucial para la forma en que debemos pensar del mal. Todo mal, desastre y sufrimiento se encuentra bajo el soberano control de Dios en Cristo, y específicamente bajo la autoridad del Cristo *crucificado* (el Cordero que fue sacrificado, que está en el centro del trono, participando en el gobierno de Dios sobre toda la creación).

Si los primeros cuatro sellos hablan de formas representativas del mal y el desastre, están exactamente bajo la autoridad de aquel que abre los sellos como lo están el quinto y el sexto. Eso significa que cualesquiera devastaciones que se puedan incluir bajo el simbolismo de los furiosos jinetes (los primeros cuatro sellos), estas están bajo la soberanía de Dios igual que el destino de los mártires (quinto sello, 6:9-11), el juicio de los malvados (sexto sello, 6:12-17), y la salvación del pueblo de Dios de todas las naciones (7:1-17, especialmente

9-10). En otras palabras, si creemos que Dios es soberano en su plan y tiene el poder de proteger a su pueblo, juzgar al malvado, y salvar al pueblo de todas las naciones, se nos convoca a creer también que es soberano sobre las mismas cosas que parecen amenazar más esos planes.

Esa soberanía se ejercita por la misma persona (el Cristo crucificado) y de la misma manera (a través del paradójico poder de la cruz) por todo el camino hasta el final de la historia. La cruz nos muestra que Dios puede tomar el peor mal posible y a través de él alcanzar el mayor bien posible: la destrucción del propio mal. De acuerdo con esto, bajo el gobierno del crucificado nada puede suceder en la historia humana sobre lo cual Dios no sea en última instancia soberano y lo cual él no pueda, a través de su infinito poder y sabiduría, urdir dentro de la elaboración de su propósito universal de amor redentor para toda la creación.

La cruz como garantía de la nueva creación

Es algo adecuado que debamos cerrar este capítulo volviendo a los últimos capítulos de la Biblia: Apocalipsis 21—22, pues allí encontramos el gran clímax de todo el relato bíblico, que ha sido nada menos que el relato del triunfo de Dios sobre el mal. Para hacerle justicia a esa gran historia bíblica tendríamos que examinar todos los textos del Antiguo Testamento que anticipan (y aun celebran por adelantado) la victoria del reino de Dios sobre todas las fuerzas del mal que actúan en la historia. Necesitaríamos observar cómo la misión de Dios que comienza con el llamado de Abraham era dar lugar a la bendición de las naciones y su liberación del mal a través de la historia de su pueblo, el Israel del Antiguo Testamento, como las primicias de una nueva humanidad. Entonces tendríamos que reconocer la gran batalla que tuvo lugar entre el reino de Dios y el reino del mal en los Evangelios. Allí, Jesús el Mesías, que encarnó a Israel pero permaneció obediente donde ellos se rebelaron, cumple esa misión de Dios y la culmina por último sobre la cruz, como lo demostró la vindicación de él por Dios en su resurrección.

Sin embargo, tomando todo ese gran relato tal cual se lee, llegamos a su clímax: la llegada de una nueva creación. ¿Qué hallamos allí? Más importante, ¿qué no hallamos allí? Esos dos últimos capítulos de la Biblia nos hablan repetidamente de cosas que *ya no serán* parte de la realidad universal. Cuando Dios venga a establecer el reino de su Cristo, cuando haya hecho nuevas todas las cosas y el viejo orden de cosas haya desaparecido, el mal en todas sus formas habrá sido completamente erradicado. Mire a esta lista:

- *El mar habrá dejado de existir* (21:1). El mar representaba en el simbolismo del Antiguo Testamento el inquieto y caótico mal, el lugar desde el cual las furiosas bestias de las visiones de Daniel habían llegado para engañar a las naciones. Toda esa desafiante hostilidad rebelde habrá desaparecido.

- *Allí no habrá más muerte, ni llanto, ni lamento, ni dolor* (21:4). Se pondrá fin a todo sufrimiento y separación porque no habrá ya nada que los cause.

- *Allí no habrá más pecado*, pues no habrá más pecadores (21:7-8); la nueva creación implica exclusión así como inclusión: exclusión de los malvados que no se arrepienten y persisten.

- *Allí no habrá más oscuridad ni noche* (21:25; 22:5), en el sentido de todo lo que estas representan. La luz de la presencia de Dios disipará los males más tenebrosos.

- *Allí no habrá más impureza, vergüenza, ni engaño* (21:7), características que están entre las señales originales de nuestra degradación.

- *Allí no habrá más conflictos internacionales* (22:2), pues las naciones encontrarán salud por medio del árbol de la vida y el río de la vida.

- *Allí no habrá más maldición* (22:3). Con el reproche del Edén por fin levantado, la tierra será liberada de su vasallaje, y sus habitantes redimidos serán liberados de la esclavitud de su maldición.

Y todo esto será gobernado y llenado por la presencia de aquel al que repetidamente se le llama «el Cordero». Todo esto es la recompensa del Cristo crucificado.

Todos los que *no* estén allí en la nueva creación no estarán allí a causa de la victoria de la cruz de Cristo, a través de la cual han sido destruidos. Y todos los que estén allí en la nueva creación estarán allí a causa de la victoria de la cruz de Cristo, por medio de la cual habrán sido redimidos.

Esta es nuestra gran esperanza y nuestra gozosa expectativa. En medio de nuestros actuales conflictos, mientras confrontamos males que no podemos comprender y mientras clamamos al Dios que no podemos del todo entender, el propio Jesús nos urge a orar: «Líbranos del mal». Más que una simple oración en busca de la cotidiana protección, es una petición cósmica que un día será cósmicamente respondida. ¡Dios responderá esa oración! Será plenamente respondida en el momento en que Dios conteste dos o tres frases de la oración del Señor: «Venga tu reino, hágase tu voluntad en la tierra como en el cielo» (Mateo 6:10).

Cuando el reino de Dios se extienda sobre cada rincón del universo, cuando la tierra se llene del conocimiento de Dios como las aguas cubren el mar, cuando los reinos de este mundo se hayan convertido en los reinos de nuestro Dios y de Jesucristo, cuando el cielo y la tierra se renueven y se unan bajo el justiciero gobierno de Cristo, cuando el lugar en que habita Dios esté de nuevo junto a la humanidad, cuando la ciudad de Dios sea el centro de toda la realidad redimida, habremos sido liberados del mal para siempre.

La cruz y la resurrección de Cristo lo lograron en la historia y lo garantizan para toda la eternidad. En tal esperanza podemos regocijarnos con una confianza total y un gozo sin par.

Notas

1. De la número 11 de sus *Tesis sobre Feuerbach*, que se pueden encontrar en Karl Marx y Friedrich Engels: *Sobre la Religión* (Schocken, New York, 1964), p. 72.

2. N. T. Wright: *Evil and the Justice of God* (InterVarsity Press, Downers Grove, IL, 2006).

3. Al hablar sobre la cruz en este capítulo, no intento descuidar de ninguna manera la importancia de la resurrección. Sin la resurrección como vindicación de Dios de todo lo que dijo e hizo Jesús, como la demostración del poder de Dios sobre la muerte, y como la prueba de la victoria que logró Jesús sobre la cruz, la misma cruz habría sido solo el último de los momentos de uno que quiso ser Mesías y fracasó. No obstante, como el Nuevo Testamento presenta la cruz como el momento de la victoria de Cristo y el cumplimiento de la misión de Dios, me concentro en ella en esta sección.

4. Henri Blocher: *Evil and the Cross: Christian Though and the Problem of Evil* (Apollos, Leicester, 1994).

5. Ibíd., p. 85.

6. Esto no significa que Dios originara el desastre como una forma de su juicio moral (i.e., como un acto de castigo) ni que lo permitiera (en el sentido arriba referido). Los israelitas no parecen haber sentido la necesidad de hacer la distinción entre «imperativo» y «permisivo» en la voluntad de Dios; a veces utilizan la forma causal de verbos donde habríamos querido hacer distinciones más finas. Si fuéramos a traducir la línea final «¿No lo ha permitido el Señor?» nos sentiríamos más cómodos, pero Amós probablemente se preguntara en qué consistía la diferencia,

pues todavía afirma que en última instancia nada sucede aparte de la voluntad y los soberanos propósitos de Dios.

7. Algunos ven el primero, el caballo blanco y su jinete, como simbólicos de Cristo, por analogía con Apocalipsis 19:11-16. Esto es posible, y si fuera así, significaría que el propio Cristo «encabeza» el «desfile de desastres», en el sentido de que permanece soberano sobre ellos. Pero mi propio punto de vista es que resulta más probable que los cuatro caballos en esta secuencia posean un significado similar.

8. G. B. Caird: *A Commentary on the Revelation of St. John the Divine* (Londres: A&C Black, 1966), p. 79.

9. Ibíd.

10. Blocher: *Evil and the Cross*, pp. 132-133.

11. Caird: *Revelation*, pp. 82-83 (énfasis añadido).

¿QUÉ DE LOS CANANEOS?

El Dios «incomprensible», para mucha gente, se identifica fácilmente. Es el Dios del Antiguo Testamento. Aquellos que quieren ridiculizar la fe cristiana en general encuentran sus más agudas municiones ya confeccionadas aquí. Richard Dawkins, por ejemplo, el más prolífico propagandista del ateísmo, no ahorra palabras en su evaluación de Yahvé, el Dios del Antiguo Testamento.

> Y el Dios del Antiguo Testamento es sin duda el personaje más desagradable en toda la ficción: celoso y orgulloso de sí mismo; mezquino, injusto, implacable monstruo controlador; vengativo, exterminador étnico sediento de sangre; exógeno, homófono, racista, infanticida, genocida, filicida, pernicioso, megalómano, sadomasoquista, caprichoso y malévolo bravucón[1].

Por supuesto, para Dawkins y otros ateos, no hay problemas con el asunto de la comprensión. No tienen ningún deseo de comprender a Dios como se presenta en la Biblia, pues de todas formas consideran que no es otra cosa que un producto de la imaginación, y además de una imaginación deformada. Su único problema es comprender a las personas que dicen creer en un Dios como ese.

Pero para los cristianos que sí confían en Dios y que les han enseñado las verdades esenciales sobre la naturaleza y el carácter de Dios, hay un problema real. Algunos de nosotros nos estremecemos cuando leemos las palabras de Dawkins, no solo porque las hallamos ofensivas (y lo son), sino porque, si somos sinceros, a veces nos encontramos pensando lo mismo cuando leemos el Antiguo Testamento. Francamente, encontramos vergonzoso que nos reten sobre nuestra creencia en la Biblia porque la más extensa trama en ella (la historia del Israel del Antiguo Testamento) nos avergüenza, al igual que el más prominente personaje de la Biblia (Yahvé, el Dios del Israel del Antiguo Testamento), por lo menos el más prominente después de Jesús (y tanto más vergonzoso a causa de Jesús).

¿Qué vamos a hacer con textos que hablan de Dios repartiendo castigos horribles sobre familias enteras, como Acán o Coré? ¿O un Dios que mata a golpes a un hombre por tocar un objeto sagrado, como Uza, o por ofrecer el tipo equivocado de fuego sacrificial, como los hijos de Aarón? ¿Cómo podemos entender el lenguaje de la ira, el celo o la venganza de Dios al lado de lo que se nos ha enseñado sobre el amor, la misericordia y la compasión de Dios? ¿Y qué tipo de Dios entendían los israelitas que era él cuando clamaban que maldijera gente y los vengara de sus enemigos?

Y lo más importante, ¿qué de los cananeos? ¿Hay alguna otra manera de describir la conquista de Canaán por los israelitas que no sea genocidio religioso o limpieza étnica? ¿Qué posible conexión puede tener esa violencia con el Dios que anhelamos amar, confiar y comprender?

Tenemos razón en encontrar perturbadoras estas cuestiones.

Estamos particularmente perturbados por la violencia del Antiguo Testamento cuando contemplamos la manera en que se ha acostumbrado la justificación de la violencia desde entonces. Los siglos de cristianismo han sido testigos hasta los tiempos modernos de líderes cristianos devotos que utilizan métodos de conquista, tortura, ejecuciones, castigos horribles y genocidios racistas, y que alegan una justificación teológica a partir de sus lecturas del Antiguo Testamento. Las Cruzadas contra los musulmanes, el genocidio de los indios en Norte América o los aborígenes australianos, el apartheid contra los negros sudafricanos, la discriminación y la violencia contra los afroamericanos, la expropiación de tierras de los palestinos, y aun las actitudes hacia los católicos romanos de Irlanda del Norte: en todos estos casos el primer paso es declarar «enemigo» al que Dios debe maldecir, justo como con los cananeos. Después de eso, se vuelve algo aceptable exterminarlos (o querer hacerlo).

Ahora bien, no podemos culpar al Antiguo Testamento en sí mismo por esa terriblemente engañosa utilización equivocada de la Biblia (porque eso es lo que ha sido). Pero aun si excluimos los horrores que han sido perpetrados por cristianos que presentan el aval del Antiguo Testamento, hay horrores suficientes dentro de sus propias páginas para perturbarnos. ¿Qué tipo de respuesta podemos elaborar mientras luchamos por comprender al Dios que creemos que se nos ha revelado en las Escrituras?

Lo primero que tenemos que hacer es echar un vistazo a algunas de las maneras que las personas han tratado de utilizar para hacer de este un problema menor de lo que parece a primera vista. Por desdicha, pienso que encontraremos que algunas de las respuestas populares son callejones cerrados que en realidad no ayudan a encontrar una salida. Aun así, cuando hay cosas que uno no entiende, ¡por lo menos es útil remover las cosas que empeoran el problema! Esto es lo que intentaremos hacer en el capítulo 4.

Después de eso, bosquejaré en el capítulo 5 tres marcos para la comprensión del Antiguo Testamento en su conjunto, los cuales pienso serán útiles para colocar este gran problema en perspectiva. No afirmo presentar la solución del problema, sino ayudarnos a lidiar con él a la luz de las perspectivas que la propia Biblia nos da para interpretarlo.

Nota

1. Richard Dawkins, *The God Delusion* (Bantam, Londres, 2006), p. 31.

4

LOS CANANEOS: TRES CALLEJONES SIN SALIDA

¿Qué puede uno hacer con toda la violencia del Antiguo Testamento? Es esa la pregunta, y tenemos razón al lidiar con ella. Si a veces es difícil entender a Dios en medio de las cosas que suceden en nuestros días o en nuestras vidas, es igual de difícil comprender por qué Dios dijo, hizo y ordenó alguna de las cosas registradas en el Antiguo Testamento.

Hay varias maneras en que la gente trata de vencer la dificultad, pero nos limitaremos solo a tres en este capítulo. Algunas personas son felices al dejar el problema en el propio Antiguo Testamento e imaginar que el Nuevo Testamento nos da una forma «correcta» muy diferente. A alguna gente le gusta pensar que todo fue cuestión de un celo equivocado y una comprensión primitiva de Dios de parte de los israelitas, y que afortunadamente, nosotros podemos discernir esos errores, dejarlos todos detrás, y seguir caminos más ilustrados. Y están aquellos que dejan que sus pies floten sobre la superficie del texto fuera del mundo real y dentro del mucho menos complicado mundo de las alegorías espirituales y las agradables lecciones morales. Pero ninguno de estos, sugiero yo, puede resolver de veras el problema y solo terminan con una comprensión parcial o distorsionada de la Biblia en general.

Es un problema del Antiguo Testamento, que el Nuevo Testamento enmienda

Posiblemente la manera más fácil y popular de salir de la dificultad sea oponer un Testamento al otro. Todas estas cosas sucedieron en el Antiguo Testamento, pero, afortunadamente, somos cristianos neotestamentarios y ahora sabemos que Dios nunca fue realmente así (aun cuando los israelitas primitivos imaginaron que lo era), o que Dios ha cambiado radicalmente la manera en que trata con nosotros ahora que Jesús ha venido y nos ha mostrado un mejor camino y una revelación más completa.

Este tipo de solución acompaña a uno de los conceptos equivocados más comunes de la Biblia, que existe entre creyentes y no creyentes por igual, a saber, la suposición de que el llamado Dios del Antiguo Testamento era todo fuego y azufre, guerra y venganza, sangre y castigo. El llamado Dios del Nuevo Testamento es absolutamente mucho más amable. Jesús (por primera vez, en este punto de vista), nos muestra que Dios nos ama y cuida de nosotros, nos indulta y nos perdona, y nos llama a hacer lo mismo.

A través de este proceso superamos nuestro desconcierto con el Antiguo Testamento y nos volvemos en busca de alivio al Nuevo Testamento. Quizá, podríamos pensar, Dios tuvo que hacer algunas de esas cosas del Antiguo Testamento en ese tiempo, pero Jesús nos ha mostrado que ahora prefiere hacer las cosas de manera diferente. Así que permitimos a nuestro Nuevo Testamento cancelar el Antiguo Testamento y remitir sus partes menos agradables al basurero de la historia (y la teología).

Esto, sin embargo, no da resultado, por tres razones. Primera: porque el Antiguo Testamento tiene tanto que decir sobre el amor y la compasión de Dios como el Nuevo Testamento. Segunda: porque el Nuevo Testamento tiene tanto que decir (y de hecho más) sobre la ira y el juicio de Dios como el Antiguo. Tercera: porque Jesús y los autores del Nuevo Testamento nunca parecen estar inquietos por las historias del Antiguo Testamento, ni las rechazan y ni siquiera las corrigen (aunque van más allá de estas).

Tomemos estas cosas por turno. Mientras lo hacemos, pienso que encontraremos que una visión realmente superficial y distorsionada de la Biblia es la que trata de utilizar el Nuevo Testamento para rechazar el Antiguo. No obstante, como veremos en el capítulo 5, hay maneras en las cuales el Nuevo Testamento nos llama a ir más allá del Antiguo Testamento a la luz de la venida de Cristo, su vida, enseñanza, muerte y resurrección. Pero primero corrijamos los malentendidos que hay en cuanto a este punto de vista.

El Antiguo Testamento y el amor de Dios

La popular idea (rigurosamente resumida por la cita de Richard Dawkins en la introducción de la Parte 2) de que el llamado Dios del Antiguo Testamento representa una cólera y violencia inmutables ignora gran cantidad de enseñanzas del Antiguo Testamento que parece que nunca han penetrado en la conciencia popular, o que al parecer han sido soslayadas por el prejuicio dominante. Aquí veremos solo algunos ejemplos.

Abraham, al interceder con Dios en nombre de las malvadas ciudades de Sodoma y Gomorra, encontró a un Dios deseoso de ser mucho más misericordioso de lo que el patriarca esperaba, solo demasiado ávido de tener piedad por el bien de unos cuantos justos... si se les podía encontrar, lo cual no pudo ser. La confianza de Abraham en la justicia de Dios se comparaba con su conciencia de que la justicia divina estaba imbuida de misericordia (Génesis 18).

Moisés, aun en el relato que habla de la cólera de Dios contra su pueblo, escucha a Dios declarar su propio nombre y carácter en estas palabras:

—El Señor, el Señor, Dios clemente y compasivo, lento para la ira y grande en amor y fidelidad, que mantiene su amor hasta mil generaciones después, y que perdona la iniquidad, la rebelión y el pecado; pero que no deja sin castigo al culpable, sino que castiga la maldad de los padres en los hijos y en los nietos, hasta la tercera y la cuarta generación.

—Éxodo 34:6-7

Esta es una de las más tempranas y también más profundas definiciones del carácter de Dios en la Biblia. Y muestra claramente que la «balanza» del carácter de Dios se inclina hacia la compasión, la gracia y el amor. El amor es «grande»; la ira y el castigo son «lentos». El amor es para miles; el castigo es para tres o cuatro[1].

Los salmistas conocían muy bien la cólera de Dios contra el malvado, pero revelaron fundamentalmente la compasión, el perdón, el amor, la gracia, y la generosidad de Dios. Aquellos que piensan en el Dios del Antiguo Testamento como todo furia y violencia ¿han leído alguna vez estos textos?

El Señor es clemente y compasivo,
lento para la ira y grande en amor.
No sostiene para siempre su querella
ni guarda rencor eternamente.

No nos trata conforme a nuestros pecados
ni nos paga según nuestras maldades.
Tan grande es su amor por los que le temen
como alto es el cielo sobre la tierra.
Tan lejos de nosotros echó nuestras transgresiones
como lejos del oriente está el occidente.
Tan compasivo es el Señor con los que le temen
como lo es un padre con sus hijos.
Él conoce nuestra condición;
sabe que somos de barro.

—Salmo 103:8-14

El Señor es bueno con todos;
él se compadece de toda su creación.
Tu reino es un reino eterno;
tu dominio permanece por todas las edades.
El Señor es justo en todos sus caminos
y bondadoso en todas sus obras.

—Salmo 145:9, 13, 17

Jeremías y Oseas, que habían tenido que decir palabras duras sobre la cólera de Dios contra la maldad de Israel, tuvieron palabras aun más conmovedoras para el amor de Dios que atrajo a su pueblo de nuevo a su cálido abrazo. Hablaron del amor sacrificial de Dios, deseoso de pagar el costo del perdón y la restauración.

Con amor eterno te he amado;
por tanto, te prolongué mi misericordia.

—Jeremías 31:3 (RVR-60)

«¿Acaso no es Efraín mi hijo amado?
¿Acaso no es mi niño preferido?
Cada vez que lo reprendo,
vuelvo a acordarme de él.
Por él mi corazón se conmueve;
por él siento mucha compasión —*afirma el Señor*—.

—Jeremías 31:20

Me habló una vez más el Señor, y me dijo: «Ve y ama a esa mujer adúltera, que es amante de otro. Ámala como ama el Señor a los israelitas...»

—Oseas 3:1

Probablemente Ezequiel tenía la impresión más notablemente severa del pecado de Israel entre todos los profetas. Pero la balanceaba con el más agudo de los llamados evangelísticos al arrepentimiento, basado en el amoroso latido del corazón del mismo Dios.

«Tan cierto como que yo vivo», afirma el Señor omnipotente, «que no me alegro con la muerte del malvado, sino con que se convierta de su mala conducta y viva. ¡Conviértete, pueblo de Israel; conviértete de tu conducta perversa! ¿Por qué habrás de morir?».

—Ezequiel 33:11

Deuteronomio, precisamente el libro en el cual se predice y ordena la conquista de los cananeos, tiene también algunas de las más claras enseñanzas sobre el amor de Dios, no solo por su propio pueblo Israel (Deuteronomio 7:8-9), sino también en sentido universal por los necesitados (10:17-18).

De manera que no podemos descartar el problema nada más que con decir que eso es típico del Dios lleno de odio del Antiguo Testamento, pues el Antiguo Testamento define a Yahvé como generoso y compasivo y no solo nos enseña el amor del Dios que perdona, sino que hasta nos facilita el vocabulario para comprenderlo y apelar a él.

El Nuevo Testamento y la ira de Dios

Sin embargo, tenemos que regresar a la otra cara de la moneda. ¿Es verdad que el Nuevo Testamento solo habla de un Dios de amor? ¿Están ahora invalidados todos los conceptos de la ira y el castigo divinos? Nada más lejos de la verdad.

Lo cierto es que Jesús habló más del infierno que ningún otro en el Nuevo Testamento. «Infierno» normalmente se traduce del griego *gehenna*, un término judío que se aplicaba a los desperdicios que ardían fuera de Jerusalén. La palabra se utiliza solo doce veces, y once de ellas están en los Evangelios, pronunciadas por Jesús como una metáfora para la suerte de los malvados que no se arrepienten. Pero Jesús también pronunció las más sólidas advertencias sobre el día del juicio (Mateo 10:15), el fuego eterno (25:41), el llanto y rechinar de dientes (13:40-42), la oscuridad de afuera (22:13) y las torturas de la prisión (18:34). Este lenguaje viene de Jesús como el lenguaje de una advertencia amorosa, pero muestra la importancia que daba a la ira de Dios contra el pecado.

Fuera de los Evangelios, otros autores del Nuevo Testamento describen muy bien el juicio de Dios como el aterrador contexto para la comprensión de las buenas nuevas del amor redentor de Dios. Pablo lo explica con la devastadora lógica de Romanos 1:18—2:16. Santiago y Pedro, los dos, son enfáticos por igual (Santiago 2:13; 1 Pedro 4:17; 2 Pedro 2—3). Y Apocalipsis utiliza las imágenes disponibles en el Antiguo Testamento para describir la final exposición, derrota y destrucción de todo lo que es malo y de todos los que, sin arrepentirse, persisten en hacer el mal. De hecho, si pensamos en la comparación entre el Antiguo Testamento y el Nuevo, ¡el autor de Hebreos compara el juicio de Dios con los castigos prescritos en la ley del Antiguo Testamento y dice que serán mucho peores!

> Si después de recibir el conocimiento de la verdad pecamos obstinadamente, ya no hay sacrificio por los pecados. Solo queda una terrible expectativa de juicio, el fuego ardiente que ha de devorar a los enemigos de Dios. Cualquiera que rechazaba la ley de Moisés moría irremediablemente por el testimonio de dos o tres testigos. ¿Cuánto mayor castigo piensan ustedes que merece el que ha pisoteado al Hijo de Dios, que ha profanado la sangre del pacto por la cual había sido santificado, y que ha insultado al Espíritu de la gracia? Pues conocemos al que dijo: «Mía es la venganza; yo pagaré»; y también: «El Señor juzgará a su pueblo». ¡Terrible cosa es caer en las manos del Dios vivo!
>
> —Hebreos 10:26-31

Así que la idea de que el Nuevo Testamento ha dejado atrás alguna percepción primitiva de una iracunda deidad israelita por un punto de vista más compatible con un Dios cristiano amoroso y amable es simplemente falsa. De hecho, como dice John Wenham, el Nuevo Testamento va más allá de lo mayormente histórico, de la perspectiva del Antiguo Testamento «de esta vida» y habla del castigo de Dios principalmente en términos de eternidad.

Es una falacia considerar esto esencialmente como un problema del Antiguo Testamento, y contraponer el Antiguo Testamento «sediento de sangre» al «suave» Nuevo Testamento. Quizá el fenómeno es más crudo en el

Antiguo Testamento que en el Nuevo, pero de los dos, el Nuevo Testamento es el más terrible, porque el Antiguo Testamento pocas veces habla de nada que vaya más allá de juicios temporales [...] mientras que el Hijo del hombre en los Evangelios pronuncia un castigo eterno[2].

El Nuevo Testamento acepta las historias del Antiguo

Y la tercera razón por la que no resulta colocar el Nuevo Testamento frente al Antiguo (por lo menos en cuanto a las historias del Antiguo) es que el propio Nuevo Testamento nunca lo hace. Por supuesto, Jesús fue más allá del Antiguo Testamento en sus enseñanzas. Sí, trajo nuevo vino que los viejos odres no podían contener. Pero nunca, ni Jesús ni ninguno de los otros autores del Nuevo Testamento, critican las palabras o acciones de Dios en el Antiguo Testamento ni sugieren que las historias sean inmorales en su propio contexto. Por el contrario, aun algunas de las historias de horror se incluyen en las lecciones de fe de Hebreos 11 (un hecho que no exculpa las acciones impías cometidas por algunos de ellos; gente que fueron modelos de fe fueron también pecadores y fallaron en muchos aspectos). A otros se les recuerda como ejemplos y advertencias: el diluvio (Mateo 24:36-41; 2 Pedro 3:3-7); Sodoma y Gomorra (Mateo 10:15, 11:23-24); Coré (Judas 11); las plagas del desierto (1 Corintios 10:6-10) y aun la propia conquista (Hebreos 11:31). En todos estos casos, los juicios históricos y terrenales de Dios en el Antiguo Testamento se usan como casos de estudio y advertencia en relación con el aun peor juicio por venir. El Nuevo Testamento también nos enseña sobre el celo y la venganza de Dios (Romanos 12:19; 1 Corintios 19:22) y puede pronunciar las más solemnes maldiciones (1 Corintios 16:22; Gálatas 1:9).

De manera que, mientras nos esforzamos por comprender este problema, permítasenos por lo menos concordar en que nunca será útil colocar el Nuevo Testamento en antagonismo con el Antiguo. Sin duda tenemos que tomar en cuenta la dimensión histórica de la autorrevelación de Dios. Hay muchas maneras de encontrar que el Nuevo Testamento coloca al Antiguo Testamento en un lugar preliminar y provisional en comparación con la finalidad de lo que dijo Dios y lo que hizo a través de Jesucristo. Pero no podemos soslayar los problemas difíciles con un casual: «Sí, pero eso solo es en el Antiguo Testamento». Si lo hacemos, probablemente seamos culpables de una mala interpretación no solo del Antiguo Testamento sino también del Nuevo.

Los israelitas pensaron que aquello era lo que Dios mandaba, pero estaban equivocados

Otra manera de «darle vuelta» al problema de la violencia en el Antiguo Testamento es disociar a Dios por completo de todo ello. Fueron *los propios israelitas* los que atacaron, expulsaron a los cananeos y ocuparon su tierra. Esta fue una acción necesaria desde su punto de vista, pues tenían que vivir en alguna parte y muy difícilmente podrían sobrevivir indefinidamente en el desierto. De manera que primero conquistaron a los cananeos, y luego, con bastante naturalidad, lo racionalizaron más tarde como la voluntad de su Dios, Yahvé; o creyeron por anticipado que era la voluntad y el mandato de Yahvé que llevaran a cabo tal acción. De cualquier manera, todo lo que se dice sobre el «Dios que ordena» la conquista viene del propio entendimiento de los israelitas, no en realidad del propio Dios. Hicieron lo que pensaban que Dios había mandado... pero estaban equivocados.

Algo bueno de esta «solución» es que podríamos culpar a los israelitas de la matanza de los cananeos pero no a Dios. A Dios lo involucran los israelitas, pero nosotros no tenemos que aceptar su interpretación[3].

A primera vista este enfoque parece tener algún apoyo bíblico. Ciertamente hay algunos casos en el Antiguo Testamento en que la gente pensó que Dios quería algo y más tarde encontraron que estaban equivocados. A veces esto puede ser algo más bien ambiguo en el texto, como, por ejemplo, cuando Moisés mató al egipcio, pensando quizá que era hacer lo correcto, y terminó huyendo para salvar la vida. Pero a veces Dios corrige explícitamente una mala interpretación de su intención, como cuando Natán le dijo a David que Dios se complacería de que construyera un templo, solo para hacer que Dios lo corrigiera esa misma noche (2 Samuel 7:1-4). Aun más, hay ejemplos en el Antiguo Testamento en que Dios rechaza la violencia excesiva, aun cuando el que la cometía pensaba que estaba actuando por mandato de Dios. Jehú, por ejemplo, fue ungido por Elías con la comisión de destruir la casa del apóstata Acab y Jezabel (2 Reyes 9:6-10). Convirtió el asunto en un baño de sangre y exterminó a todos los sacerdotes de Baal. Más tarde, Oseas condenó aquellas acciones (Oseas 1:4).

Así que podemos pensar que hay alguna justificación para este punto de vista: culpar a los israelitas y mantener limpias las manos de Dios.

Pero, repito de nuevo, esto realmente no resuelve el problema. Primero, cuando la gente entendía mal (como en los casos aislados mencionados arriba), el Antiguo Testamento incluye el registro de Dios corrigiendo la falsa interpretación de su voluntad. Si la conquista de Canaán hubiera sido una tan masiva y equivocada interpretación de la voluntad de Dios, de seguro leeríamos alguna palabra correctiva más adelante en las Escrituras, si no dentro del mismo Antiguo Testamento (donde ocurren las otras correcciones), por lo menos en el Nuevo. Pero no encontramos ninguna. No hay ningún indicio en la Biblia de que los israelitas tomaran la tierra de Canaán sobre la base de una creencia equivocada en la voluntad de Dios. Por el contrario, el *rechazo* de la generación del Éxodo a seguir adelante y hacerlo (en la gran rebelión de Cades Barnea de Números 14), y el fracaso de las siguientes generaciones en completar propiamente la tarea, se condenan como *desobediencia* a la voluntad divina (Salmo 106:24-35).

Pero el principal problema de este punto de vista es que en ningún otro lugar de la Biblia se explica la conquista como un error colosal; por el contrario se menciona, ordena, logra y recuerda como algo que *cumplió* la voluntad de Dios.

Dios le prometió a Abraham que le daría la tierra de Canaán a sus descendientes (Génesis 15:18-21). De manera que la conquista está vinculada al pacto abrahámico. Dios prometió a los israelitas en Egipto que no solo los rescataría de esa opresión sino que los llevaría dentro de la tierra prometida a Abraham (Éxodo 6:6-8). Así que la conquista está ligada a la redención del éxodo. Dios le dio a Israel promesas y advertencias sobre su futura vida en la tierra, en dependencia de su respuesta a su ley (vea Deuteronomio). De manera que la conquista está ligada al pacto del Sinaí.

El libro de Josué termina la historia de la conquista diciendo que fue el propio Yahvé quien luchó por los israelitas y les dio la tierra (Josué 23:3-5, 9-10). Los salmistas afirman que la conquista no fue realmente obra de manos humanas en absoluto, sino del poder de Dios (Salmo 44:1-3). Los profetas vieron la conquista como uno de los grandes actos de Dios y la utilizaron para acusar a Israel de ingratitud (p. ej., Amós 2:9) o para cortejar a Israel de modo que regresara a una relación restaurada del pacto con Dios (p. ej., Oseas 2:14-15). Aun en el Nuevo Testamento tanto Esteban como Pablo se refieren a la conquista simplemente como un acto de la soberanía de Dios (Hechos 7:45; 13:19).

De manera que la conquista está firmemente establecida dentro del plan de Dios que se desarrolla en la Biblia.

No podemos decir que Moisés y Josué cometieron un sincero pero serio error de juicio al pensar (equivocadamente) que el ataque contra Canaán era una cuestión de obediencia al mandato de Dios, y entonces imaginar que su éxito en la conquista era la victoria del propio Dios. Porque si estaban tan confundidos sobre ello, también lo estaban todos los demás autores e interlocutores del Antiguo Testamento que la describieron de la misma manera. Uno no puede remover quirúrgicamente solo la conquista del gran radio de acción de la historia bíblica, diciendo que estas fueron solo acciones sangrientas de embaucados guerreros, mientras deja todo el resto de la historia intacta dentro de la soberana voluntad de Dios. Por lo menos usted no puede hacerlo si trata con seriedad la Biblia como un todo.

Todo se entiende como una alegoría de la guerra espiritual

Por último, podemos recurrir siempre a una suerte de filigrana que muchos predicadores utilizan para soslayar lo ofensivo del Antiguo Testamento. Para ser sincero, muchos de nosotros hacemos lo mismo cuando leemos el Antiguo Testamento en privado o en un grupo de estudio bíblico. *Uno siempre puede sacar una lección espiritual de alguna parte de este.* El Antiguo Testamento está simplemente allí como un gran libro de cuentos del cual se supone que aprendamos verdades espirituales, quizá sobre Jesús, sobre el cielo o sobre la vida cristiana. Por ejemplo, el Éxodo puede ser una alegoría de Dios liberándonos de la esclavitud del pecado; el desierto, como un cuadro de las pruebas y tentaciones de nuestro peregrinaje espiritual, y la conquista como un cuadro de nuestra batalla con Satanás y las huestes espirituales de las tinieblas. De esta manera, todo el lenguaje de «conquistar la tierra», «sacar espadas» y «derribar fortalezas» puede ser esterilizado para una exhortación espiritual y hasta para escribir vigorosos cánticos con un buen ritmo de marcar el paso.

Ahora bien, no quiero desechar esa espiritualización descontrolada. Claramente la Biblia misma utiliza sus propios grandes relatos con el fin de brindar advertencia, estímulo, desafío y esperanza. Sí, la derrota de los enemigos de Dios ciertamente se usa, en ambos Testamentos, para fortalecer a los creyentes ante la hostilidad, humana o satánica. Por otra parte, el Nuevo Testamento usa el lenguaje bélico del Antiguo Testamento para describir la victoria final de Dios a través de Cristo, a través de su cruz y resurrección y de su reinado cósmico final. Además, la destrucción de los cananeos se utiliza en la Biblia como uno de los varios indicadores que apuntan al terrible juicio final. No obstante, tenemos que recordar que este tipo de aplicación espiritual de los relatos del Antiguo Testamento es secundario y derivativo. Su forma primaria es solo la narrativa histórica. En otras palabras, aquí no tenemos alegorías.

Una alegoría es un relato totalmente ficticio, consciente y deliberadamente creado y escrito con el propósito primario de ilustrar alguna verdad o verdades espirituales. La verdad espiritual es lo primario, y el contenido narrativo de la alegoría es secundario. Cuando se lee *El progreso del peregrino*, se sabe que John Bunyan está enseñando lecciones espirituales sobre el «peregrinaje» de la vida cristiana, que el relato sale completamente de su imaginación, y que este quiebra toda posibilidad de cualquier historia factual. Pero a medida que leemos los relatos de descender a la tierra de la conquista de los israelitas sobre lo cananeos, sabemos que no estamos leyendo una alegoría, sino un relato sin adornos que el autor pide que el lector reciba como un cuadro de hechos que tuvieron lugar sobre el suelo de Palestina. Las personas del relato no son alegorías ficticias sino históricas. *No fueron israelitas alegóricos los que atacaron, ni cananeos alegóricos los que murieron.*

Así que cualesquiera sean las lecciones espirituales que decidamos extraer de los relatos de la conquista (y allí hay muchos, como muestra la Biblia), todavía se nos deja con el realismo terrenal de la propia historia, y necesitamos mejores maneras para mirar al problema que esta crea en nuestra mente. En el siguiente capítulo veremos si hay marcos más adecuados en los cuales abordarla.

Notas

1. «Miles» significa aquí «miles de generaciones» como claramente sucede en Deuteronomio 7:9-10. El contraste radica entre el amor de Dios que es espiritualmente ilimitado mientras fluye a través de la historia humana, y la naturaleza temporal de sus actos punitivos. La mayoría de las familias israelitas habrían estado tres generaciones y algunas cuatro generaciones viviendo juntas. Cuando el cabeza de una familia peca (especialmente con idolatría, violando el segundo mandamiento), se afecta a toda la familia. De manera parecida, el castigo de Dios afecta a la familia completa. Este es un principio del castigo divino, no para los tribunales humanos (vea Deuteronomio 24:16).

2. John W. Wenham: *The Goodness of God* (Intervarsity Press, Leicester, 1974), pp. 16-17.

3. Este es un punto de vista expuesto con gran énfasis por C. S. Cowles en «The Case for Radical Discontinuity», en Stanley N. Gundry, ed., *Show Them No Mercy: Four Views on God and Canaanite Genocide* (Zondervan, Grand Rapids, 2003), pp. 13-44.

5

LOS CANANEOS: TRES MARCOS DE INTERPRETACIÓN

E n el capítulo 4 examinamos algunos enfoques comunes del problema de la conquista de Canaán, pero no encontramos ninguno de ellos satisfactorio. ¿Qué vamos a decir entonces? ¿Hay alguna «solución»?

Durante muchos años, como maestro de Antiguo Testamento, he luchado con este problema, y estoy llegando al punto de vista de que no está próxima la solución. Hay algo sobre esta parte de nuestra Biblia que tengo que incluir en el cesto de las cosas que no comprendo con respecto a Dios y sus caminos. A veces pienso: «Dios, desearía que hubieras encontrado alguna otra manera de desarrollar tus planes». Hay días en que desearía que este relato no estuviera en la Biblia (normalmente después de haber enfrentado otra andanada de preguntas sobre él), aunque sé que está mal desear eso en relación con las Escrituras. Dios sabía lo que hacía en los hechos mismos y en el registro que de ellos nos ha dado. Pero aun así es difícil.

Sin embargo, hay cierto número de consideraciones que ciertamente me ayudan a hacerle frente a la destrucción de los cananeos y a comprender por lo menos algunas cosas a la luz de lo que dice la Biblia en general. Tengo que decir que los asuntos que voy a presentarle en este capítulo no son en realidad «soluciones». O sea, ni remotamente eliminan el sufrimiento emocional y moral y la repulsión que generan los relatos de la conquista. Sin embargo, sí encuentro útiles estas perspectivas para mi propia fe, y las trasmito con la esperanza de que puedan ayudarlo a usted también.

Uno de los problemas es que con demasiada frecuencia leemos esta historia, u horribles pequeños fragmentos de ella, de forma aislada, y tratamos de encontrarle algún significado, una justificación, una excusa. Pero lo que realmente tenemos que hacer es lo mismo que debemos hacer con cada parte de la Biblia, o sea, ponerla en el marco más amplio de toda nuestra Biblia. Tenemos que adquirir el hábito de hacer eso cuando leemos cualquier texto bíblico —y en ninguna parte mejor que en esta— así que nos fijaremos en tres marcos de interpretación que ayudarán a poner la conquista en perspectiva, no para hacerla «agradable» de esa manera o para despojarla de todas las preguntas desagradables que suscita, pero por lo menos de manera que nos ayude a conectarla con el resto de lo que sabemos sobre Dios y sus caminos. Necesitamos ver los relatos de la conquista en el marco de la historia del Antiguo Testamento, en el marco de la justicia soberana de Dios, y en el marco de todo el plan de salvación de Dios.

El contexto de la historia del Antiguo Testamento

La conquista de Canaán es de hecho parte del Antiguo Testamento. No me he olvidado ahora de pronto de lo que dije en el capítulo anterior. No estoy señalando su ubicación en el Antiguo Testamento solo con el fin de desecharla por esa razón. Antes bien, tenemos que entender la conquista dentro del contexto de la antigua cultura del Cercano Oriente (y no por medio de las normas de la Convención de Ginebra), y también dentro del limitado espacio de tiempo histórico que ella en realidad ocupa (y no magnificarla dentro de la historia de todo el Antiguo Testamento).

La cultura y la retórica de las guerras antiguas

Primero que nada, el tipo de guerra descrito en las historias de la conquista no debe llamarse «guerra santa» (un término nunca utilizado en la Biblia). Se le llama «una guerra de Yahvé». Eso es todo. Fue una guerra en la cual el Dios de los israelitas alcanzó la victoria sobre sus enemigos.

El rasgo principal de la guerra de Yahvé era que había sido sancionada por Yahvé, quien fungía como comandante en jefe (aun por encima del líder militar humano), y el resultado estaba garantizado por Yahvé, independientemente del tamaño de las fuerzas humanas opositoras, o (en algunos casos) pelearan los israelitas o no. Los enemigos eran enemigos de Yahvé, no solo de Israel.

Dentro de ese contexto, se aplicaba el concepto de *herem* (o «proscripción»). Esto significaba la total dedicación de todo lo que se atacaba —humano, animal, o material— al propio Dios. En una batalla o guerra en la que se declaraba *herem*, no había ganancias materiales para los israelitas, pues no se permitía saqueo alguno. Sin embargo, las reglas de *herem* variaban, como muestran los relatos del Antiguo Testamento. A veces se apartaba a las mujeres y los niños (Números 31:7-12, 17-18; Deuteronomio 20:13-14; 21:10-14); a veces se podía retener el ganado (Deuteronomio 2:34-5). Pero en los casos de las naciones que vivían dentro de la tierra de Canaán, la regla general era la destrucción total.

Ahora necesitamos saber que la práctica del *herem* de Israel no era algo en sí mismo exclusivo. Textos de otras naciones en el mismo tiempo muestran que tal destrucción total en la guerra se practicaba, o en todo caso se proclamaba orgullosamente, en otras partes. Pero también debemos reconocer que el idioma de la guerra tenía una retórica convencional que gustaba de hacer afirmaciones absolutas y universales sobre la victoria total y la completa aniquilación del enemigo. Tal retórica a menudo excedía la realidad sobre el terreno.

Se acepta que esto no elimina el problema, pues la realidad era todavía horrible a cualquier nivel. Pero esto nos permite admitir el hecho de que las definiciones de las destrucciones «de todo lo que viva y respire» no intentaban ser literales. Aun en el mismo Antiguo Testamento se reconoce y acepta este fenómeno. Así, por ejemplo, leemos en el libro de Josué que toda la tierra fue capturada, todos los reyes fueron derrotados, todas las personas fueron destruidas sin que quedaran sobrevivientes como Rahab (p. ej., Josué 10:40-42, 11:16-20). Pero esto se debe entender como una exageración retórica, porque el libro de Jueces (cuyo editor final estaba indudablemente consciente de estas anécdotas de Josué) no ve contradicción en contarnos que el proceso de someter a los habitantes de la tierra estuvo lejos de ser completado y prosiguió durante un tiempo considerable, y que muchas de las naciones originales continuaron viviendo junto a los israelitas. Los centros militares clave —las pequeñas ciudades fortificadas de los pequeños reinos cananeos— fueron aniquilados. Pero está claro que no toda la gente, o nada parecido a toda la gente, fue en realidad destruida por Josué.

Aun en el propio Antiguo Testamento, entonces, se reconoce la generalización retórica por lo que es. De manera que cuando leemos algo de las descripciones más gráficas, ya sea de lo que se mandó a hacer o que se registró como logrado, necesitamos tener en cuenta este elemento retórico. Esto no es acusar a los autores bíblicos de falsedad, sino reconocer las convenciones literarias de los escritos sobre la guerra.

Una reflexión adicional sobre el *herem*

Vale la pena considerar una idea adicional sobre el *herem* y «la guerra de Yahvé», aunque confieso que no estoy del todo seguro sobre a qué conclusión conduce mi reflexión. Así es como ocurre a menudo cuando nos enfrentamos a cosas que no comprendemos del todo sobre Dios. Si esos métodos y prácticas en la guerra fueron la práctica normal en la antigua cultura del Oriente Próximo de ese tiempo, ¿no acomodaría Dios su voluntad a esa realidad caída dentro de la proyección terrenal histórica de su propósito revelador y redentor?

Sabemos que la ley del Antiguo Testamento tiene que buscar un equilibrio entre los ideales de las normas de la creación de Dios y las realidades de la vida humana caída. La más clara ilustración de esta tensión dentro de la misma Tora (los primeros cinco libros de la Biblia, de Génesis a Deuteronomio) viene de Jesús, en la controversia del divorcio. La discusión fue sobre la ley del divorcio en Deuteronomio 24:1-4, la cual, como señaló Jesús, no ordenaba el divorcio, pero lo permitía y regulaba por el bien de la mujer. Pero Jesús lleva a quienes lo interrogaban mucho más atrás y señala el ideal de la creación de Génesis 2:24. El matrimonio monógamo para toda la vida es el mejor deseo de Dios para los hombres y las mujeres. Pero en un mundo caído Dios *permitía* el divorcio «a causa de la dureza de vuestro corazón». Las mismas Escrituras —tomadas de la Tora— declaraban el ideal de la creación de Dios y también legislaban la concesión de Dios debido a nuestra pecaminosidad.

Me parece probable que si a Jesús se le hubiera preguntado sobre la esclavitud o la poligamia, habría contestado de manera similar. Desde el principio estas cosas no estuvieron en la intención de Dios; pero en un mundo caído de corazones endurecidos se pueden acomodar, con regulaciones limitantes y mitigantes, y con una fuerte crítica subversiva que prácticamente llevaría a un claro reconocimiento de su iniquidad. Eso es lo que en realidad encontramos en la Tora.

¿No es posible (y como digo, no estoy convencido de que puedo contestar esto para mi propia satisfacción de una forma u otra), que en un mundo caído donde la lucha por la tierra implique guerra, y si el único tipo de guerra en ese tiempo era el que se describe en los texto del Antiguo Testamento, que esta fuera la manera en que eso tenía que suceder si la promesa del regalo de la tierra iba a cumplirse a su debido momento? Si hay algo que en este sentido se puede considerar, es decir, si el estilo de guerra *herem* se puede aun contemplar en el mismo marco moral que la esclavitud y el divorcio (y puede que muchos rechacen la idea categóricamente), puede ser que lidiemos con algo que Dios decidiera acomodar dentro del contexto de un mundo malvado, no algo que representaba su mejor intención o preferencia. En vista de su meta a largo plazo de traer bendición a las naciones a través de este pueblo de Israel, el regalo de la tierra necesitaba esta horrorosa acción histórica dentro del mundo caído de las naciones de ese tiempo.

¿Es esta una manera posible de mirar el *herem*? No puedo decir que me sienta cómodo con ella, pero tampoco puedo (ni debo) sentirme cómodo con nada de nuestro mundo caído que sea de un lado un odioso mal, y del otro algo permitido por Dios en determinadas circunstancias. Malaquías nos dice inequívocamente que Dios odia el divorcio como un tipo de violencia (Malaquías 2:16). Pero Jesús nos dice que Dios lo permite en el contexto de nuestro pecado (Mateo 19:8).

La conquista de Canaán como un evento único y limitado

Otro aspecto de este marco de interpretación de la historia del Antiguo Testamento es que la conquista fue un episodio único dentro de una única generación de entre todas las generaciones de la historia del Antiguo Testamento. Por supuesto, se extiende por un período mayor que ese si se incluye la promesa y después su cumplimiento. La conquista de Canaán le fue prometida a Abraham, prevista como el propósito del Éxodo, demorada por la rebelión del desierto, lograda bajo Josué, y llevada a término provisionalmente bajo David y Salomón. Aunque incluía todo esto, se le limitó al tiempo específico en que se desarrolló la guerra. Pese a que el proceso de asentamiento y de toma de posesión de la tierra tomó varias generaciones, la verdadera invasión y destrucción de las ciudades fortificadas clave tuvo lugar fundamentalmente dentro de una sola generación.

Ahora bien, hay muchas otras guerras registradas en el Antiguo Testamento (como podría usted esperar, pues este cubre aproximadamente 1000 años de historia humana, así que las guerras eran bastante inevitables). Alguna vez otras guerras también tuvieron la aprobación de Dios, especialmente aquellas en las que Israel fue atacado por otras naciones y luchó defensivamente para sobrevivir. *Pero de ninguna manera todas las guerras del Antiguo Testamento se describen de la misma manera que la conquista de Canaán.* Algunas fueron claramente condenadas como acciones de reyes orgullosos y ambiciosos o rivales militares. Es una caricatura del Antiguo Testamento presentar a Dios constantemente en pie de guerra o presentar la conquista como típica del resto de la historia. No lo es. El libro de Josué describe un acontecimiento histórico clave, pero este terminó. No se debe extender como si fuera el tema musical de fondo del resto del Antiguo Testamento.

De manera que la conquista de Canaán, como hecho histórico único y limitado, no pretendió nunca convertirse en modelo de cómo las generaciones futuras se iban a comportar con sus enemigos (ya fueran futuras generaciones de israelitas o menos aun, de cristianos).

Una manera en que el Antiguo Testamento resiste la tentación de que se «aplique» la conquista como modelo para lidiar con los enemigos posteriores, es que se alude a ella con mucha frecuencia simplemente como un *acto de Dios* antes que como logros militares de los israelitas. El campesino israelita, por ejemplo, cuando celebraba la cosecha en la tierra, debía declarar: «He entrado en la tierra que el Señor nos dio, tal como se lo juró a nuestros antepasados» (Deuteronomio 26:3) y no «en la tierra por la que luché y logré conquistar». Josué le recuerda al pueblo que «el Señor su Dios […] peleó las batallas por ustedes» (Josué 23:3). Los salmistas hacen resaltar todo el énfasis de la conquista como *el regalo de Dios* de la tierra a Israel (manteniendo su promesa a Abraham). A duras penas mencionan las cruzadas israelitas en el proceso. De hecho tienden a ignorarlas:

> Con tu mano echaste fuera a las naciones y en su
> lugar estableciste a nuestros padres;
> aplastaste a aquellos pueblos,
> y a nuestros padres los hiciste prosperar.
> Porque no fue su espada la que conquistó la tierra,
> ni fue su brazo el que les dio la victoria:
> fue tu brazo, tu mano derecha;
> fue la luz de tu rostro, porque tú los amabas.
>
> —Salmo 44:2-3

Entonces, la conquista se levantó como un monumento a la fidelidad y el poder de Dios. No fue un monumento al brillo militar de Israel. No fue un gran logro nacional que se podía repetir en cualquier momento en que los israelitas se sintieran inclinados a asestar un golpe a los cananeos.

Mirar la conquista de esta forma, como un evento único y limitado, como un acto específico de Dios firmemente situado dentro de la narrativa de la temprana historia de la salvación de Israel, nos ayuda a comprender por qué Jesús pudo prohibir a sus discípulos emular la violencia del Antiguo Testamento, *sin condenar al Antiguo Testamento mismo.* ¿Recuerda cuando los «hijos del trueno», Santiago y Juan, quisieron que Jesús hiciera descender fuego del cielo? Quizá pensaban en Sodoma y Gomorra, aunque también puede que hayan tenido en mente a los cananeos. Sintieron que eso debía caer sobre toda una villa samaritana porque había rehusado recibir a Jesús. Pero Jesús los reprendió sin rodeos. Tales métodos no eran para Jesús ni sus discípulos (Lucas 9:51-56). No debemos comportarnos de esa manera ahora, ni debemos pedírselo a Dios.

Pero el hecho que los discípulos de Jesús no debieran emular eventos o acciones del Antiguo Testamento no significa que Jesús considerara esos acontecimientos o actos como malos en sí mismos en ese tiempo, ni que pensara que Moisés y Josué (por ejemplo) estaban completamente equivocados sobre la voluntad de Dios en ese tiempo, ni que los narradores del Antiguo Testamento, salmistas, y profetas estuvieran equivocados al considerar tales eventos como autorizados o realizados por Dios. No hay indicación alguna de que Jesús asumiera tal punto de vista sobre la narrativa del Antiguo Testamento y mucha que sugiere lo contrario: que la aceptaba en sentido literal.

Esto conduce naturalmente a una de las más importantes perspectivas que la propia Biblia ofrece al ayudarnos a comprender la conquista. Esta es una perspectiva que necesita ser tomada en serio, pues la Biblia repetidamente la confirma. Y esta nos trae a nuestro segundo gran marco de interpretación.

El contexto de la justicia soberana de Dios

La conquista se coloca constante y repetidamente dentro del marco de la justicia y el castigo internacionales de Dios. Creo que esto hace una gran diferencia sobre cómo leemos y comprendemos la historia en su conjunto. Se nos presenta repetidamente como la justicia de Dios en acción contra una sociedad y una cultura malvada y degradada, como haría Dios una y otra vez en la historia del Antiguo Testamento, *incluyendo al propio Israel.* En ese sentido, aunque la historia es única y limitada (como acabamos de ver), está enteramente de acuerdo con la manera en que el resto del Antiguo Testamento muestra a Dios utilizando naciones como agentes de su cólera contra la maldad humana colectiva.

La palabra «genocidio» se utiliza a veces en referencia a la conquista de Canaán por Israel[1]. Pero esto puede confundir. Técnicamente eso es correcto, porque el término significa literalmente el asesinato de una nación, y eso es lo que a Israel se le ordenó hacer con los cananeos (aun cuando es evidente que, de hecho, no lo llevaron a cabo por completo). Sin embargo, como se utiliza en el mundo moderno, el «genocidio» va acompañado de un vicioso egoísmo basado en mitos de superioridad racial, y por lo tanto es algo también denominado «limpieza étnica» (un eufemismo si alguna vez hubo alguno, que considera a las personas como si fueran suciedad). Pero la conquista de Canaán nunca se justifica sobre bases étnicas en la Biblia, y cualquier noción de superioridad étnica —moral o numérica— es rotundamente rechazada en Deuteronomio, como veremos en un momento.

No es correcto argüir, como hacen algunos, que hay una contradicción irreconciliable entre la celebración de Israel de su propia liberación de la opresión en Egipto y la supuesta opresión de las naciones cananeas por Israel una generación más tarde. La acción de Israel contra los cananeos nunca se coloca en la categoría de opresión, sino de un castigo divino que obra a través de un agente humano.

La maldad de la cultura y la religión cananeas

Como parte de la confirmación del pacto, Dios le dijo a Abraham que sus descendientes poseerían la tierra de su residencia temporal, pero no inmediatamente. «Cuatro generaciones después, tus descendientes volverán a este lugar, *porque antes de eso no habrá llegado al colmo la iniquidad de los amorreos*» (Génesis 15:16, el énfasis es mío). Lo que esa última frase significa es que la sociedad de los amorreos/cananeos de los días de Abraham no era todavía tan malvada como para justificar moralmente una acción de castigo de Dios de gran amplitud contra ella. (Como él estaba a punto de hacer, por ejemplo, contra Sodoma y Gomorra). Pero ese tiempo llegaría. Al final, los cananeos serían tan «por completo» malvados que el juicio de Dios lo tendrían merecido.

Este interesante versículo apunta a la justicia de Dios, en la cual Abraham creía totalmente (vea Génesis 18:25). Todos los seres humanos y todas las naciones son pecadores de una manera u otra. Pero hay momentos en que los extremos de maldad y degradación demandan castigo de Dios, y hay momentos en que Dios estima que esas acciones son inapropiadas o prematuras. Solo Dios tiene ese discernimiento. Pero en ese pasaje las palabras de Dios indican que el castigo del pecado de los cananeos está todavía en el futuro, cuando sea bien merecido.

Pasaron las generaciones y la sociedad cananea llenó el pote de su pecado. El carácter degradado de la sociedad y la religión cananeas está descrito más explícitamente en términos morales y sociales en Levítico 18:24-25; 20:22-24 y en Deuteronomio 9:5; 12:19-31. Ello incluye la promiscuidad sexual y la perversión, particularmente asociada con los cultos a la fertilidad así como con la insensibilidad del sacrificio de niños. Esto se refuerza en los textos históricos, con notas adicionales sobre la opresión y la violencia social (1 Reyes 14:24; 21:26; 2 Reyes 16:3; 17:8; 21:2). Entonces, si tomamos todos estos textos seriamente, como parte de la propia explicación de Dios acerca de los acontecimientos que se desarrollan en el libro de Josué, no podemos evitar sus implicaciones. La conquista no fue un genocidio humano. Fue un castigo divino.

El Nuevo Testamento acepta la interpretación de la conquista dominante en el Antiguo como castigo divino del malvado. Hebreos 11:31 describe a los cananeos como «los desobedientes». Esto implica que los cananeos habían estado moralmente conscientes de su pecado, pero habían decidido no arrepentirse, sino persistir en él contra la voz de su conciencia.

Si colocamos la conquista de Canaán dentro del marco del castigo por la maldad, como lo hace claramente la Biblia, esto marca una diferencia categórica en cuanto a la naturaleza de la violencia infligida. No la hace menos violenta. Esta no se vuelve de pronto «agradable» ni «buena». Pero sí representa una diferencia. La constante afirmación bíblica de que la conquista constituyó un acto de castigo de Dios contra una sociedad malvada, que utilizó a Israel como el agente humano, tiene que ser tomada seriamente por quienes deseen tomar en serio el testimonio de la Biblia, y no puede descartarse como un desinfectante egoísta para el veneno de la agresión de Israel. El castigo cambia el contexto moral de la violencia. Podemos ver esto en otras situaciones de la vida que involucran violencia a algún nivel.

Hay una enorme diferencia moral entre la violencia que es arbitraria o egoísta y la violencia que se inflige bajo estricto control dentro de un marco de castigo moral. Esto es válido en la sociedad humana y en la perspectiva divina. Cualesquiera que sean nuestros códigos personales de disciplina paterna, seguramente ahí hay una diferencia moral entre un manotazo administrado como castigo por la desobediencia y un abuso infantil malvado o caprichoso. De igual manera, hay una diferencia moral entre la cautividad forzada de alguien en prisión, como castigo después de un debido proceso de ley por una ofensa criminal definida y la cautividad de alguien secuestrado arbitrariamente sin que haya cometido falta alguna.

El uso de la violencia dentro de un marco de justicia y castigo puede ser problemático, pero no es indistinguible del uso de la violencia desenfrenada, egoísta, arbitraria y malévola. El hecho de que la Biblia insista reiteradas veces en que la violencia de la conquista fue un acto de castigo para toda la sociedad la coloca en un contexto moral que debemos diferenciar del genocidio fortuito o etnocéntrico. Eso no la hace «agradable», pero sí la hace diferente.

La conquista no significaba que los israelitas fueran justos

Una de las más fuertes tentaciones en tiempos de guerra es demonizar al enemigo y proclamar que la justicia está del lado propio. Esto es válido en los tiempos modernos y los antiguos. Es demasiado fácil adoptar la postura del «caballero andante» y revestir todo el conflicto de una moralidad simplista como en las películas de Hollywood. Si los enemigos son «los malos», tenemos que ser «los buenos». Dios sabía que los israelitas estarían tentados a caer en este tipo de autocomplacencia después que obtuvieran sus victorias en Canaán, así que la cortó de raíz en Deuteronomio 9:

> «Cuando el Señor tu Dios los haya arrojado lejos de ti, no vayas a pensar: "El Señor me ha traído hasta aquí, por mi propia justicia, para tomar posesión de esta tierra". ¡No! El Señor expulsará a esas naciones por la maldad que las caracteriza. De modo que no es por tu justicia ni por tu rectitud por lo que vas a tomar posesión de su tierra. ¡No! La propia maldad de esas naciones hará que el Señor tu Dios las arroje lejos de ti. Así cumplirá lo que juró a tus antepasados Abraham, Isaac y Jacob. Entiende bien que eres un pueblo terco, y que tu justicia y tu rectitud no tienen nada que ver con que el Señor tu Dios te dé en posesión esta buena tierra.
>
> —Deuteronomio 9:4-6

Los israelitas querían hacer una ecuación directa:

Nuestra victoria = nuestra justicia + la maldad del enemigo

Pero Moisés dice que habían hecho mal la suma. Los israelitas tenían razón en su estimación de los cananeos pero, estaban equivocados en su estimación de sí mismos. El hecho de que Dios quisiera utilizar a Israel como el agente en sus actos punitivos en Canaán no significaba que los israelitas fueran justos. De hecho, como Moisés les recordó, sus rebeliones habían enojado a

Dios lo suficiente para destruirlos *a ellos* en más de una ocasión (échele una mirada al resto de Deuteronomio 9 para que se cerciore). Así que no había nada de lo cual estar orgullosos ni de qué jactarse.

Más tarde en la historia del Antiguo Testamento, invirtiendo los papeles, Dios utilizó a Siria y Babilonia como agentes del castigo divino de la maldad de Israel. ¡Pero eso no hizo justas a esas naciones! Muy por el contrario, esas naciones serían castigadas por sus propias maldades.

Dios podía y todavía puede utilizar a las naciones más profundamente injustas como agentes de su propia dispensación soberana de justicia histórica en el escenario internacional, y después habérselas con esas naciones también. Ese fue problema con el que luchó Habacuc, y que nos preocupa todavía. Pero la Biblia lo afirma. Dios puede usar a una nación como un palo para castigar a otra; pero el palo que utiliza puede estar a su vez bien doblado.

Eso nos trae a un tercer punto en relación con la justicia soberana de Dios, y este es aun más agudo.

Dios amenazó con hacerle lo mismo a Israel, y lo hizo

Dios advirtió a los israelitas que, si se comportaban de la misma manera que los cananeos, trataría a Israel como su enemigo en los mismos términos que a los cananeos y les infligiría el mismo castigo utilizando a otras naciones (Levítico 18:28; Deuteronomio 28:25-68). La tierra que había vomitado a los cananeos sería perfectamente capaz de hacer lo mismo con los israelitas si se dejaban tentar por las mismas prácticas repulsivas de los cananeos. El mismo Dios que actuó para castigar moralmente a los enemigos de Israel, actuaría precisamente de la misma manera contra Israel. Los israelitas necesitaban saber (al igual que nosotros) que la conquista no había sido una farsa de cómodo favoritismo. Israel estaba bajo la misma amenaza de castigo del mismo Dios por los mismos pecados, si decidían cometerlos.

Pero esto no fue dejado solo como una amenaza. En el transcurso de la larga historia de Israel en tiempos del Antiguo Testamento, Dios de manera reiterada actuó en juicio punitivo contra Israel. Y el lenguaje utilizado para describir la acción de Dios en esas ocasiones es exactamente el mismo que el lenguaje de la conquista («destruir», «expulsar», «dispersar», etc.). De esa manera Dios demostró su coherencia moral en la justicia internacional. No era una cuestión de parcialidad divina (de ponerse al lado de Israel sin importar nada). Muy al contrario: el Antiguo Testamento argumenta que el estatus de Israel como pueblo elegido lo exponía más a todos ellos al juicio moral y al

castigo histórico de Dios que a cualquiera de las demás naciones que lo rodeaban, incluyendo a aquellas que ellos habían conquistado (cf. Salmo 78:59-64;
Amós 3:2).

Por cierto, debemos señalar que a lo largo de toda la historia del Israel
del Antiguo Testamento, muchas más generaciones de israelitas sufrieron el
castigo de Dios a manos de sus enemigos que la única generación de *cananeos*
que experimentó el castigo de Dios a manos de los israelitas.

Y como se ha mencionado, la conquista de Canaán perdura en la Escritura
como uno de esos eventos que apuntan al juicio final (junto con otras catás-
trofes como el diluvio, Sodoma y Gomorra, la caída de Babilonia, etc.). Sin
embargo, aunque la conquista puede que *señale* al juicio final, *no fue* el juicio
final. Sería del todo equivocado asumir de manera dogmática que todo cananeo que pereció «se fue al infierno» automáticamente. La historia de Rahab,
como veremos abajo, apunta firmemente en otra dirección. Dios conoce el
corazón de cada persona y su juicio final discrimina, es justo y misericordioso.

Las historias de otras naciones también dirigidas por Dios

Para muchas personas hay probablemente dos dimensiones de los relatos
de la conquista que más les molestan y que encuentran difícil de entender en
relación con el Dios que conocen y aman. Una es lo espantoso del derramamiento de sangre que se produjo, como en cualquier tiempo de guerra. Pero
la otra es el hecho de que *Dios lo ordenó.* Esto salta a la vista en Deuteronomio
y la narración.

Como ya dijimos, parece imposible soslayar esto diciendo que Moisés y
Josué urdieron la horrible trama y luego dijeron que tenían el apoyo de Dios.

Estamos bien conscientes de que a veces los líderes políticos hacen eso
mismo: Planifican una invasión y luego afirman tener a Dios de su lado. Pero
como he tratado de explicar, si adoptamos esa línea, le quitamos el sentido a
una buena parte del resto del Antiguo Testamento (no solo a Deuteronomio
y Josué), y en la medida de lo que podemos decir, dejamos a un lado a Jesús,
Esteban, Pablo y el resto del Nuevo Testamento, donde la conquista se acepta
de la manera que la describe el Antiguo Testamento: como un acto de Dios a
través de agentes humanos.

Si nos molesta el texto que dice que Dios ordenó la conquista, tenemos
que preguntar: ¿Habría en realidad alguna diferencia teológica si no hubiera
habido una orden directa de Dios en el texto que les dijera a los israelitas
que conquistaran Canaán, sino que hubiera simplemente permitido que todo

eso sucediera? ¿O habría alguna diferencia si la expulsión de los cananeos no hubiera sido llevada a cabo por los israelitas, sino por otra nación? Después de todo, es central en la afirmación bíblica de la soberanía de Dios que todas las cosas suceden de alguna manera de acuerdo con su voluntad, no importa quién las ejecute ni si el Señor ha dado o no un mandato específico. Nada ocurre fuera de la esfera del soberano gobierno de Dios en el más amplio sentido[2].

Deuteronomio, por ejemplo, en un capítulo muy descuidado, pone la expulsión de los cananeos por Israel en el mismo plano que varias otras invasiones y conquistas que involucraron a otras naciones y reinos y que habían tenido lugar más o menos al mismo tiempo, y las considera todas como manejadas soberanamente por Yahvé, el Dios de Israel. Esto se afirma a las claras en Deuteronomio 2:10-12, 18-23, lo que vale la pena leer si se puede lidiar con nombres poco familiares; y de hecho, por esa misma razón.

En realidad, ¡estamos tan poco molestos por estas declaraciones de que Dios expulsó a un montón de extranjeros valiéndose de otro montón de extranjeros que algunas traducciones ponen estos versículos entre paréntesis! Leemos que Dios destruyó a los zomzomeos expulsándolos delante de los amonitas, y murmuramos: «¿Quién? ¿Y qué? Pon eso entre paréntesis». Pero leemos que Dios destruyó a los cananeos al expulsarlos delante de los israelitas y exclamamos: «¿Qué? ¡Cuán terrible! ¿Cómo pudo Dios hacer tal cosa?».

Ahora bien, no se nos dice que Dios *ordenó* a los amonitas expulsar a los zomzomeos, ni que *ordenó* a los descendientes de Esaú expulsar a los horeos (Deuteronomio 2:22), pero el texto deja en claro que estas «expulsiones» fueron tanto un acto de Dios como del pueblo que lo llevó a cabo, al igual que con los israelitas. Deuteronomio hace explícita la comparación y la intencionalidad. Dios es soberano sobre los movimientos de todas las naciones en el tablero de la historia, y en cierto sentido, la captura de Canaán por Israel no es diferente de estas otras cosas, no más que su éxodo de Egipto fue en algo diferente de la migración de los filisteos desde Creta o de los sirios desde Kir, de acuerdo con Amós 9:7. Todas estas cosas están dentro de la voluntad de Dios, ya sea que haya mandatos expresos o un simple permiso histórico, por decirlo así.

Así que parte de nuestra dificultad puede consistir en la manera que el Antiguo Testamento establece poca diferencia, como parece que nosotros estamos obligados a hacer, entre la voluntad expresa o impositiva de Dios y la voluntad permisiva de Dios. Es decir, afirmamos que todas las cosas suceden dentro de la soberanía de Dios, pero hallamos necesario distinguir conceptualmente entre los deseos expresos de Dios o las causas efectivas que concurren y lo que Dios permite que suceda, sujeto a su propio control final. Hemos llegado a establecer esa diferencia como una manera necesaria de unir todo lo que la Biblia misma afirma sobre la voluntad soberana de Dios que está envuelta en todo lo que ocurre. Las cosas suceden. Y Dios está en las cosas, aunque luchamos por explicar precisamente cómo.

Nos estamos metiendo en aguas profundas, las cuales nunca han penetrado plenamente las grandes mentes teológicas. Pero espero que por lo menos podamos ver que el que diga que Dios *ordenó* algo no lo coloca en un lugar esencialmente distinto a que Dios *lo permitió* en las demás historias del Antiguo Testamento, donde puede parecer que Dios se aparta de la acción y desempeña un papel menos intervencionista (lo cual de hecho es más a menudo el caso). Todo el relato bíblico, en cada nivel, es un obrar de diferentes maneras de la soberana providencia de Dios en las complejidades de la historia humana.

El contexto del plan de salvación de Dios

Llegamos a nuestro tercer contexto, dentro del cual necesitamos colocar la conquista. Necesitamos verla dentro de la historia de la Biblia en su conjunto. La propia conquista de Canaán, por supuesto, es un sombrío relato de castigo y destrucción. Pero es parte de la historia total de la Biblia, que es la historia de la salvación y en última instancia, una historia de bendición universal. ¿Qué luz proyecta eso?

Primero que nada, eso nos recuerda que aunque la Biblia contiene historias de guerra, tales como la conquista, apunta hacia el supremo plan de Dios, el cual es traer paz entre todas las naciones y poner fin a la guerra y a todas las formas de violencia. En segundo lugar, cuando remontamos hasta el Génesis la historia, recordamos que el propósito de Dios declarado a Abraham es bendecir a todas las naciones. Así que miraremos cómo esa visión a largo plazo tuvo algunos efectos prácticos dentro de la historia y las leyes del Israel del Antiguo Testamento en relación con los extranjeros. Por último, tenemos que recordar que el Antiguo Testamento apunta hacia delante, hacia el cumplimiento por Dios de la salvación para todas las naciones a través de Jesucristo, y que esto será una causa de regocijo entre las naciones, como de hecho tiene que serlo también para nosotros, aun si pugnamos por comprender la historia que conduce a allí.

La visión de paz

Un gran contrapeso a la violencia de la conquista es escuchar una voz diferente dentro del propio Antiguo Testamento. Esta es la voz que condena la violencia cuando ella es el fruto de la maldad. Esta voz se escucha temprano, cuando Jacob denuncia a sus propios hijos Simeón y Leví por vengarse de manera en extremo desproporcionada (Génesis 34:30; 49:5-7). Esta es la voz que anhela el fin de toda guerra en el futuro reino de paz de Dios.

Mientras se reconoce el derecho a la guerra y mientras la victoria en la guerra se ve como un regalo de Dios (p. ej., Salmos 18; 20), se critican la excesiva violencia y el derramamiento de sangre que son inevitables en tiempos de guerra. En el mundo antiguo se acostumbraba que los generales vencedores honraran a los dioses que les habían dado la victoria construyendo templos y estatuas de conmemoración. La narrativa del Antiguo Testamento registra que Dios le había dado la victoria a David sobre sus enemigos. Así que el deseo de David de construir un templo a su Dios podía verse como un resultado natural y esperado.

Pero encontramos lo opuesto. Inesperadamente, Dios impide a David hacer eso, y entre las razones dadas estaba precisamente el hecho de que había sido un hombre de guerra y derramado sangre. El templo de Yahvé no sería construido ni caracterizado por una vida de violencia (1 Crónicas 28:3). Los salmos se quejan regularmente sobre la violencia, ya fuera de un asalto personal (Salmo 10; 59) o de la opresión social (37:12-15). Las naciones que rápidamente acuden a la guerra y a la gloria que encierra se condenan también (68:30). El pueblo de Dios debe confiar en él en cuanto a la salvación, no en el poderío militar (33:16-19). Por lo menos un salmista que vive en medio de un pueblo hambriento de guerra lucha por ser un hombre de paz (120:6-7), posición en la que a menudo se encuentran los mismos creyentes.

Junto a la condena de la violencia asociada con la injusticia y la opresión, hay un fuerte anhelo por el fin de toda guerra y el reinado de la paz de Dios. El Salmo 46 espera el día en que Dios haga que cesen las guerras hasta el fin de la tierra, aboliendo todas las armas de guerra.

La misma visión inspiró a Isaías, que vincula esta esperanza del fin de la guerra con su promesa de la llegada del rey mesiánico de Dios, que reinará sobre una era de paz cósmica entre las naciones y entre la humanidad y la naturaleza. Isaías prevé a todas las naciones buscando justicia bajo el gobierno de Dios y sin necesidad de practicar o siquiera aprender a guerrear nunca más:

Él juzgará entre las naciones
y será árbitro de muchos pueblos.
Convertirán sus espadas en arados
y sus lanzas en hoces.

> No levantará espada nación contra nación,
> y nunca más se adiestrarán para la guerra.
>
> —Isaías 2:4 (vea también 9:2-7; 11:1-9)

La guerra es parte de un mundo caído de seres humanos violentos, pero no tendrá parte en la nueva creación. La guerra en el mundo caído ha formado también parte de la soberanía internacional de Dios como un acto de su justicia histórica (como se interpreta en la Biblia la conquista), pero aun eso también será dejado atrás. La paz, no la guerra, es el signo del reino de Dios. Porque el reino de Dios significará el derramamiento del Espíritu Santo y el triunfo de la rectitud y la justicia. Como previó Isaías: «El producto de la justicia será la paz» (Isaías 32:17; cf. 32:1, 15-20). Por lo tanto, «dichosos los que trabajan por la paz», dijo Jesús, en armonía con esta percepción del Antiguo Testamento (Mateo 5:9), junto con los que tienen hambre y sed de justicia y son perseguidos por causa de esta.

La bendición de las naciones

La segunda consideración a tener en mente cuando ponemos la conquista en un marco bíblico completo es que esta es parte de una historia que tiene la bendición de todas las naciones como su última meta. Tan importante es esta meta que Pablo la llamó el anuncio «previsto» del evangelio (Gálatas 3:8). Son las asombrosas buenas nuevas de que en un mundo caracterizado por la rebelión, el pecado, la violencia, la corrupción y la arrogancia de Génesis 3—11, ¡Dios todavía intenta bendecir a todas las naciones sobre la tierra! Así que tenemos que ver la historia del Israel del Antiguo Testamento como la primera etapa de ese gran proyecto de Dios para la salvación del mundo.

En la historia del Israel del Antiguo Testamento hay una clara distinción entre el pueblo de Israel y el resto de las naciones. Israel era el pueblo a quien Dios había escogido, llamado, redimido y conducido a unas relaciones pactadas con él. Las naciones todavía no disfrutaban de esas relaciones. *Pero —y esto es el punto verdaderamente crucial— el propósito de Dios al escoger a Israel fue que las naciones a la larga las establecieran.* La orientación general del Antiguo Testamento no es Israel *contra* las naciones, sino Israel *por el bien* de las naciones.

Hay muchos salmos y profecías que hablan de eso, pero podemos fijarnos en dos evidencias prácticas de ello: la conversión e inclusión de extranjeros dentro Israel, y el cuidado de los extranjeros en la ley de Israel. Estas cosas proveen un testimonio interesante, contrario a la idea de que la única actitud de Israel hacia los extranjeros es la que encontramos en la historia de la conquista.

Sin embargo, antes de volvernos a esos ángulos positivos, tenemos que enfrentar una dificultad que probablemente ya esté reverberando en su mente: Si el plan de Dios era bendecir a las naciones, una vez más, ¿qué de los cananeos? Si Israel era el medio para bendecir a las naciones, ¿cómo entonces pudo Dios utilizarlo para llevar tanto sufrimiento a los cananeos? Lo que necesitamos ver es que la Biblia no advierte contradicción entre la meta última de la bendición universal y los hechos históricos de un castigo particular.

Es importante ver la bendición de las naciones como el *supremo* propósito (escatológico) de Dios. Eso no significaba que Dios tendría que ser por lo tanto «agradable» con todo el mundo o toda nación, sin importar cómo se comportaran. El Antiguo Testamento deja muy claro que Dios sigue siendo el juez moral de todas las acciones humanas y todas las naciones. Dios actúa dentro de la historia contra el malvado, *incluyendo las naciones malvadas.* Como hemos visto, así es como se interpreta la conquista de Canaán en la Biblia.

Esto fue cierto también para Israel. La promesa del pacto de Dios de una bendición y una protección a largo plazo no impidió que Dios castigara a generaciones particulares de israelitas en su historia del Antiguo Testamento. Así que el supremo propósito de Dios de bendecir a todas las naciones no excluye su prerrogativa de castigar diferentes naciones dentro de la historia, como tampoco el deseo amoroso de los padres de que a largo plazo sus hijos florezcan les impide los necesarios actos de disciplina o castigo mientras tanto.

La conversión e inclusión de los extranjeros dentro de Israel

Es asombroso, y no puede ser accidental, que el relato inicial del libro de Josué no describe una conquista, sino una conversión. La historia de Rahab en Josué 2 se destaca por su posición, longitud e importancia (vea también 6:17, 22-25). Aquí está una cananea que reconoce el poder de Yahvé, el Dios de los israelitas, como lo prueban las cosas que ella y sus congéneres cananeos han escuchado sobre lo que este ha hecho. Pero a diferencia del resto de los cananeos, Rahab decide no resistir a ese Dios y su pueblo, sino que cambia de bando y confía en el primer israelita que se encuentra.

Esto no fue solo un caso de cruda autopreservación. Las palabras de Rahab muestran una más profunda consciencia teológica de la soberanía de Yahvé en el Éxodo, en el regalo de la tierra, y de hecho sobre toda la creación.

Rahab la cananea había llegado a creer lo que Dios se pasó una generación tratando de enseñar a los israelitas.

Rahab dijo a los espías:

> —Yo sé que el Señor les ha dado esta tierra, y por eso estamos aterrorizados; todos los habitantes del país están muertos de miedo ante ustedes. Tenemos noticias de cómo el Señor secó las aguas del Mar Rojo para que ustedes pasaran, después de haber salido de Egipto. También hemos oído cómo destruyeron completamente a los reyes amorreos, Sijón y Og, al este del Jordán. Por eso estamos todos tan amedrentados y descorazonados frente a ustedes. Yo sé que *el Señor y Dios es Dios de dioses tanto en el cielo como en la tierra.*
>
> —Josué 2:9-11 (énfasis añadido)

Como resultado, Rahab la cananea y su familia se salvaron porque esta creyó en Yahvé, el Dios de Israel. Deuteronomio 7 deja claro que el problema con los cananeos no era étnico (que es la razón por la que no me gusta la palabra «genocidio» con su énfasis en lo étnico), sino la idolatría. Rahab muestra que alguien que renunció a los dioses de Canaán y llegó a adorar a Yahvé, el Dios viviente, se salvó. También se muestra que había una manera de que los cananeos evitaran la destrucción, si querían. ¿Hubo allí otros cananeos que decidieron creer en Yahvé, pero no tenían espías israelitas que llegaran para dar su testimonio? ¿Cananeos creyentes en secreto? Por supuesto, no tenemos manera de saberlo, aunque sabemos que algunos grupos, como los gabaonitas, se salvaron, se les aceptó dentro de Israel y más tarde hasta se les protegió de otros cananeos, aunque habían utilizado el engaño para adquirir esa inmunidad (Josué 9).

Lo que podemos decir es que el primer cananeo que encontramos en el relato de la conquista de Canaán es un convertido que logra salvarse. Y esta historia de conversión y salvación es tan importante que se menciona tres veces en el Nuevo Testamento. Rahab entra en la genealogía del Mesías (Mateo 1:5); se le incluye entre los modelos de fe (Hebreos 11:31); y se le exalta como un ejemplo de la fe probada por las obras (Santiago 2:25).

Junto con Rahab podemos mencionar personas como Rut, que profesa una conversión al Dios de Israel que sobrepasa todas las demás en el Antiguo Testamento por su poder retórico y emocional (Rut 1:16-17), Naamán (2 Reyes 5, esp. el v. 15), y la viuda de Sarepta (1 Reyes 17, esp. el v. 24). Todos estos son extranjeros que llegaron a profesar la fe en el Dios de Israel y recibieron sus bendiciones, como Jesús señaló controversialmente en su pueblo natal (Lucas 4:24-27).

La inclusión de extranjeros no era solo para individuos. El Antiguo Testamento también apunta a la inclusión de pueblos enteros dentro del pueblo del pacto de Dios. Esto también puede ser muy sorprendente. Los jebuseos, por ejemplo, se incluyen regularmente en la lista estándar de naciones que se suponía Israel destruiría en la tierra de Canaán (p. ej., Deuteronomio 7:1). Pero está claro que no fueron destruidos en la conquista original, pues aun en la vejez de Josué, se nos dice que «los descendientes de Judá no pudieron expulsar de la ciudad de Jerusalén a los jebuseos, así que hasta el día de hoy estos viven allí junto con los descendientes de Judá» (Josué 15:63).

Fue finalmente David quien los desalojó cuando al final capturó Jerusalén, varios siglos después de Josué (2 Samuel 5:6-10). Pero aun entonces no fueron destruidos, sino más bien absorbidos dentro de la tribu de Judá. Los jebuseos parecen haberse movido de la lista de «Eliminarlos» a la lista de «Acogerlos» en el curso de la historia temprana de Israel. De hallarse entre las naciones destinadas a la destrucción, llegaron a estar incluidos dentro del pueblo del pacto como un clan de Judá.

Esto sería bastante notable en sí, otra pequeña pieza de evidencia de que la conquista no fue uniformemente destructiva y que no solo dos individuos, sino pueblos enteros podían cambiar de bando. No obstante, los jebuseos se destacan de una manera mucho más poderosa, en una profecía concerniente a todo el pueblo, que los filisteos. El profeta Zacarías, después de describir el juicio de Dios sobre las naciones que incluía a los filisteos (Zacarías 9:1-6), de pronto y sorpresivamente divisa un diferente futuro para los filisteos:

> De la boca les quitaré la sangre, y de entre los dientes el alimento prohibido. También los filisteos serán un remanente de nuestro Dios; se convertirán en jefes de Judá, y Ecrón *será como los jebuseos.*
>
> —Zacarías 9:7 (énfasis añadido)

Los filisteos tendrán «un remanente» (término normalmente asociado con el remanente de Israel salvado después del castigo). Y hasta los filisteos (archienemigos históricos de Israel) llegarían a estar incluidos dentro de la propia Judá como uno de sus clanes, como los jebuseos, los originales habitantes de Jerusalén, ¡nada menos!

Así que la memoria histórica de que los jebuseos se habían movido de la lista de *herem* de las naciones enemigas antes de la conquista, a ser un clan dentro de Judá que vive en la ciudad de David, se utiliza aquí como una imagen de lo que puede hacer el poder redentor de Dios por otras naciones enemigas. Lo que Dios había hecho por los jebuseos cananeos, ¡podría hacerlo igualmente por los filisteos! Y si hay una esperanza para los filisteos, hay una esperanza para cualquiera. El Salmo 87 le da culminación a esto al incluir a los filisteos y a otros enemigos históricos de Israel entre los que un día Dios registraría como ciudadanos nativos de Sión. ¿Qué mayor inclusión podría haber?

Cuidado de los extranjeros en la Ley del Antiguo Testamento

Otra gran compensación por la destrucción de los cananeos en el relato de la conquista es la fuerza del interés por el bienestar de los extranjeros consagrada en la ley del Antiguo Testamento. Muchos extranjeros (ya fuera la antigua población cananea o los inmigrantes) se asimilaban y se convertían en «extranjeros residentes». Pero, por lo general, los extranjeros eran vulnerables, porque carecían de las protecciones naturales de la familia y la tierra. Había un interés decidido en su bienestar y protección.

¿Qué tenía que ofrecer la ley del Antiguo Testamento a esos extranjeros? Muchas cosas. Si uno se toma el tiempo para leer todos los textos abajo, pienso que quedará impresionado con una cultura que modifica mucho lo que podríamos pensar si solo leemos los relatos de la conquista. El Antiguo Testamento habla de protección de la opresión general (Éxodo 22:21; Levítico 19:33) y del injusto tratamiento en los tribunales (Éxodo 23:9; Deuteronomio 10:17-19; 24:17-18); la inclusión del descanso del sábado (Éxodo 20:9-11; 23:12; Deuteronomio 5:12-15) y la inclusión en el culto y la ceremonias del pacto de la Pascua (Éxodo 12:45-49), los festivales anuales (Deuteronomio 16), el Día de la Expiación (Levítico 16:29), y las ceremonias de renovación del pacto (Deuteronomio 29:10-13; 31:12); los beneficios económicos de los diezmos trienales (Deuteronomio 14:28-29; 26:12-13) y el acceso a los productos agrícolas o derecho de espigar (Levítico 19:9-10; Deuteronomio 24:9-22); y de igualdad ante la ley con los nativos (Levítico 19:34).

Para abarcar toda esa legislación práctica está el simple mandato, dos veces dado: *ama al extranjero*. En Deuteronomio, este mandato se basa en el ejemplo del propio Dios. Yahvé se caracteriza por su amor práctico por el extranjero necesitado, un rasgo de carácter que Israel conocía muy bien de sus experiencias del éxodo:

Él defiende la causa del huérfano y de la viuda, y muestra su amor por el extranjero, proveyéndole ropa y alimentos. Así mismo *debes tú mostrar amor por los extranjeros*, porque también tú fuiste extranjero en Egipto.

—Deuteronomio 10:18-19 (énfasis añadido)

En Levítico, el mismo mandato refleja el mandato anterior del mismo capítulo de «ama a tu prójimo como a ti mismo» (Levítico 19:18).

Cuando algún extranjero se establezca en el país de ustedes, no lo traten mal. Al contrario, trátenlo como si fuera uno de ustedes. *Ámenlo como a ustedes mismos*, porque también ustedes fueron extranjeros en Egipto. Yo soy el Señor y Dios de Israel.

—Levítico 19:33-34 (énfasis añadido)

Así que hay un poderoso impulso de energía legislativa en la ley de Israel que es decididamente favorable y protector de los extranjeros que estaban en el país. Ahora bien, por supuesto que eso no elimina y ni siquiera reduce la violencia que encontramos en el relato de la conquista, pero sí muestra una fuerza que sirve de compensación dentro de las costumbres legales de Israel. Y ello a su vez muestra que la conquista se veía como una necesidad histórica limitada, no como un paradigma permanente para las actitudes sociales ni el comportamiento de Israel hacia los extranjeros en general. Cuando Pablo les dijo a los cristianos que practicaran el amor hacia los extranjeros, se basaba en fuertes raíces de las Escrituras[3]. Hebreos 13:1-2 tiene una exhortación similar, con una clara alusión al Antiguo Testamento como precedente. Allí *filoxenia* se coloca correctamente al lado de *filadelfia* (amor por el hermano).

La alabanza de las naciones

Por último, el tercer elemento en este contexto integral bíblico es mirar hacia el futuro final que la Biblia visualiza para las naciones. ¿Qué tiene Dios en mente para las naciones, mientras uno lee el Antiguo Testamento? Juicio, es la respuesta consabida. Sí, pero lo mismo es para Israel. De hecho, ¿qué es lo que más sobresale en el Antiguo Testamento sino las palabras de amenaza, de advertencia de Dios, y después el juicio contra el pueblo del pacto? El Antiguo Testamento está atiborrado con la realidad del juicio… *contra Israel*. Pero más allá de ese juicio de Israel descansa la indestructible esperanza de que Dios sería fiel a la promesa que les hizo y de nuevo les daría salvación y restauración.

Y esa misma esperanza y promesa se ofrece a las naciones. Dios prometió a Abraham que a través de sus descendientes todas las naciones sobre la tierra serían bendecidas, y es esa promesa la que impulsa todo el drama de la Biblia hacia su gran clímax en Apocalipsis. Así que, al igual que Israel atravesó el fuego purificador del juicio ante Dios, pero se aferró a su promesa de restauración final, así serán cernidas las naciones por el juicio ante Dios, pero habrá gente de todas las naciones incluidas dentro de la humanidad redimida que está creando ya Dios en Cristo. Su meta es que la nueva creación esté habitada por personas sacadas de todas las naciones que ha hecho. La cantidad de textos bíblicos que afirman esto es enorme, y más bien es escandaloso que tantos cristianos estén tan poco conscientes de este gran plan de Dios para las naciones[4].

Aquí está solo el más breve de los sumarios de los planes de Dios para las naciones. Vale la pena hacer una pausa para tomarse el tiempo de leer esta muestra de textos. Son asombrosos por su visión y alcance.

- Las naciones se beneficiarán de las bendiciones abrahámicas de Israel (Salmo 67).
- Las naciones irán a adorar al Dios vivo (Salmos 22:27-28; 86:8-10; 102:15, 21-22; 138:4-5; 145:10-12; Isaías 2:1-5; 12:4-5; 42:10-12; 45:6, 14, 22-25).
- Las naciones serán incluidas dentro de Israel como el pueblo extendido de Dios. Como tales, ellas serán:
  * Registradas en la ciudad de Dios (Salmo 87).
  * Bendecidas con la salvación de Dios (Isaías 19:16-25).
  * Aceptadas en la casa de Dios (Isaías 56:3-8).
  * Llamadas por el nombre de Dios (Amós 9:11-12).
  * Unidas al pueblo de Dios (Zacarías 2:10-12).

Un texto que deliberadamente he dejado para el final es el Salmo 47. Lo destaco porque menciona específicamente la conquista de los cananeos, *pero incluye aun esto como un motivo de alabanza entre las mismas naciones.*

Aplaudan, pueblos todos;
aclamen a Dios con gritos de alegría.
¡Cuán imponente es el Señor Altísimo,
el gran rey de toda la tierra!
Sometió a nuestro dominio las naciones;

puso a los pueblos bajo nuestros pies;
escogió para nosotros una heredad
que es el orgullo de Jacob, a quien amó.

—Salmo 47:1-4 (énfasis añadido)

El autor de este salmo llama las naciones a unirse en un aplauso a Yahvé, el Dios de Israel. Aplaudir es una forma de acción de gracias física y audible que va más allá de las palabras. Las personas aplauden porque algo les ha producido placer o beneficio, y están agradecidas. Entonces, ¿para qué nuestro salmista invita a las naciones del mundo a darle una ronda de aplausos a Yahvé? A primera vista la razón parece perversa (vea el v. 3).

Sometió a nuestro dominio [de Israel] las naciones; puso a los pueblos bajo nuestros pies

¡Se pide a las naciones que aplaudan a Yahvé porque es el Dios que las ha derrotado a través de Israel! ¿No es esto algo más que un cinismo militarista disfrazado de adoración? La única alternativa a leerlo de esa forma es discernir la más profunda convicción teológica del significado de la conquista.

Se puede pedir a las naciones que aplaudan a Yahvé porque aun aquella derrota histórica de los cananeos por Israel será vista en última instancia como parte de una historia global de la salvación, por la cual las naciones mismas alabarán a Dios. Esto significa que tenemos que leer esta historia singular de la conquista de Canaán dentro de una historia más amplia que conducirá en última instancia a todas las naciones a tener un motivo para dar alabanza y gratitud a Dios por la salvación que realizó en Cristo.

La cultura cananea en ese punto de la historia estaba degradada al punto de merecer el castigo divino, como ya vimos. Pero el Dios que pronunció un juicio histórico contra ellos también era «el gran rey sobre toda la tierra». Y cuando este gran rey asuma su reino, *todas* las naciones serán las beneficiarias. Después, al final, la historia de Israel, incluyendo la conquista, será motivo de alabanza entre las naciones, por cuyo beneficio salvífico tuvo lugar la conquista. Deuteronomio 32:43, junto con el uso que le da Pablo en Romanos 15:7-12, apunta en la misma dirección.

Conclusión: el camino al Calvario

Este pensamiento me lleva a una última reflexión. Mientras lucho por comprender a Dios en relación con esta desagradable parte de la historia bíblica, tengo que preguntarme dónde estoy situado.

Mientras leo el Salmo 47, ¿dónde me hallo? No soy un antiguo israelita como su autor y sus escuchas. Tampoco soy cananeo, un individuo de las naciones conquistadas del versículo 3. Pero me encuentro como creyente irlandés entre los redimidos de todas las naciones. Estoy entre aquellos a los que convocan a aplaudir y dar gracias a Yahvé el Dios de Israel, el gran Rey, el Señor Altísimo, y el Dios y Padre de nuestro Señor Jesucristo. En ese sentido, como estoy en Cristo, también soy parte «del pueblo del Dios de Abraham» (Salmo 47:9; cf. Gálatas 3:29).

Esta historia es parte de la historia de mi salvación. Esta es *mi* historia; este es *mi* cántico. Esta es la manera en que Dios en su soberanía decidió obrar dentro de la historia humana para cumplir su propósito salvador de la humanidad y la creación, incluyéndome a mí. Puede que no comprenda por qué tuvo que ser de esa manera. Ciertamente no me gusta. Puede que deplore la violencia y el sufrimiento que involucraron, aun cuando acepto el veredicto bíblico de que fue un castigo merecido. Desearía que hubiera sido de otra manera.

Pero en algún punto tengo que retroceder de mis preguntas, criticismo o quejas y recibir lo que dice la Biblia sobre esta materia. Lo que la Biblia me dice inequívocamente es que este fue un acto de Dios que tuvo lugar dentro de un relato muy amplio a través del cual surgió la única esperanza de salvación para el mundo.

Dentro de esa perspectiva bíblica general, comparado con el camino hacia el Calvario, el camino a Canaán fue un pequeño trecho. Desde ese punto de vista, no puedo más que incluirlo entre los poderosos actos de Dios por medio de los cuales se llama a todo su pueblo a alabarlo. Tengo que leer la conquista a la luz de la cruz.

Y cuando de verdad la coloco a la luz de la cruz, veo una perspectiva adicional. Porque la cruz también envuelve la más horrífica y malvada violencia humana, la cual, al mismo tiempo, también constituyó la efusión del castigo de Dios sobre el pecado humano. La diferencia crucial, por supuesto, es que, *en la conquista, Dios envió castigo a una sociedad malvada que se lo merecía; en la cruz, Dios se aplicó a sí mismo el castigo de la maldad humana a través de la persona de su propio Hijo sin pecado, que no lo merecía en lo más mínimo.*

Mientras nos acercamos al final de esta parte, note otra vez que una humilde sumisión a la enseñanza bíblica sobre la soberanía de Dios de un lado, junto con una robusta reflexión sobre el misterio de la cruz de Cristo del otro, se combinan para fortalecer nuestra fe en medio de cosas que no comprende-mos. Encontraremos lo mismo cuando sigamos adelante a la siguiente parte para contemplar la propia cruz.

Notas

1. Como, por ejemplo, en Stanley N. Gundry, ed.: *Show Them No Mercy: Four Views on God and Canaanite Genocide* (Zondervan, Grand Rapids, 2003).

2. Empecé con esta secuencia de pensamientos debido a un atrayente comentario de John Wenham: «Los cristianos no encontrarían una gran dificultad con la expulsión de los cananeos si esta hubiera tenido lugar a manos de otros vecinos paganos» (*The Goodness of God* [Intervarsity Press, Leicester, 1974], p. 137).

3. La traducción tradicional de Romanos 12:13: «Practiquen la hospitalidad», es demasiado débil para la palabra escogida por Pablo: *filoxenia*, la cual literalmente significa «amor al extranjero, al forastero». Es lo diametralmente opuesto a la xenofobia.

4. He analizado esto en una considerable profundidad en mi libro *The Mission of God* (Intervarsity Press, Downers Grove, IL, 2006), cap. 14, y no puedo repetir todos los detalles aquí. El sumario en el texto da algo de la quintaesencia de ello.

TERCERA PARTE

¿QUÉ DE LA CRUZ?

¿Está usted sorprendido de encontrar capítulos sobre la cruz en un libro acerca del «Dios que no comprendo»? «Si este individuo no comprende la cruz», puede que esté pensando, «¿cómo puede ser cristiano?». Bien, puede que recuerde que en la introducción desenredo varios sentidos en los cuales hablo sobre el no comprender. Señalé que decir que hay cosas que no comprendo por completo sobre Dios no es la misma cosa que decir que no conozco a Dios, que no lo amo y no confío en él con todo mi ser. Después de todo, podría utilizar el mismo argumento al hablar de mi esposa. La he conocido y la he amado casi toda mi vida (éramos novios adolescentes), pero dudo que alguna vez la comprenderé del todo, y ella sin duda devolverá el cumplido (¡si eso es lo que es!).

También señalé que hay algunas cosas que no comprendo sobre Dios que me dejan afligido y perturbado, y hemos luchado con algunas de ellas en la primera y la segunda parte. Sin embargo hay otras cosas que no comprendo, pero no podría vivir sin ellas, porque me llenan el alma de inmensa gratitud, gozo y paz. Allí es donde pongo la cruz de Cristo.

Comprendo lo suficiente lo que me dice la Biblia para saber que le debo todo lo que soy ahora o lo que seré al amor y la gracia de Dios derramadas soberanamente en el Calvario. Pero cuando indago dentro del porqué y el cómo eso es así, me uno a las multitudes que reconocen las profundidades y misterios que yacen más allá de nuestra comprensión… pero no más allá de nuestra fe, alabanza, y adoración.

Después que me ordenaron en la Iglesia de Inglaterra se me pidió durante mi primer año de ministerio en *Tonbridge Parish Church* que condujera el culto de tres horas del Viernes Santo. Este culto tradicional en algunas iglesias anglicanas era de por sí intimidante para un joven pastor asistente. Pero atesoré el privilegio de prepararlo y dirigirlo. Mis notas dobladas todavía me recuerdan cómo dividí el tiempo pensando en la cruz y la historia, la cruz y el universo, y la cruz y nosotros. Cada hora incluía tres sesiones de lectura bíblica y meditación, algunos himnos, emocionantes poemas y simple silencio.

Durante varias décadas en el ministerio de la enseñanza, he ofrecido conferencias y predicado sobre todo tipo de cuestiones, libros de la Biblia, y temas. Pero siempre ha sido verdad, y todavía lo es, que nada me da un mayor sentido de privilegio, gozo y responsabilidad que predicar sobre la cruz, y especialmente los simples relatos del evangelio sobre ella.

Así que, mientras que es verdad decir que no lo entiendo del todo, también es verdad que de todas las cosas que mi cabeza no comprende sobre Dios, esta es aquella en la que más se deleita mi corazón. Esta es aquella que excede en gloria positiva a todo lo demás que me confunde con problemas negativos. Oro que en el momento en que alcancemos el fin de esta parte del libro, usted sea capaz de unirse a mí en eso.

6

LA CRUZ: ¿POR QUÉ Y QUÉ?

Mientras reflexiono sobre la cruz, tres preguntas fundamentales se suman a nuestra lucha por comprenderla: ¿Por qué? ¿qué? y ¿cómo? ¿Por qué Dios consideró enviar a Jesús a morir en la cruz? ¿Por qué fue necesario desde nuestro punto de vista? ¿Por qué estaba deseoso de hacerlo, desde su punto de vista? Y entonces, ¿qué logró Dios con la muerte de su Hijo? ¿Cuál fue el propósito de todo? Y por último, ¿cómo resultó? ¿Cómo cambió todo en el universo el cuerpo de un hombre sangrante extendido sobre dos piezas de madera durante seis horas de tortura y muerte, en un viernes específico de primavera, en las afueras de una ciudad en una remota provincia del Imperio Romano? ¿Cómo logró la cruz de Cristo todo lo que la Biblia nos dice que logró?

En este capítulo abordaremos el porqué y el qué. Después, en el capítulo 7, reflexionaremos sobre el cómo. Esto nos conducirá, en el capítulo 8, a un análisis de la frase de Pablo de que Cristo murió «de acuerdo a las Escrituras», porque ese es el primer lugar de donde tiene que venir nuestra comprensión.

Como en los capítulos anteriores, mi esperanza es que mientras aceptamos que hay cosas que no podemos comprender, por lo menos seremos capaces de pensar un poquito más claro en las cosas que debemos comprender, cosas que a menudo corren el peligro de confundirse por nociones falsas y no bíblicas o caricaturas populares de la verdad. Así que mi propósito es eliminar algunas ideas falsas y hacer mi mejor esfuerzo para explicar lo que enseña la Biblia con claridad, sin tratar de dar respuestas donde la propia Biblia parece retenerlas.

La lucha por comprender el porqué

«¿Por qué yo?» Estamos acostumbrados a escuchar estas palabras de labios de personas agonizantes que han sufrido alguna tragedia o accidente terrible. Pero están mucho más a menudo en labios de personas que han recibido alguna bendición sobresaliente o inmerecida. «¡No merezco esto!» puede ser la respuesta a malas o buenas noticias, y ser igualmente cierto en ambos casos.

Cuando extendemos la cuestión y lo preguntamos de parte de la raza humana en relación con la buenas nuevas de lo que Dios ha hecho por nosotros a través de la muerte de su Hijo Jesucristo, esto se convierte en algo aun más difícil de responder. *¿Por qué nosotros?* A veces describo a los ángeles que rodean el trono de Dios moviendo sus celestiales cabezas, asombrados mientras ponderan dos hechos extremos que van más allá de cualquier comprensión: de un lado (o ala), la extrema degradación de la raza humana sobre este contaminado planeta, y del otro lado el terrible sufrimiento extremo que su Señor decidió soportar por salvar a esas terribles criaturas. ¿Por qué ellos? Charles Wesley tuvo el mismo pensamiento.

> *En vano el primogénito serafín intenta*
> *Sondear la profundidad del divino amor.*
> *¡Todo esto es misericordia! Que la tierra adore,*
> *Que los ángeles no inquieran más[1].*
> *¿Quiénes somos nosotros, en fin de cuentas? ¿Qué somos?*

Somos las criaturas que Dios ha hecho a su imagen, para amarlo, para amarnos unos a otros y para cuidar la tierra en que nos situó. En su lugar, hemos utilizado las capacidades inherentes a portar esa imagen para desfigurarla y para deshonrar a aquel de quien es la imagen. Rechazamos la autoridad de Dios, desconfiamos de la Palabra de Dios, nos burlamos del amor de Dios, violamos las leyes de Dios y destruimos el mundo de Dios. En el proceso, engañamos, hacemos trampa, explotamos, brutalizamos, aplastamos y nos matamos unos a otros.

Torcemos todo lo que Dios hizo bueno, y pensamos que es bueno lo que Dios llama malo. Bendecimos lo que Dios ha maldecido y maldecimos lo que Dios ha bendecido. Alardeamos de nuestra autonomía moral como individuos racionales libres, pero languidecemos en la esclavitud de la locura colectiva. Afirmamos no tener necesidad de Dios, sin embargo, nos arrastramos servilmente a los pies de más ídolos y dioses de los que nosotros mismos reconocemos que lo son. Y eso es solo el más leve susurro de lo que somos, multiplicado varios miles de millones de veces y por tantas generaciones como las que han existido desde Caín y Abel.

Aun así, Jesús murió por nosotros. ¡Dios mandó a su Hijo al mundo para salvar a los pecadores! Aleluya, *pero ¿por qué?* ¿Por qué el Calvario?

¡Porque Dios nos ama!

Esto, por supuesto, es la respuesta correcta, bíblica, verdadera, fabulosa.

Y totalmente inexplicable.

«Tanto amó Dios al mundo que dio a su Hijo unigénito...» (Juan 3:16). Conocemos tan bien el más famoso versículo de la Biblia, que fácilmente podemos perder de vista la maravillosa sorpresa de su verdad. Cantamos nuestros himnos sobre la cruz quizá con mucha mayor familiaridad de lo que es bueno para nosotros.

Inscrito sobre la cruz,
En letras resplandecientes,
Vemos «Dios es amor»;
Él llevó nuestros pecados
En el madero de la cruz.
Él nos trae misericordia desde arriba[2].

Sí, pero ¿por qué Dios nos ama? Esta pregunta se formuló mucho antes de que Jesús muriera en la cruz. Porque el amor de Dios es uno de los asertos más fuertes del Antiguo Testamento, y este ya era desconcertante en aquel entonces. Pasemos algún tiempo pensando en el amor de Dios en el Antiguo Testamento. ¡Siempre vale la pena hacerlo! No nos revelará el porqué, pero ciertamente lo profundizará. Y nos preparará para el capítulo 8, en el que discutimos algunas maneras importantes en las cuales el Antiguo Testamento ayuda a comprender la cruz. Así que acompáñenme de regreso al Antiguo Testamento y al Dios de amor que encontramos allí.

¿Por qué amó Dios a los israelitas del Antiguo Testamento?

Deuteronomio dice muchísimo sobre el amor de Dios y la reciprocidad al amor de Dios. Esto estaba bien claro en la médula de la fe de Israel. Pero aunque se dan todo tipo de razones y motivaciones para alentar a Israel a amar a Dios, nunca se explica nada en cuanto al porqué Dios amaba a Israel, como no fuera su carácter divino y fidelidad. Deuteronomio corrige sin ambages cualquier falsa presunción que los israelitas pudieran haber estado tentados a formular sobre el «¿Por qué?» del amor de Dios. Todas estas son suposiciones que están pendientes todavía hoy. He aquí algunas de esas falsas ideas.

¿Quizá Dios amó a los israelitas porque era un pueblo bastante importante? En lo absoluto, dice Moisés: Israel era un mero renacuajo entre los grandes peces. La mayoría de las grandes naciones no se habrían ni enterado de que ellos estaban allí.

> El Señor se encariñó contigo y te eligió, aunque no eras el pueblo más numeroso sino el más insignificante de todos. Lo hizo porque te ama y quería cumplir su juramento a tus antepasados; por eso te rescató del poder del faraón, el rey de Egipto, y te sacó de la esclavitud con gran despliegue de fuerza.
>
> —Deuteronomio 7:7-8

¿Nota usted la falta de lógica en esa declaración? Dios no lo amó porque Israel fuera grande. Entonces, ¿por qué lo amó? «Porque lo amó…». Dios lo amó porque lo amó. Punto. No se puede ir más allá de eso. El amor de Dios es un axioma. Es decir, es el punto de partida de toda explicación, no algo que se pueda explicar por nada que esté por encima ni por detrás de él.

¿Quizá Dios los amó porque en fin de cuentas era el Dios de los israelitas? ¿No era Yahvé su deidad nacional, y su trabajo y deber era amarlos y cuidar de ellos? Para eso son los dioses nacionales. Un amigo mío de los Estados Unidos me contó que, en los primeros días tras el 9/11, cuando letreros y pegatinas que declaraban «Dios bendiga a América» aparecían por todas partes (¿era esto una oración o una jactancia?), alguien llegó a su iglesia en un carro con una pegatina que decía: «Dios bendiga al resto del mundo también». Aparentemente estas no eran populares. Las llamaban antipatrióticas. Dios nos pertenece, así que somos nosotros a quienes él tiene que amar y proteger.

Claro que no, dice Moisés. Dios es universal, el Dios de toda la tierra, el propietario de toda nación que está sobre ella. Así que, por qué rayos los amó a ustedes los israelitas de entre todos los pueblos es un misterio, aunque es verdad. Esto debe ser una cuestión de contrita humillación, no de orgullo nacional.

> Al Señor tu Dios le pertenecen los cielos y lo más alto de los cielos, la tierra y todo lo que hay en ella. *Sin embargo, él se encariñó con tus antepasados y los amó; y a ti, que eres su descendencia, te eligió de entre todos los pueblos,*

como lo vemos hoy. Por eso, despójate de lo pagano que hay en tu corazón, y ya no seas terco.

—Deuteronomio 10:14-16 (énfasis añadido)

¿O quizá Dios amó a los israelitas porque eran un poco más justos que el resto de las naciones? Claro que no, dice de nuevo Moisés. El hecho es que Israel fue desde el principio un manojo de testarudos rebeldes y no cambiaron mucho a lo largo de su historia, excepto para empeorar. De manera que si pensaron que eran los favoritos de Dios, estaban completamente equivocados; tan equivocados, que Dios corrige la idea en repetidas ocasiones.

Cuando el Señor tu Dios los haya arrojado lejos de ti, no vayas a pensar: «El Señor me ha traído hasta aquí, por mi propia justicia, para tomar posesión de esta tierra». ¡No! El Señor expulsará a esas naciones por la maldad que las caracteriza. De modo que no es por tu justicia ni por tu rectitud por lo que vas a tomar posesión de su tierra. ¡No! La propia maldad de esas naciones hará que el Señor tu Dios las arroje lejos de ti. Así cumplirá lo que juró a tus antepasados Abraham, Isaac y Jacob. Entiende bien que eres un pueblo terco, y que tu justicia y tu rectitud no tienen nada que ver con que el Señor tu Dios te dé en posesión esta buena tierra.

—Deuteronomio 9:4-6

He sido maestro de Antiguo Testamento casi toda mi vida profesional, y no puedo contar el número de veces que me hallé preguntando algo como lo siguiente: «¿Qué era tan especial en los judíos que Dios los escogió a ellos y no a otra nación?». Y mi respuesta es siempre: «Nada. Absolutamente, definitivamente, inequívocamente, nada». Esta no es la respuesta que se espera, y por lo general conduce a alguna protesta o pregunta adicional. De seguro tiene que haber habido algún motivo, ¿correcto? De manera que regreso a estos implacables textos de Deuteronomio en busca de apoyo. El amor de Dios por Israel estaba motivado solo desde dentro del propio Dios, no por nada que tuvieran los israelitas, cuantitativa ni moralmente. Los amó porque los amó, por motivos que solo él conocía.

Ahora puede usted preguntarse por qué hago tanto énfasis en el misterioso e inexplicable amor de Dios por el Israel del Antiguo Testamento. ¿Qué del resto de la humanidad? Ah, pero ese es precisamente el asunto. El amor de

Dios y la elección de Israel, en Abraham y a través de este, fue la fase inaugural de su amoroso plan *para toda la humanidad*.

Dios amó a Israel, no porque parecía *mejor* que el resto de la humanidad, sino a pesar del hecho de que ejemplificaban (y ampliaban) todo lo que es *peor* en cuanto a la humanidad en general. Los profetas se lo dijeron una y otra vez. Lejos de ser mejor que las naciones circundantes, dice Ezequiel, el pueblo de Judá ha caído por debajo del nivel de hasta las peores naciones que ellos pudieran imaginar en su proverbial taxonomía de la maldad: Sodoma y Gomorra.

> Yo, el Señor, lo juro por mí mismo: ni tu hermana Sodoma ni sus aldeas hicieron jamás lo que tú y tus aldeas han hecho. Tu hermana Sodoma y sus aldeas pecaron de soberbia, gula, apatía, e indiferencia hacia el pobre y el indigente. Se creían superiores a otras, y en mi presencia se entregaron a prácticas repugnantes. Por eso, tal como lo has visto, las he destruido. ¡Pero ni Samaria ni sus aldeas cometieron la mitad de tus pecados! Tú te entregaste a más prácticas repugnantes que ellas, haciendo que ellas parecieran justas en comparación contigo. Ahora tú, carga con tu desgracia; porque son tantos tus pecados que has favorecido a tus hermanas al hacerlas parecer más justas que tú. ¡Avergüénzate y carga con tu desgracia! Has hecho que tus hermanas parezcan más justas que tú.
>
> —Ezequiel 16:48-52

Así que el persistente amor de Dios por Israel, que los condujo de una generación a otra por todos los siglos de su ingratitud, rechazo y desobediencia, se concentra en una historia: la historia mucho mayor del amor de Dios por la raza humana durante todas las generaciones de sus transgresiones. Y fue ese amor de Dios por el mundo lo que lo llevaría por último a la cruz.

Por tanto, el sentido de misterio y sorpresa se transfiere de uno (el amor de Dios por Israel) al otro (el amor de Dios por el mundo). Este vínculo del Israel del Antiguo Testamento con el resto de la humanidad en el plan redentor de Dios es una parte crucial de la manera en que la Biblia presenta la expiación, así que debemos tenerlo en cuenta cuando pensemos más adelante en el «Cómo» de la cruz. Por el momento, es suficiente recordar que la manera en que Dios, en su paciente amor, cargó con los pecados de Israel, es un microcosmos histórico de la manera en que Dios, en su infinito amor, llevó los pecados del mundo sobre la cruz. Por qué hizo ambas cosas está en el verdadero corazón del misterio de que «Dios es amor».

Sorpresa de amor

Aquellos que conocen mejor a Dios parecen ser los más sorprendidos por la inmerecida generosidad de su amor. Esta abrumó a David. Cuando Dios le hizo su gran promesa a él y sus descendientes (la cual celebra el Salmo 89:1-3 dos veces como un acto del gran amor de Dios), David se sentó completamente asombrado y dijo, en efecto: «Dios, ¡no te comprendo! ¿Por qué yo?».

Luego el rey David se presentó ante el Señor y le dijo: «Señor y Dios, ¿quién soy yo, y qué es mi familia, para que me hayas hecho llegar tan lejos?» (2 Samuel 7:18). «¿Quién soy yo?» Esto es la respuesta sana y correcta ante la efusión del amor de Dios. David fue más bien tierno en ella (vea 1 Crónicas 29:14-15).

Nunca comprenderemos por qué Dios ha decidido amarnos, a no ser porque Dios es amor. Amar es simple y esencialmente el carácter y la naturaleza de Dios. Eso declara la verdad, pero no la explica. O más bien, no la explica en relación con algo que podamos decir sobre nosotros mismos, que no sea que somos la creación de este Dios cuyo ser se define por el amor. El amor de Dios se genera y motiva dentro del propio ser de Dios, como la luz y el calor del sol que sentimos sobre el planeta Tierra se generan dentro del mismo sol y no se deben a nada de lo que la tierra o sus habitantes puedan hacer, como no sea girar dentro de su órbita. No asombra que Jesús utilizara el sol como una imagen del amor de Dios (Mateo 5:43-45).

¿Quién soy? ¿Quiénes somos? Hay un tremendo misterio sobre al abnegado amor de Dios por nosotros.

Mi cántico es el amor desconocido:
El amor de mi Salvador por mí;
El amor mostrado a los que no tienen amor,
Para que puedan ser adorables.
Ah, ¿quién soy yo, que por mi bien,
Mi Señor tuvo que revestirse de carne y morir?[3]

El hecho de que no podamos discernir el porqué debe llevar a una subyacente gratitud, constantemente teñida de sorpresa, cada vez que sondeamos las profundidades del amor de Dios que llevaron al Calvario.

Dicen que alguna gente vive en una burbuja de privilegio. Esto es, piensan que el mundo y todos aquellos que los rodean les deben algo, y saltan para esgrimir sus derechos si pinchan la burbuja. Cualquier cosa que traiga la vida, nada puede sobrepasar el increíble amor de Dios y su constante misericordia, bondad, y gracia eterna de salvación. Tal gratitud es una emoción ricamente purificadora, tranquilizadora y refrescante. De hecho es más que una emoción. Es una cosmovisión completa, toda una filosofía de la vida, el universo y todas las cosas, porque es la única respuesta apropiada al verdadero ser de Dios, que es amor, asombroso amor.

> *Él murió por mí, ¿quién causó su dolor?*
> *Por mí, ¿quién lo llevó a la muerte?*
> *¡Asombroso amor! ¿Cómo pudo ser*
> *Que tú, mi Dios, debiste morir por mí?*[4]

Esta es una dimensión del Dios que no comprendo y que lleva a una gratitud sobrecogedora, que contrarresta a aquellas dimensiones de la incomprensión que condujeron a la pena abrumadora o al enojo que sopesamos en la Primera Parte.

La lucha por comprender el *Qué*

¿Qué sucedió en la cruz? Hasta un punto el Nuevo Testamento nos ofrece el relato de la misma, claro y profundo, en los cuatro Evangelios. Pero esto también lo resume Pablo (o hasta un credo anterior que este cita): «Ante todo les transmití a ustedes lo que yo mismo recibí: que Cristo murió por nuestros pecados según las Escrituras, que fue sepultado, que resucitó al tercer día según las Escrituras» (1 Corintios 15:3-4).

Y la simpleza infantil del himno de Cecil Frances Alexander lo capta:

> *Hay una verde colina a lo lejos*
> *Fuera del muro de la ciudad*
> *Donde crucificaron al amado Señor*
> *Quien murió para salvarnos a todos.*
> *Puede que no lo sepamos, que no lo digamos*
> *Qué dolores tuvo que soportar;*
> **Pero creemos que fue por nosotros**
> *Allí estuvo colgado y sufrió.* (énfasis mío)

Dimensiones del pecado y la expiación

A otro nivel, el Nuevo Testamento continúa para contarnos todo lo que Dios ha realizado por nosotros a través de este hecho único. Ahora bien, ya en la Primera Parte hemos meditado en el logro cósmico de la cruz. Es decir, la muerte de Cristo fue el clímax de la victoria de Dios que consiguió la derrota definitiva de Satanás y que significa la destrucción final de todo lo malo en el universo. En la Cuarta Parte veremos que nuestra maravillosa certidumbre futura en la nueva creación está también fundada sobre la cruz y la resurrección de Jesucristo. Estas son las grandes realidades abarcadoras y universales que la cruz ha logrado para toda la creación. Nunca podemos reducir la cruz a la pequeña escala de nuestra propia salvación. La salvación personal no es más que una dimensión infinitamente preciosa de la total obra redentora de Dios de toda su creación.

En esta sección nos concentramos en la cruz en relación con nosotros mismos —como pecadores humanos— y en la expiación que la Biblia nos dice que Dios logró para nosotros a través de la muerte de Cristo. El Nuevo Testamento tiene tantas maneras de hablarnos de eso, que la lista es impresionante. Es difícil tocar un solo punto sin terminar llorando en una alabanza agradecida.

El efecto del pecado en cada ser humano y en todos los humanos juntos está ampliamente descrito en la Biblia, y la extensión de lo que Dios ha logrado para nosotros sobre la cruz es correspondientemente extensa. Es tan extensa, de hecho, que es imposible describirla de una única manera. Así que la Biblia utiliza varias metáforas diferentes para precisar la infinita realidad de la expiación. Todas son diferentes maneras de mirar la misma cosa fundamental.

No obstante, es importante no pensar o hablar de estas cosas solo como «metáforas», como si estas no se refirieran a algo real. Una metáfora es una manera de tratar de comunicar lo que una cosa es, por referencia a otra cosa con la que estamos familiarizados. Si digo: «El presidente es un pato cojo», mi metáfora significa que se ha vuelto débil y vulnerable. No quiero decir en absoluto que él no sea realmente el presidente. Las metáforas nos ayudan a captar alguna realidad y enfocarnos sobre alguna dimensión de su significado o importancia.

La expiación es una gran realidad cósmica, un logro de Dios que se levanta como la mayor verdad del universo. Pero la amplitud y profundidad de esa expiación es mayor de lo que se puede captar de una sola manera. Tenemos que mirar a esta contundente realidad desde muchos ángulos diferentes. Esto es lo que hace el Nuevo Testamento a través de sus distintas metáforas y lo que hacen los teólogos cuando tratan de explicar la expiación.

Aquí hay algunas de las maneras en que la Biblia enseña claramente que los seres humanos están en una necesidad desesperada, y las correspondientes formas en las que la cruz satisface esas necesidades. Por el momento, solo las relacionaremos. En el capítulo 8 necesitaremos meditar en algunas de ellas un poco más profundamente, allí donde estas se prestan a algún malentendido.

Regreso al hogar

El pecado nos lleva lejos de Dios. Como Caín, vagamos dentro de nuestro propio desierto, alejados de Dios y sintiéndonos cada vez más separados de la bondad, el gozo, la paz y la realización en la que estábamos destinados a participar como seres humanos en el mundo de Dios. *Enajenación y exclusión* están entre las más dolorosas cosas que alguien puede soportar, y que el pecado impone a todos los seres humanos en un nivel fundamental. Estamos cortados y excluidos de Dios, apartados de su gracia. Pero a través de la cruz, *Dios nos trae de regreso*. Utilizando la historia del Antiguo Testamento, Pablo dice a los creyentes gentiles que a diferencia de estar lejos de Dios y de su obra salvadora, ahora se les ha conducido a ella.

> Por lo tanto, recuerden ustedes los gentiles de nacimiento —los que son llamados «incircuncisos» por aquellos que se llaman «de la circuncisión», la cual se hace en el cuerpo por mano humana—, recuerden que en ese entonces ustedes estaban separados de Cristo, excluidos de la ciudadanía de Israel y ajenos a los pactos de la promesa, sin esperanza y sin Dios en el mundo. Pero ahora en Cristo Jesús, a ustedes que antes estaban lejos, Dios los ha acercado mediante la sangre de Cristo [...] Por lo tanto, ustedes ya no son extraños ni extranjeros, sino conciudadanos de los santos y miembros de la familia de Dios.
>
> —Efesios 2:11-13, 19

Misericordia

Nuestra pecaminosa rebelión contra el amor de Dios incurre en el *enojo* de Dios, el cual por un momento significa el cese de su amor, pues el amor es el verdadero ser y la naturaleza de Dios. Todos nosotros, dice Pablo, judíos y gentiles, estamos bajo la ira de Dios, que es tanto una realidad presente como futura (como en «la ira venidera»). Pero debido a lo que hizo Dios a través de Cristo en la cruz, nos ha hecho destinatarios de su *misericordia y bondad*.

> Como los demás, éramos por naturaleza objeto de la ira de Dios. Pero Dios, que es rico en misericordia, por su gran amor por nosotros, nos dio vida con Cristo,

aun cuando estábamos muertos en pecados. ¡Por gracia ustedes han sido salvados! [...] que por su bondad derramó sobre nosotros en Cristo Jesús.

—Efesios 2:3-7

Redención

El pecado nos coloca en la *esclavitud*, una servidumbre de la que tenemos que ser liberados. Pero la redención siempre viene acompañada de un costo. Dios decidió asumir ese costo él mismo en la dádiva de su Hijo, quien vino «para dar su vida en rescate por muchos» (Marcos 10:45). En él, por lo tanto, «tenemos la redención mediante su sangre, el perdón de nuestros pecados» (Efesios 1:7). La cruz significa indulto y libertad para los cautivos.

Este aspecto del logro de la cruz (la redención) está vinculado al punto anterior en cuanto a la victoria de Dios sobre el mal en sí mismo. Cualquier cosa que sea el mal y cualquiera que sea la fuente y la naturaleza de su terrible poder avasallador, Dios en Cristo ha propinado el golpe fatal que por último lo destruirá para siempre. En esa gran victoria de Dios descansa nuestro rescate, nuestra redención, modelada para nosotros en la historia del Éxodo del Antiguo Testamento, cuando Dios liberó a los israelitas de la opresión del faraón de Egipto.

Perdón

Hemos ofendido a Dios personal y relacionalmente. Unas *relaciones quebrantadas* solo pueden enmendarse cuando se ofrece y se acepta un perdón. Eso también es costoso, porque el ofendido que perdona decide asumir el dolor y el costo de la ofensa antes que esgrimirla contra el perdonado. El Nuevo Testamento siempre vincula el perdón que Dios nos ofrece a la cruz de Cristo, porque ahí es donde el propio Dios se hizo cargo del costo de nuestra ofensa contra su amor. Esta relación rota se puede sanar, pero solo porque Dios decide «soportar» la ofensa, llevarla con todo su dolor y costo en sí mismo a través de Cristo, y no esgrimirla contra nosotros. La más temprana predicación de la cruz y la resurrección de Jesús dos veces en Hechos presenta el perdón de los pecados como el resultado primordial del arrepentimiento y la fe en el Cristo crucificado (Hechos 2:23-24, 38; 3:15-19).

Reconciliación con Dios

El pecado nos hace *enemigos de Dios*. Hace falta que haya *reconciliación* a fin de eliminar esa enemistad. Eso también fue parte del éxito de la cruz.

Si, cuando éramos enemigos de Dios, fuimos reconciliados con él mediante
la muerte de su Hijo, ¡con cuánta más razón, habiendo sido reconciliados,
seremos salvados por su vida! Y no solo esto, sino que también nos regocija-
mos en Dios por nuestro Señor Jesucristo, pues gracias a él ya hemos recibido
la reconciliación.

—Romanos 5:10-11

En otro sitio, Pablo aclara otra vez que este acto de reconciliación no fue
un encubrimiento barato. Implicaba la identificación del mismo Cristo con
nuestro pecado en su muerte, de tal manera que Dios no esgrime nuestro pecado contra nosotros y hace posible de esa manera que la reconciliación tenga
lugar.

Todo esto proviene de Dios, quien por medio de Cristo nos reconcilió consigo
mismo y nos dio el ministerio de la reconciliación: esto es, que en Cristo, Dios
estaba reconciliando al mundo consigo mismo, no tomándole en cuenta sus
pecados y encargándonos a nosotros el mensaje de la reconciliación [...] Al
que no cometió pecado alguno, por nosotros Dios lo trató como pecador,
para que en él recibiéramos la justicia de Dios.

—2 Corintios 5:18-21

La reconciliación de unos con los otros

El pecado nos hace también enemigos unos de otros. Después de la Caída,
la humanidad estalla en enemistades por todos lados a partir de la historia de
Caín y Abel. Ya en la época del Nuevo Testamento, aun la necesaria diferencia
entre Israel, el pueblo de Dios, y las naciones gentiles también se había convertido en enemistad. Esta era la gran barrera entre judíos y gentiles, simbolizada
en las regulaciones de las comidas limpias y no limpias.

Pero el plan de salvación de Dios, prometido primero a Abraham, se ex-
tendía a todas las naciones. De manera que a la larga la barrera entre judíos y
gentiles tenía también que ser destruida. Y eso es exactamente lo que logró la
cruz. Pablo usa tres veces la palabra «paz» en un breve pasaje de Efesios que
describe este proceso. Cristo *es* nuestra paz; Cristo *ha hecho* la paz; y Cristo
vino y *predicó* la paz, y todo esto es a través de la cruz. Así que, una poderosa
parte del mensaje de la cruz no solo es que nos vuelve de enemigos de Dios en
sus amigos, sino que *también faculta a los enemigos humanos para que se recon-
cilien entre sí, a través de Cristo.*

Pero ahora en Cristo Jesús, a ustedes que antes estaban lejos, Dios los ha acercado mediante la sangre de Cristo. Porque Cristo es nuestra paz: de los dos pueblos ha hecho uno solo, derribando mediante su sacrificio el muro de enemistad que nos separaba, pues anuló la ley con sus mandamientos y requisitos. Esto lo hizo para crear en sí mismo de los dos pueblos una nueva humanidad al hacer la paz, para reconciliar con Dios a ambos en un solo cuerpo mediante la cruz, por la que dio muerte a la enemistad. Él vino y proclamó paz a ustedes que estaban lejos y paz a los que estaban cerca. Pues por medio de él tenemos acceso al Padre por un mismo Espíritu.

—Efesios 2:13-18

Justificación

El pecado nos hace *culpables* delante de Dios y merecedores del castigo de Dios. En la cruz Dios tomó esa culpa y castigo sobre sí mismo en la persona de su Hijo. «El Señor hizo recaer sobre él la iniquidad de todos nosotros» (Isaías 53:6). «Él mismo, en su cuerpo, llevó al madero nuestros pecados» (1 Pedro 2:24). Por lo tanto nos mantenemos delante de Dios *no* culpables, en la *justicia* de Cristo. Debido a la cruz somos justificados y declarados justos; esto es, estamos reconciliados con Dios y ya no enfrentamos las dolorosas consecuencias de nuestro pecado. Recibimos "la justicia de Dios" (2 Corintios 5:21).

Limpieza

El pecado nos *ensucia*. La impureza del Antiguo Testamento era un estado en el cual resultaba imposible llegar a la presencia de Dios. Entre los efectos de la sangre de los animales sacrificados en el Antiguo Testamento estaba la remoción de la impureza y la capacidad de la persona para volver a la comunión con Dios y a la asamblea de su pueblo. El Nuevo Testamento habla del poder *purificador* de la sangre del sacrificio de Cristo, el cual es uno de los aspectos para llamarlo «el Cordero de Dios».

La sangre de su Hijo Jesucristo nos limpia de todo pecado [...] Si confesamos nuestros pecados, Dios, que es fiel y justo, nos los perdonará y nos limpiará de toda maldad [...] Él es el sacrificio por el perdón de nuestros pecados, y no solo por los nuestros sino por los de todo el mundo.

—1 Juan 1:7—2:2

Nueva vida

La *muerte* es el gran invasor y enemigo de la vida humana en el mundo de Dios. Desde el huerto del Edén, hemos estado sujetos a la muerte, tanto físicamente como espiritualmente. O sea, no solo morimos físicamente, sino también estamos espiritualmente muertos en el pecado, cortados de la vida de Dios (Efesios 2:1). De manera que necesitamos lidiar con la realidad de la muerte en su sentido más amplio, porque es obvio que no podemos hacer nada sobre esto por nosotros mismos.

Y esto es también lo que Dios logró y que nos ofrece a través de la cruz. Porque por la muerte de Cristo quebró «el poder de aquél que posee el poder de la muerte, esto es, el diablo» (Hebreos 2:14). De manera que la cruz también se convierte en la entrada a una nueva vida, a la vida resucitada de Cristo, la cual es la vida de Dios. «Pero Dios, que es rico en misericordia, por su gran amor por nosotros, *nos dio vida* con Cristo, aun cuando estábamos muertos en pecados. ¡Por gracia ustedes han sido salvados!» (Efesios 2:4-5, el énfasis es mío).

¡Qué catálogo de salvación! Debido a la cruz, la Biblia nos dice que podemos ser transformados de vagabundos, rebeldes, delincuentes culpables, esclavos del pecado, enemigos de Dios y de los demás, inmundos y muertos espirituales, a seres que están con Dios, bajo la sonrisa de su misericordia y perdón, rescatados de la cautividad, en paz con Dios y los antiguos enemigos, lavados y limpios, y vivos por toda la eternidad.

¿Tiene un significado especial para usted alguna de estas maravillosas representaciones de la salvación? Por supuesto, cada aspecto de la expiación trae un gozo y un alivio únicos y puede ser particularmente significativo para nosotros de diferentes maneras. A mí me gustan todos, como debe ser, porque son dimensiones esenciales de la verdad. No están allí para que tomemos y escojamos nuestros favoritos e ignoremos los demás. Necesitamos asirnos de todo lo que Dios ha hecho por nosotros con las dos manos de la fe y el amor agradecidos.

Así y todo, mientras creo y me regocijo en todas estas grandes verdades, he encontrado que el poder purificador de la cruz es especialmente precioso. Es maravilloso saber que Dios ha perdonado mi pecado, y de alguna manera es aun más pasmoso saber que lo ha limpiado del todo como la suciedad en un baño caliente. Por supuesto que soy un hombre. Dicen que el 90% de los hombres tienen problemas con la lujuria, y el otro 10% miente. No sé si este es un tipo de tentación que disminuye con la edad (no tanto, es todo lo que puedo decir), pero perturbó mi conciencia mucho cuando era un adulto joven. Se lo conté a un consejero cristiano mayor una vez mientras caminábamos por horas alrededor de un lago. Al final, nos sentamos y me puso una mano sobre la cabeza y oró con estas palabras, que desde entonces siempre me han acompañado:

«Señor, gracias porque Chris es tu hijo y está limpio, porque está en tus manos. Porque tu mano no tocaría nada, excepto con el propósito de limpiarlo a través de la sangre de Cristo».

Me sentí tan aliviado por esas palabras purificadoras que fui a nadar al lago inmediatamente después, y sentí como un sacramento que limpiaba mi alma. Lo que siempre he creído en mi cabeza sobre la cruz se convirtió en una realidad en mi corazón. Eso no ha eliminado la tentación ni significa que nunca he vuelto a pecar de esa manera, pero sé adónde acudir enseguida para una confesión y una refrescante limpieza. Tampoco quiero sugerir de ninguna manera que la lujuria sea el único pecado que nos ensucie delante de Dios, pero la mayoría de las veces se siente internamente de esa manera. Son maravillosas las palabras de Juan de que «Dios, que es fiel y justo, nos los perdonará [los pecados] y nos limpiará de toda maldad» (1 Juan 1:9).

Creemos que eso fue por nosotros

Pero ¿cómo marcó la cruz tal colosal diferencia en todas estas dimensiones, y en muchas más? ¿Qué hizo Dios? ¿Qué hizo Jesús (recordando, por supuesto, mientras enfatizamos de nuevo brevemente, que estas cosas constituyen en un final la misma cuestión, porque Dios «estaba en Cristo reconciliando al mundo consigo mismo»)?

La clave de la respuesta es que Dios, a través de Jesús, hizo lo que no podíamos hacer por nosotros mismos. Dios se puso en nuestro lugar e hizo lo que hizo para beneficio nuestro. Dios en Cristo se puso en nuestro lugar, a fin de llevar en sí mismo lo que nosotros hubiéramos sufrido a causa de nuestro pecado, y a fin de ganar para nosotros lo que hubiéramos perdido eternamente.

La cruz fue, en lo fundamental, en lo profundo, *para nosotros.*

Uno de los sumarios más tempranos del mensaje cristiano (probablemente acuñado aun antes que los seguidores del Camino de Jesús fueran llamados por primera vez cristianos) interpreta sucintamente la cruz de esta manera. Pablo había recibido y predicado esta versión del evangelio cristiano esencial:

> Ante todo les transmití a ustedes lo que yo mismo recibí: que *Cristo murió por nuestros pecados* según las Escrituras, que fue sepultado, que resucitó al tercer día según las Escrituras.
>
> —1 Corintios 15:3-4 (énfasis añadido)

Jesús había allanado el camino para este conocimiento interpretando por adelantado su muerte como el cumplimiento del sacrificio de la Pascua, en el cual el sacrificio de los corderos preservaba la vida de los primogénitos de los israelitas en la noche del éxodo. La sangre de los corderos de la Pascua era «para ellos». La acción de Jesús tuvo el mismo significado, pero sus palabras aclararon que él mismo era el sacrificio, con su propio cuerpo y sangre.

> También tomó pan y, después de dar gracias, lo partió, se lo dio a ellos y dijo:
> —*Este pan es mi cuerpo, entregado por ustedes*; hagan esto en memoria de mí.
> De la misma manera tomó la copa después de la cena, y dijo:
> —Esta copa es el nuevo pacto en mi sangre, que es *derramada por ustedes*.
>
> —Lucas 22:19-20 (énfasis añadido)

En la versión de Mateo, la última frase dice «que es derramada por muchos para el perdón de pecados» (Marcos 26:28)[5].

Jesús interpretó también su propia muerte en términos del Siervo sufriente de Dios del libro de Isaías. En el pasaje central, la muerte del Siervo se presenta de la manera más clara posible como vicaria y sustitutiva, es decir, a favor de y en lugar de otros.

> Él fue traspasado por nuestras rebeliones,
> y molido por nuestras iniquidades;
> sobre él recayó el castigo, precio de nuestra paz,
> y gracias a sus heridas fuimos sanados.
> Todos andábamos perdidos, como ovejas;
> cada uno seguía su propio camino,
> pero el Señor hizo recaer sobre él
> la iniquidad de todos nosotros.
>
> —Isaías 53:5-6

De las palabras del profeta, a través de los labios de Jesús, a la pluma del apóstol, nos llega el mismo mensaje una y otra vez: *Jesús tomó nuestro lugar.*

Al que no cometió pecado alguno, por nosotros Dios lo trató como pecador, para que en él recibiéramos la justicia de Dios.

—1 Corintios 5:21

Cristo nos rescató de la maldición de la ley al hacerse maldición por nosotros, pues está escrito: «Maldito todo el que es colgado de un madero».

—Gálatas 3:13

Él mismo, en su cuerpo, llevó al madero nuestros pecados, para que muramos al pecado y vivamos para la justicia. Por sus heridas ustedes han sido sanados.

—1 Pedro 2:24

Hace un momento hablábamos de cómo la Biblia utilizaba diferentes metáforas como medios de transmitir la multifacética verdad sobre lo que Dios logró a través de la cruz de Cristo y lo que ese logro puede significar para nosotros cuando ponemos nuestra fe en él. Sin embargo, esta afirmación básica, que está en el centro de la interpretación bíblica de la cruz (a saber, que fue un acto de Dios en el cual Dios en Cristo se colocó en nuestro lugar en un acto de sustitución para nuestro beneficio) no es realmente una metáfora.

Como se dijo, una metáfora es una forma de utilizar una realidad a fin de presentar la verdad de una realidad diferente. Las metáforas son una parte común y necesaria de la vida y el lenguaje humanos. De esta manera, por ejemplo, vemos la realidad de un esclavo o un rehén liberado, y decimos: «*Esa* realidad de la vida ordinaria expresa una verdad sobre *esta* realidad de la cruz. La cruz es una forma de redención. Comprar la libertad de los esclavos nos da una imagen de lo que Dios ha hecho por nosotros al pagar el precio de nuestra redención a través de la muerte de su Hijo».

Pero el acto de sustitución no parece ser *otra cosa* que podemos utilizar como un medio de hablar sobre una realidad *diferente*; es decir, lo que Dios hizo en la cruz. Antes bien, hay algo *esencialmente* inescapable sobre esto. La sustitución no es una metáfora de lo que hizo Dios; es lo que en realidad hizo. Dios de veras decidió colocarse en un lugar donde debíamos estar nosotros, para hacer por nosotros lo que no haríamos por nosotros mismos. Lo que John Stott ha llamado la «auto-sustitución» de Dios en beneficio nuestro no es una metáfora entre otras, sino la realidad esencial, que después se presenta para nuestra comprensión, a través de una variedad de metáforas y analogías que utiliza la Biblia para apreciar la vasta y rica realidad de todo lo que logró Dios por ese acto de «darse a sí mismo» y de auto-sustitución.

Tenemos que volver a esto en el siguiente capítulo, porque se puede prestar a una mala interpretación, pero para cerrar esta parte sería difícil formularlo mejor que el propio John Stott:

> Se puede decir, entonces, que el concepto de la sustitución es central en cuanto al pecado y la salvación. Porque la esencia del pecado es un hombre que se coloca en lugar de Dios, mientras que la esencia de la salvación es Dios que se coloca en el lugar del hombre. El hombre se declara contra Dios y se pone donde solo Dios merece estar; Dios se sacrifica por el hombre y se pone donde solo el hombre merece estar. El hombre toma prerrogativas que pertenecen solamente a Dios; Dios acepta penalidades que solo le pertenecen al hombre[6].

Soportando vergüenza y rudas burlas
Condenado a mi lugar estaba;
Selló mi perdón con su sangre;
¡Aleluya! ¡Qué Salvador![7]

Notas

1. Del himno de Charles Wesley: «And Can It Be».
2. De «We Sing the Praise of Him Who Died», por Thomas Kelly.
3. De «My Song Is Love Unknown», por Samuel Crossman. Vea www.cyber-hymnal.org/htm/m/y/mysongis.htm
4. Del himno de Charles Wesley: «And Can It Be».
5. La razón por la cual hay varios relatos de las palabras de Jesús durante la Última Cena es probablemente que no entonó unas cuantas frases de la liturgia, sino que repitió y expandió lo que dijo y lo que quería decir de manera que se pudiera captar la profundidad de lo que decía.
6. John R. Stott: *The Cross of Christ* (Intervarsity Press, Leicester, 1986), p. 160.
7. De «"Man of Sorrows", What a Name», por Philip Bliss.

7

LA CRUZ: ¿CÓMO?

Retornamos del porqué y el qué al cómo de la cruz. Lo que hacemos es movernos del intento de comprender la motivación detrás de la cruz y el logro de la cruz a tratar de explicar el mecanismo por medio del cual ella «dio resultado».

Hay cierto sentido en el cual nuestra respuesta va a ser algo similar. Si preguntamos: «¿Por qué Dios nos ama lo suficiente como para enviar a Jesús a la cruz?», la respuesta es: «Porque lo hizo». Y si preguntamos: «¿Cómo la cruz logró nuestra salvación?», la respuesta es: «Porque ella lo hizo».

Pero por supuesto, no nos contentamos con detenernos ahí, y tampoco lo hace la Biblia. Como vimos, el Nuevo Testamento nos da muchas metáforas para ayudarnos a comprender la cruz. Y a todo lo largo de la edades, los teólogos cristianos han luchado por encontrar medios de explicar cómo la muerte de Jesús sobre la cruz provocó la expiación entre Dios y nosotros. Este no es el lugar para examinar todas las teorías que se han propuesto; muchos libros lo hacen. Alguna vez las teorías han estado incorporadas culturalmente a particulares aspectos de la sociedad en el momento en que se desarrolló la teoría. Algunas de ellas no aparecen en la Biblia, y otras van más allá de lo que la Biblia dice.

Por lo general, sin embargo, el entendimiento evangélico de la cruz ha considerado su dimensión sustitutiva como fundamental. Como argumentamos al final del último capítulo, esta no es solo una metáfora entre muchas, sino que pertenece a la esencia de lo que dice la Biblia que sucedió en la cruz. No importa lo que podamos afirmar sobre la gloriosa complejidad de ese evento, esto permanece central: Jesús murió en mi lugar, llevando sobre sí mi pecado como un acto de amoroso sacrificio que emanaba del corazón de Dios. Esto no solo emerge de múltiples pasajes bíblicos sino que también fluye dentro de la devoción y el culto cristianos, expresado en innumerables himnos y cánticos. Como lo expresó Pablo con una sencillez más allá del tiempo: «Cristo murió por nuestros pecados según las Escrituras» (1 Corintios 15:3).

El cuestionamiento de la sustitución penal

En días recientes, sin embargo, ha habido un significativo desacuerdo aun entre los cristianos evangélicos sobre una forma particular de describir la naturaleza de esa sustitución. La frase «expiación *penal* sustitutiva» añade una dimensión específica al concepto de la sustitución en sí mismo. Esta ve el sufrimiento y la muerte que Jesús soportó sobre la cruz como un castigo de Dios por nuestro pecado, el cual Dios en Cristo soportó en lugar nuestro. El lenguaje se saca del mundo de la judicatura. En ese sentido se podría decir que toma prestada una metáfora forense para explicar con más detalle el significado de la propia sustitución. Dios es el juez. Los pecadores son culpables por haber violado la ley de Dios. La penalidad es la muerte. Pero Dios en Cristo soportó la penalidad en nuestro lugar, de manera que podemos recibir el perdón de Dios, ser declarados justos en la justicia de Cristo, y ganar la vida eterna en lugar de la muerte eterna, que es lo que sería la justa pena por nuestro pecado.

Los que ahora cuestionan o rechazan esta interpretación de la expiación lo hacen basados en cierto número de razones.

- Se dice que funciona sobre una percepción impersonal y mecanicista de Dios y su ley, como si la ley fuera algún tipo de tirano que está aun por encima del propio Dios, de manera que este no podría perdonarnos aun si lo quisiera si no se satisficiera la ley a través del castigo del culpable.
- Se dice que presenta a Dios como un ser violento, que arremete colérico contra nosotros, y solo deja de hacerlo al «permitírsele» arremeter con ira contra Jesús.
- Se dice que al inculcar la idea de que el único medio de lidiar con el pecado es la violencia (de Dios contra Jesús), se ha usado esta teoría para justificar actos de violencia de la iglesia y ha promovido «el mito de la violencia redentora» en la cultura popular occidental (o sea, la

respuesta de Hollywood a todo mal: repelerlo con una demostración de más poder de fuego de los buenos que de los malos).

- Se dice que, debido a que presenta a Dios siempre enojado, oscurece la verdad mayor de que Dios nos ama y quiere acogernos, sanarnos y restaurarnos.

- Se dice que, al hacerlo, termina siendo muy excluyente y contraproducente para la evangelización. Esta es una enorme preocupación de aquellos que están apasionados con la misión de la iglesia y a favor de una efectiva comunicación del evangelio.

- Se dice que surgió de una cultura obsesionada con el pecado y la culpa, a pesar de que estas palabras han llegado a carecer de sentido o han sido significativamente cambiadas en la cultura posmoderna. Las personas posmodernas no tienen consciencia del «pecado», de haber violado las leyes de Dios y ofendido la santidad de Dios. No hay culpa ni penalidad que se deba «pagar». Antes bien, solo hay una vergüenza que se debe curar. La cultura contemporánea recomienda una forma más terapéutica y menos forense.

- Se dice que la idea en su conjunto es en cualquier caso inmoral, porque el procedimiento judicial formal se retrae ante la posibilidad de castigar a una persona inocente en lugar de a una culpable y dejar salir libre al culpable.

El problema verdadero es que muchas cosas de las que se quejan los oponentes a la sustitución penal deben rechazarse, porque no son lo que la Biblia (o los teólogos evangélicos) enseñan sobre ello. El peligro, como en muchas disputas como esta, es que la gente dibuje una caricatura y entonces ataquen eso.

Una de las peores de tales caricaturas es que la idea de Jesús soportando el castigo de Dios por nuestro pecado no es otra cosa que una forma cósmica de abuso infantil. Se le presenta como un Padre malvado y vengativo que asalta a su Hijo inocente con torturas y una muerte violenta, al parecer solo para aplacar su furia contra otros (nosotros). Con mucha razón, esa espantosa idea se rechaza como una distorsión grotesca de cómo la Biblia habla de Dios, la cruz y nosotros.

Pero el problema es que, incluso aquellos que conceden que algo así no es sino una caricatura, a veces siguen haciendo contrastes retóricos con ella, lo cual solo sirve para confundir o distorsionar las principales afirmaciones bíblicas. O sea, que en términos coloquiales, a veces parecen tirar un muy precioso bebé bíblico con el agua turbia de la bañadera de las confusas percepciones populares.

En el Reino Unido, el debate alrededor del tema ha continuado por algún tiempo, pero cayó bajo una lupa con la publicación del libro *The Lost Message of Jesus*, de Steve Chalke y Alan Mann. El libro presenta un poderoso y apasionado caso a favor de la necesidad de presentar la naturaleza radical de Jesús y su mensaje de manera que se acople con nuestras culturas moderna y postmoderna. Este es un libro de mucha importancia y dice cosas necesarias. No obstante, lo que inició la controversia fue un simple párrafo en el cual argumentan que el punto de vista de la sustitución penal es una contradicción de la propia Biblia (nunca utilizaron las palabras «sustitución penal», pero es bastante obvio la que tenían en mente).

> El hecho es que la cruz no es una forma cósmica de abuso infantil: un Padre vengativo que castiga a su Hijo por una ofensa que este ni siquiera cometió. Es comprensible que personas dentro y fuera de la iglesia hayan encontrado esta versión tergiversada de los hechos como moralmente dudosa y una enorme barrera para la fe[1].

Por supuesto, inmediatamente queremos concordar de todo corazón con la negativa contenida en la primera oración y estar de acuerdo con la segunda en que una idea como esa es «una visión distorsionada de los hechos». Pero las oraciones circundantes introducen *un contraste entre la ira de Dios y el amor de Dios,* que creo que es fundamentalmente falso. Miremos ese punto y entonces ocupémonos de varios otros contrastes que me parecen igualmente confusos en todo este debate.

¿La ira de Dios o el amor de Dios... o ambos?

He aquí cómo Chalke y Mann explican la «caricatura» citada arriba:

> El Evangelio de Juan declara genialmente: «Porque tanto amó Dios al mundo, que dio a su Hijo unigénito» (Juan 3:16). ¿Cómo, entonces, hemos llegado a creer que en la cruz este Dios de amor decidió de pronto ventilar su ira y enojo contra su propio Hijo?
> [después de las dos oraciones citadas arriba]. Más profundo que eso, sin embargo, es que tal concepto está en total contradicción con la declaración: «Dios es amor». Si la cruz es un acto de violencia perpetrado por Dios contra

la humanidad, pero sufrido por su Hijo, convierte en una burla la enseñanza de Jesús de amar a nuestros enemigos y no pagar mal con mal.

¿Ve usted la supuesta contradicción? Si usted de veras cree en el amor de Dios, no puede creer que este podría estar iracundo, o que de ninguna manera podría estar iracundo contra Jesús. En realidad, casi todos los teólogos cristianos han rehusado describir la cruz en términos rudos y burdos: «Dios estaba enojadísimo con Jesús». Pero Chalke y Mann lo escriben de esta manera como si los que afirman la sustitución penal de hecho lo creyeran. No obstante al ridiculizar la idea de que Dios flageló iracundo a Jesús, parecen implicar que *la idea de que Dios estaba airado es cuestionable*.

Sin embargo tenemos que protestar que tal contraste es bíblicamente falso y superficial. Es imposible leer la Biblia en su conjunto y no reconocer la realidad de la ira de Dios. Podría llenar el resto de este libro con textos tomados de toda la Biblia que hablan de eso (del Antiguo y el Nuevo Testamento, como vimos en el cap. 4). Pero a continuación también insistiría en que es imposible leer la Biblia como un todo y separar la ira de Dios del amor de Dios, porque están intrínsecamente vinculados.

Dios es amor. El amor es el ser, la naturaleza y el carácter de Dios. Dios actúa con amor leal en todo lo que hace (Salmo 145:17); o quizá, hacia todo lo que ha hecho. Todo en el universo suscita el amor de Dios y es el objeto de este. No hay nada en todo el universo creado que Dios no ame, con una sola excepción.

Solo una cosa en el universo suscita la ira de Dios, y esta es el mal. ¿Por qué? Porque la misma esencia del mal es resistir, rechazar, rehusar el amor de Dios. El mal es en esencia rebelión contra los buenos propósitos de Dios. El mal busca frustrar todos los buenos propósitos que Dios trata de lograr para su creación, y eso pone a Dios iracundo. ¿Qué tipo de Dios sería si no se pusiera iracundo con todo lo que trata de destrozar su buena creación?

Es precisamente porque ama mucho al mundo que Dios se enoja contra todo lo que desafía la bondad de lo que quiere para su mundo. Si Dios no amara al mundo, no se enojaría con el mal. Si Dios no se enojara con el mal, no podría decir que ama de veras al mundo. La ira es el reflejo totalmente justificado del amor cuando este se frustra o lo traicionan. ¿Quisiera usted que lo amara un Dios que no estuviera enojado con el mal?

Miroslav Volf es un teólogo cristiano de Croacia. Este dice que acostumbraba a sostener el novedoso punto de vista que descartaba la ira de Dios, y que la idea de un Dios iracundo era de alguna forma incompatible con el amor de Dios. Pero entonces llegó la guerra a su país. Se cometieron terribles atrocidades. Volf se encontró extremada y justificadamente iracundo. Entonces pensó: si *Dios* no está iracundo ante esta injusticia y crueldad, no es un Dios digno de que se le adore. Solo si Dios *está* iracundo contra ese mal es digno de amor o de que lo amemos.

Acostumbraba a pensar que la ira era indigna de Dios. ¿No es Dios amor? ¿No debe la ira estar más allá del amor de Dios? Dios es amor, y Dios ama a toda persona y toda criatura. Ese es exactamente el porqué de que Dios está iracundo contra algunos de ellos. Mi última resistencia a la idea de la ira de Dios fue una víctima de guerra en la antigua Yugoslavia, la región de donde vengo. De acuerdo a algunos estimados, 200.000 personas murieron y 3.000.000 fueron desplazadas. Mis aldeas y ciudades fueron destruidas, mi pueblo bombardeado día tras día, a algunos de ellos se les trató con una brutalidad inimaginable, y yo no podía imaginar que Dios estuviera iracundo. O piense en Rwanda en la última década del siglo pasado, ¡donde se asesinó a machetazos a 800.000 personas en cien días! ¿Cómo reaccionó Dios a la masacre? ¿Mimando a los perpetradores a la manera de un abuelo? ¿Rehusó condenar el baño de sangre, y en lugar de eso afirmó la bondad esencial de los perpetradores? ¿No estaba Dios fieramente iracundo con ellos? Aunque acostumbraba a quejarme de la indecencia de la idea de la ira de Dios, llegué a pensar que tendría que rebelarme contra un Dios *que no estuviera* iracundo en presencia de la maldad del mundo. Dios no está iracundo a pesar de que ama. Dios está iracundo porque Dios es amor[2].

Hace unos cuantos años mi esposa y yo nos sentamos alrededor de una mesa con una mujer en extremo angustiada. Su esposo estaba comportándose de una manera inexplicablemente odiosa y lanzando su matrimonio a un torbellino de indicios contradictorios. Ella estaba visible y abiertamente enojada con él por su comportamiento poco escrupuloso. Pero entonces exclamó a través de sus lágrimas: «Pero lo amo mucho. Solo quiero que regrese».

Eso es todo, ¿no es así? Eso es totalmente comprensible y está justificado. El amor y la ira van juntos cuando el amor se alza contra la maldad. Si ella no lo hubiera amado tanto, no hubiera estado tan enojada con él y lo que él hacía. Si no hubiera estado enojada por su comportamiento, habría significado que no lo amaba, sino que le era indiferente. Su ira y su amor eran emociones simultáneas dentro del mismo pecho, hacia la misma persona. ¿Por qué, entonces, decimos que son contradictorios en Dios?

En realidad, Chalke y Mann dejan fuera un espacio vital de Juan 3:16 en la cita anterior. Dios dio a su único Hijo, de manera que todos los que creyeran en él *no perecieran*, sino tuvieran vida eterna. ¿Pero por qué estábamos en peligro de perecer? No solo porque somos mortales, sino, como enseña claramente Jesús en todos los cuatro Evangelios, porque perecer es lo que les sucede a quienes permanecen en su maldad bajo la ira de Dios sin llegar nunca a arrepentirse en fe. El amor de Dios por el mundo en Juan 3:16 no excluye la ira de Dios, sino que la da por sentada; conoce las terribles consecuencias de ella, y provee el remedio para ella.

> Así que, aunque es sin duda correcto evitar referirse a la cruz como si Dios estuviera enojado con el propio Jesús, es sin duda erróneo separar la muerte de Jesús de lo que dice la Biblia sobre el enojo de Dios con el pecado, porque fue nuestro pecado lo que Jesús llevó sobre sí. En su útil libro sobre este tema, *Aspects of the Atonement*, Howard Marshall cita del gran teólogo escocés P. T. Forsyth: «Hay una penalidad y una maldición por el pecado; y Cristo aceptó entrar en esa región [...] Es imposible que digamos que Dios estaba enojado con Cristo; pero aun así Cristo pasó a estar bajo la ira de Dios»[3].

La maravillosa paradoja, que está más allá de nuestra comprensión, es que la cruz fue a la vez la efusión de la ira de Dios y la efusión del amor de Dios. Porque en su amor por nosotros, Dios concentró en Cristo su ira contra el pecado. Por esa razón, dos de las líneas del maravilloso himno «In Christ Alone» de Stuart Townend podrían modificarse en aras de un significado de mayor plenitud bíblica. Townend escribió,

> ...*hasta que sobre esa cruz mientras Jesús moría*
> *la ira de Dios se satisfacía.*
> *Sería igualmente bíblico y verdadero y probablemente mejor cantar,*
> ...*hasta que sobre esa cruz mientras Jesús moría*
> *la ira y el amor de Dios se satisfacían.*

¿El Padre o el Hijo... o ambos?

El siguiente falso contraste que tiene que ser rechazado de plano es la idea de un Padre iracundo y un Hijo víctima, como si se hallaran enfrentados el uno contra el otro. Como vimos, esto se sugiere en el libro de Chalke y Mann. Aquí es donde aquellos que rechazan la sustitución penal se oponen correctamente a lo que por desdicha es una manera común de presentar la cruz a nivel popular.

En un intento por encontrar analogías modernas a la verdad de que Jesús llevó nuestro pecado, la predicación popular, las charlas infantiles, y cosas parecidas tienden a trabajar con tres partes independientes en la acción. Hay un Dios, con su ira y sentencias de muerte. Están los seres humanos expuestos a la ira y a punto de ser condenados. Pero entonces hay un Jesús que se coloca en nuestro lugar y Dios lo castiga más bien a él. Entonces podemos salir libres.

El problema es que esta presentación popular, y todas las diferentes variedades de ilustraciones que se usan para «explicarla», destruyen lo fundamental de la unidad de Padre e Hijo en la obra total de nuestra salvación. Introducen una cuña entre un Padre aparentemente iracundo y un Hijo amoroso, o un Padre que castiga y un Hijo inocente, o un Padre que exige y un Hijo que paga. En efecto, presenta la expiación como una obra teatral con tres actores (Dios, Jesús y nosotros), mientras que en realidad la expiación involucra solo dos partes (Dios y nosotros).

Ahora por supuesto, en este punto nos introducimos aun más en el misterio de la Trinidad, porque tenemos razón para distinguir las personas del Padre y el Hijo. Pero no podemos oponerlos el uno al otro de la manera que lo hace la predicación popular. La acción de cada uno constituye la acción de ambos, y los dos juntos constituyen la acción del único Dios. El Padre y el Hijo actúan en perfecta armonía en la obra de la expiación, y ambos pagan el precio. La profunda declaración de Pablo capta la verdad: «En Cristo, Dios estaba reconciliando el mundo consigo mismo» (2 Corintios 5:19).

John Stott hace énfasis en este punto de manera muy convincente. Y como es un punto tan vital y no lo puedo decir mejor, lo cito aquí en extenso. Refiriéndose a aquellos que hablan como si Jesús fuera «un individuo aparte de Dios y de nosotros, un tercer partido independiente», Stott dice que se exponen peligrosamente a interpretaciones distorsionadas de la expiación y traen descrédito a la verdad de la sustitución. Sigue diciendo:

> Ellos tienden a presentar la cruz de una de dos maneras: en función de si la iniciativa fue de Cristo o de Dios. En el primer caso se presenta a Cristo interviniendo para pacificar a un dios iracundo y arrancándole a regañadientes una salvación. En el otro, la salvación se adscribe a Dios, que procede a castigar al inocente Jesús en lugar de a nosotros, los pecadores culpables que

merecían el castigo. En ambos casos Dios y Cristo están separados uno del otro: o Cristo persuade a Dios o Dios castiga a Cristo. Lo característico de ambas presentaciones es que denigran al Padre. Renuente a sufrir él mismo, escoge como víctima más bien a Cristo. Renuente a perdonar, Cristo lo apremia a hacerlo. Se le ve como un ogro sin piedad cuya ira tiene que ser apaciguada, cuya poca inclinación a actuar tiene que ser superada por el amoroso autosacrificio de Jesús.

Al referirse a textos bíblicos como Isaías 53:6, donde se lee que «el Señor hizo recaer sobre él la iniquidad de todos nosotros», Stott señala que todos estos tienen contrapartes con el propio Cristo como sujeto, como, por ejemplo: «Él mismo, en su cuerpo, llevó al madero nuestros pecados» (1 Pedro 2:24). Asimismo, «tanto amó Dios al mundo, que dio a su Hijo unigénito» (Juan 3:16) se corresponde con «el Hijo de Dios, quien me amó y dio su vida por mí» (Gálatas 2:20). La perfecta combinación del Hijo que se da a sí mismo y la voluntad del Padre la capta Pablo cuando dice que «Jesucristo dio su vida por nuestros pecados para rescatarnos de este mundo malvado, según la voluntad de nuestro Dios y Padre» (Gálatas 1:3-4). Stott continúa:

> No tenemos libertad para interpretar [tales textos] de manera que impliquen que Dios obligó a Jesús a hacer lo que no quería hacer por sí mismo, o que Jesús fue una víctima renuente de la brutal justicia de Dios. Jesucristo sí llevó el castigo de nuestros pecados, pero Dios actuaba en Cristo y a través de Cristo al hacerlo, y Cristo estaba desempeñando su parte voluntariamente (p. ej., Hebreos 10:5-10).
>
> Entonces no tenemos que hablar de que Dios castigó a Jesús ni de que Jesús persuadió a Dios, porque hacerlo es colocarlos frente a frente como si actuaran independientemente uno del otro o estuvieran en conflicto el uno con el otro. Nunca podemos hacer a Cristo el objeto del castigo de Dios ni a Dios el objeto de la persuasión de Cristo, porque ambos, Dios y Cristo, eran sujetos no objetos, que tomaban la iniciativa juntos para salvar a los pecadores. Cualquier cosa que sucedió en la cruz en términos de «un abandono de Dios» fue aceptada voluntariamente por ambos con el mismo amor Santo que hizo necesaria la expiación [...] Si el Padre dio al Hijo, el Hijo «se dio a sí mismo». Si la copa de Getsemaní simbolizaba la ira de Dios, fue «dada» por el Padre (Juan 18:11) y voluntariamente «tomada» por el Hijo. Si el Padre «envió» al Hijo, el Hijo «vino». El Padre no impuso sobre el

Hijo un vía crucis que este estuvo renuente a soportar, ni el Hijo extrajo del Padre una salvación que este estuvo renuente a conceder. En ningún lugar del Nuevo Testamento hay sospechas de discordia entre el Padre y el Hijo, «ya sea del Hijo arrebatando un perdón de un Padre renuente o de un Padre demandando un sacrificio de un Hijo reacio». No había poca voluntad en ninguno de los dos. Por el contrario, sus voluntades coincidían en el perfecto autosacrificio de amor[4].

Así es como Donald MacLeod plantea el mismo punto, con un lenguaje más fuerte aun:

Jesús y el Padre eran uno (Juan 10:30) [...] Sobre el Calvario, Yahvé condena el pecado. Lo maldice. Lo saca fuera (Hebreos 13:12). Sin embargo, de igual manera, lo soporta. Se lo imputa a Sí mismo. Recibe la paga. Se convierte en su propiciación. Se convierte en el rescate del pecador. Se convierte hasta en el abogado del pecador: Dios con Dios. Ciertamente no podemos ignorar ni opacar la distinción entre Dios Padre y Dios Hijo. De la misma manera, sin embargo, tenemos que evitar el más grave peligro de considerar al Padre y al Hijo como seres diferentes. En último análisis, Dios expresa su amor por nosotros sin poner a otro a sufrir en nuestro lugar, sino tomando él mismo nuestro lugar. Asume todo el costo de nuestro perdón en sí mismo, extrayéndolo de sí mismo. Demanda el rescate. Provee el rescate. Se convierte en el rescate. Ese es el amor[5].

¿Culpa o vergüenza... o ambos?

Otra crítica del concepto de la sustitución penal viene de aquellos que argumentan que esta solo tiene sentido en culturas con una consciencia desarrollada de la culpa objetiva y personal. Eso significa que las personas tienen consciencia de la ley como algo que está por encima de ellas, de manera que si violan la ley, son objetivamente culpables, ya sea que alguien descubra alguna vez o no lo que hicieron. Pero en algunas culturas (p. ej., en muchas partes de Asia y el Medio Oriente), el problema no es tanto la culpa objetiva como la *vergüenza* social y subjetiva. Lo que cuenta en cualquier escenario de comportamiento o circunstancia no es si lo que hice estaba bien o mal de acuerdo con alguna ley externa, delante de la cual soy inocente o culpable, sino si lo que hice ha traído vergüenza sobre mí mismo, mi familia o aquellos que están cerca de mí, dentro de la estructura social en que habito. La culpa se experimenta como una carga insoportable de la conciencia, que enfrenta alguna norma exterior, como la ley de Dios; la vergüenza se experimenta como una insoportable destrucción de la autoestima al enfrentar a otros en la sociedad. Es precisamente «pérdida de prestigio».

Ahora aquellos que analizan estas cosas en relación con la misión cristiana están muy motivados para comunicar el mensaje del evangelio en términos que la gente pueda relacionarse con él y comprenderlo. En el mundo occidental, esto significa que tenemos que encontrar vías para conectarnos con el pensamiento de las personas que están formadas dentro de la post-modernidad. Esto es absolutamente correcto y necesario. Luchar con la dinámica cultural y los significados cambiantes de la culpa y la vergüenza es una parte vital para evangelizar con integridad y relevancia.

Vergüenza y post-modernidad

Una de las marcas del cambio posmoderno ha sido la pérdida de lo trascendente, o en todo caso, de cualquier trascendencia que se parezca al Dios de la cosmovisión cristiana. Las personas ya no tienen conciencia de un Dios personal y moral a quien han ofendido. El concepto bíblico del pecado ha perdido toda su actualidad o ha sido trivializado en demasía. Por lo tanto es natural que la culpa no sea algo objetivamente real en términos de nuestra relación con Dios.

La culpa es un déficit psicológico que se debe manejar con terapias, o una sutileza legal que se debe dirimir judicialmente. La culpa es más bien subjetiva, pero de hecho irreal e insana; o es objetiva, pero puramente horizontal dentro de las relaciones sociales. Para las personas que piensan así, tratar de explicar la cruz en términos de Jesús tomando sobre sí nuestra culpa delante de Dios y sufriendo sus consecuencias en nuestro lugar no tiene sentido.

Ahora bien, no puede haber duda de que la sociedad occidental se ha movido en esa dirección. Hay en realidad un vuelco cultural en marcha, que requiere que nosotros, como siempre, trabajemos duro para presentar el evangelio de maneras que «conecte» con las personas donde están. El Nuevo Testamento, después de todo, nos muestra cómo Pablo encuadró su mensaje de diferentes maneras cuando se dirigía a audiencias judías impregnadas de las Escrituras del Antiguo Testamento, o cuando se dirigía a audiencias gentiles impregnadas de los presupuestos y prácticas politeístas. De la misma manera, dado que muchos occidentales posmodernos tienen prácticamente cero conocimiento de la historia bíblica o conciencia del Dios bíblico, no podemos hablarles con las mismas suposiciones que podían hacer los evangelistas de generaciones anteriores, cuando se dirigían a gente familiarizada con la Biblia y estaban moldeadas en su cosmovisión, aun cuando no eran creyentes.

Alan Mann es uno de los muchos que buscan encontrar maneras de comprender y comunicar la expiación que tenga sentido para esta modificada realidad cultural El subtítulo de su libro expresa precisamente esta intención muy positiva: *Atonement for a «Sinless» Society: Engaging with an Emerging Culture*[6]. Por «sin pecado», Mann no quiere decir, por supuesto, que la sociedad de hoy no haga nada malo, sino más bien que la mayoría de las personas han perdido toda conciencia de pecado en su sentido bíblico. Su problema es, por lo tanto, no un sentido de culpa, sino de vergüenza.

Sin embargo, esta «vergüenza crónica» posmoderna no significa que estemos avergonzados por haber ofendido a alguna autoridad externa, sino la vergüenza causada internamente por la incoherencia entre la imagen que proyectamos hacia fuera y el ser que bien sabemos que somos por adentro. Estamos, casi literalmente, «avergonzados de nosotros mismos». Carecemos de integridad y autenticidad, y nuestras relaciones están distorsionadas y contaminadas por esta culpa interior. Tememos la exposición de nuestro ser interior al mundo exterior y la vergüenza que esto traería, de manera que construimos en su lugar identidades ideales y las proyectamos.

Sin embargo, me parece que Mann es muy perspicaz en su análisis de la cultura posmoderna en este punto. Describe en términos fuertes y obsesivos «la relación disfuncional»: los efectos deshumanizadores, desmoralizadores y debilitantes de la «vergüenza crónica»[7]. También tiene razón al preguntar cómo el poder expiatorio del relato de la cruz es capaz de cautivar a personas atrapadas por esas fuerzas. Pero una vez más, a fin de enfatizar la realidad y el poder penetrante de la vergüenza, me parece que cae en la trampa de excluir falsamente (o, en todo caso, de quitarle radicalmente el énfasis) a la realidad de la culpa (por la cual quiero decir no solo el sentimiento de culpa, sino el hecho objetivo de haber ofendido a Dios en sentido bíblico). Su capítulo «Del pecado a la vergüenza», por ejemplo, tiene un subtítulo «Vergüenza, no culpa». Dice que tenemos que orientar nuestros relatos de la expiación de manera que aborden las cuestiones de la vergüenza y no del «pecado» o la «culpa»[8]. Y mientras correctamente afirma que tenemos que usar todos los recursos del relato bíblico al relacionar el evangelio con las necesidades de la gente, es evidente que pierde un elemento clave del testimonio cristiano.

El relato de la expiación necesita ser rico y profundo, de manera que pueda hablar con sentido y suficiencia a todos los escalones del ser con que se tropiece: el perdido necesita ser hallado. El excluido socialmente necesita ser bienvenido. El enfermo necesita ser sanado. El oprimido necesita ser liberado. El desavenido necesita ser reconciliado. El crónicamente avergonzado necesita «perder la vergüenza»[9].

A todo lo cual podemos decir: ¡Amén! Y el Nuevo Testamento por cierto que presenta el evangelio de todas estas maneras. Pero de seguro tenemos que añadir a la lista: *El culpable necesita ser indultado y perdonado.* Esta no es la única dimensión de la expiación (y Mann correctamente condena a aquellos que hablan y predican como si lo fuera), pero de seguro es algo indispensable si vamos a ser fieles a todas las dimensiones de las Buenas Nuevas bíblicas.

Así que otra vez, me encuentro apelando por un enfoque más incluyente, porque eso es lo que la Biblia misma nos da.

Las personas hablan a veces de «culturas de la vergüenza» y «culturas de la culpa», como si fueran mutuamente exclusivas. Por supuesto, es cierto que una u otra puede constituir el énfasis dominante en diferentes culturas. Pero la Biblia habla con facilidad de ambas y de la necesidad de habérselas con ambas. La vergüenza no es solo un fenómeno posmoderno, pese a que ha tomado algunos rasgos peculiares posmodernos. Es tan antigua como el huerto del Edén y fue de hecho el primer efecto de la desobediencia humana. Después de desobedecer a Dios, Adán y Eva se avergonzaron en presencia del otro. Se cubrieron y fueron a esconderse. Las personas posmodernas retienen la vergüenza horizontal, pero han perdido consciencia de la desobediencia vertical, como bien apunta Mann. Su descripción de la vergüenza crónica no es solo un comentario sobre la postmodernidad social, sino un cuadro de la cultura humana desde Génesis 3.

Los crónicamente avergonzados temen exponer la realidad de que la manera en que se presentan ante los demás no es su verdadero ser. Están inseguros en sus relaciones, constantemente conscientes de la necesidad de encubrir el ser ante «los demás» por temor a que lo encuentren socialmente inaceptable. La persona avergonzada vive en un permanente estado de disimulo, aun cuando interactúa con los demás[10].

¿No es eso lo que encontramos en el huerto del Edén?

El problema es que la vergüenza posmoderna se enfoca enteramente en el yo y su incoherencia o incompetencia, mientras que la Biblia insiste en que tal desorden del yo (el cual es muy real) es el fruto de una desordenada relación con Dios causada por el pecado y la desobediencia. Uno no puede lidiar con la vergüenza sin tomar en cuenta la culpa. La Biblia ataca decisivamente las dos.

Así que no tenemos que dejar de hablar de la realidad de la culpa a fin de hablar correctamente sobre la realidad de la vergüenza. Ambas son parte de nuestro aprieto y necesidad humanos. El evangelio aborda los dos.

Ezequiel sobre la vergüenza

Ezequiel nos ofrece un profundo análisis de la vergüenza. Comprende lo que significa *estar avergonzado*, y lo que quiere decir *sentir vergüenza*. Es increíble, pero puede hasta aplicarlo a Dios. Ezequiel 36:16-32 es un pasaje clave y vale la pena leerlo en su totalidad.

Ezequiel comienza con el hecho del cautiverio y lo interpreta como el castigo de Dios sobre Israel, que este sin duda merece por sus pecados (vv. 16-19). Pero la dispersión de su pueblo entre las naciones trajo vergüenza sobre el nombre del propio Yahvé (vv. 20-21). Había una contradicción entre la verdadera historia (Dios castigaba su propio pueblo) y la historia que se contaba entre las naciones (Yahvé es solo otro dios débil derrotado por los dioses babilonios).

La reputación de Yahvé estaba en juego. Lo estaban avergonzando entre las naciones, tanto que él «sintió pena por su propio nombre» (eso es lo que dice literalmente el v. 21). De manera que Dios actuará para hacer regresar a su pueblo a fin de restaurar su nombre y remover la vergüenza de la equivocación (vv. 22-23). Para hacerlo, también restaurará a Israel, los limpiará, eliminará su contaminación e idolatría, y les dará un nuevo corazón y un espíritu de obediencia (vv. 24-27).

Entonces viene la reflexión clave sobre nuestro tema. Este acto de perdón divino y «expiación» no solo lidiará con el pecado que quebró sus relaciones con Dios, sino que también tratará con la vergüenza que tuvo como consecuencia el descontento de Dios. Una vez más estarán ellos «sin vergüenza» entre las naciones, capaces de levantar sus cabezas sin reproche (v. 30; cf. v. 15). De manera que no deben avergonzarse en presencia de los demás. Pero, paradójicamente, recordarán su pecado con vergüenza en la presencia de Dios (vv. 31-32). Aquí no hay contradicción. Primero se habla de quitar la debilitante vergüenza social. Después se habla de la sana vergüenza que fluye de la memoria agradecida por todo de lo que Dios nos ha salvado. Aquí está lo que escribí sobre ese maravilloso pasaje de Ezequiel en algún otro lugar:

Espiritual y psicológicamente hay una profunda comprensión en este capítulo sobre el lugar apropiado de la vergüenza en la vida del creyente. Israel no se iba a sentir avergonzado en presencia de las demás naciones (36:15), pero se iban a sentir avergonzados en la presencia de sus propias memorias delante de Dios (36:31-32). De igual manera, hay un sentido apropiado en el cual el creyente que ha sido perdonado por Dios por todos sus pecados y ofensas puede levantar correctamente la cabeza delante de los demás.

Puede que no tengamos control sobre lo que otra gente piensa de nosotros, por eso no tiene que destruir el sentido de la dignidad y el respeto propio que vienen de conocer el testimonio del propio Dios. En los Evangelios, Jesús parece haberle dado un público testimonio a aquellos que experimentaron su perdón y su gracia restauradora para remover su vergüenza (p. ej., Zaqueo, la mujer que lavó sus pies, la mujer sanada de un desorden menstrual, los leprosos curados, la mujer sorprendida en adulterio, etc.). El fuerte deseo de que Yahvé protegiera al humilde que adora y tiene consciencia de pecado de la vergüenza y la desgracia pública se halla a menudo en los Salmos. Por muchos años uno de mis favoritos ha sido el Salmo 25.

A ti, SEÑOR, elevo mi alma; mi Dios, en ti confío;
no permitas que sea yo humillado,
no dejes que mis enemigos se burlen de mí.
Quien en ti pone su esperanza jamás será avergonzado. (Salmo 25:1-3)

Y qué alivio es escuchar la voz de Dios que llega, como le sucedió a Israel en el cautiverio, para ocuparse de ese temor con palabras de confianza:

No temas, porque no serás avergonzada.
No te turbes, porque no serás humillada. (Isaías 54:4)

Con una promesa como esa, y sobre la base de la obra purificadora y restauradora de Cristo, el creyente puede enfrentar al mundo, ciertamente no con orgullo, pero también sin avergonzarse.

Pero por otro lado, la misma persona, sola con Dios y la memoria del pasado, puede muy apropiadamente sentir la más aguda vergüenza y afrenta internas. Esta no es, sin embargo, una emoción destructiva ni aplastante. Antes bien, es la esencia del combustible para el genuino arrepentimiento y humildad y para el gozo y la paz que fluyen solo de esa fuente. Cuando recuerdo mis pecados, sé que Dios no lo hace. Para él están enterrados en las profundidades del mar, cubiertos por la sangre expiatoria de Jesucristo, y nunca subirán a la superficie ni se esgrimirán contra mí. Y solo en la consciencia de esa verdad liberadora es que puedo (o aun debo) recordarlos. Por eso no es la memoria lo que genera nuevas acusaciones y culpa; esa es la obra de Satanás, el acusador. Las punzantes picaduras de recuerdos de Satanás tienen que llevarse directamente a la cruz y a nuestro Sumo Sacerdote que ascendió, porque:

> *Cuando Satanás me tienta a la desesperación*
> *Y me habla de la culpa que llevo dentro*
> *Miro hacia arriba y veo allí*
> *A quien puso fin a todo mi pecado.*

No; esta es la memoria que genera gratitud de la desgracia, festejo a partir de la vergüenza. Es la memoria que se maravilla de la largura y la anchura y la profundidad del amor redentor de Dios, que me ha sacado de lo que una vez yo era, o pudiera haberme convertido, a donde estoy ahora, como un hijo de su gracia.

> *En el frío espejo de un vaso, veo pasar mi reflejo;*
> *Veo las oscuras sombras de lo que solía ser;*
> *Veo la púrpura de sus ojos, la escarlata de mis mentiras.*
> *Y digo: Amor, rescáta*me[11].

Bien puede que usted detecte alguna emoción autobiográfica en ese pasaje. Años atrás hubo un tiempo cuando me permití persistir en una conducta que sabía que era pecaminosa y por la cual estaba profundamente avergonzado. Por la misericordia de Dios terminó. Me arrepentí profundamente ante Dios y confié en su perdón. Sabiéndome perdonado, pero todavía luchando con ese sentido de vergüenza combinada con el consuelo de que las profundidades de lo que conocemos de nosotros mismos otros no las conocen, me encontré pensando de nuevo en el relato de la crucifixión. Y de pronto exclamé en voz alta para mis adentros: «Jesús llevó mi vergüenza, ¡la vergüenza que debía ser mía!». Porque de hecho, todo el propósito de la crucifixión como un medio de ejecución era que se trataba de algo insoportable, público, vergonzoso.

Los Evangelios, aun de la manera reservada en que describen cómo fue tratado Jesús, aclaran que fue en extremo humillante a la vista de un público que se burlaba. Pero esa vergüenza no debía ser suya, porque él no había hecho mal alguno. Era mía, merecidamente mía, pero inmerecidamente asumida por él.

Antes había conocido esto intelectualmente, por supuesto, como parte de mi comprensión teórica de la expiación. Pero por primera vez se convirtió en algo abrumadoramente real. «¡Jesús llevó mi vergüenza», me repetía una y otra vez, con lágrimas de gratitud. Bastaba, seguro, que él hubiera llevado la justa condenación de Dios por mi culpa. Eso sabía, y me regocijé en el perdón de Dios. Bastaba, seguro, que a través de su sangre pudiera ser lavado de la suciedad y la contaminación de mis caminos. También tenía eso como una preciosa verdad. Pero que él hubiera llevado la más temible vergüenza en mi lugar, que hubiera llevado por mí lo que ni siquiera me habría atrevido a pensar sobre mí mismo, estaba más allá de toda comprensión, aunque se volcaba sobre mi alma en olas de profundo consuelo. La promesa de Isaías 54:4, citada arriba, llegó como una directa palabra de alivio a mi corazón: «*No temas, porque no serás avergonzada. No te turbes, porque no serás humillada*», aunque sabía que podía posesionarme de esto solo porque la vergüenza ya la había llevado Cristo.

Llevando la vergüenza y la grosera burla
Condenado en mi lugar él estaba;
Selló mi perdón con su sangre;
¡Aleluya! ¡Qué Salvador![12]

Por eso dije que, de todas las cosas que me llevaron a hablar del Dios que no comprendo, la cruz está a la cabeza de la lista. Mi desbordante gratitud por la experiencia del amor de Dios probado en el Calvario supera con mucho mi dolor y mi lucha con los desconcertantes horrores sobre los que reflexionamos en la Primera Parte, y me ayuda a enfrentarme a ellos con la seguridad de que sé que Dios es amor hasta el final.

Hemos estado pensando en este capítulo en algunos de los falsos contrastes que fácilmente surgen cuando hay desacuerdos sobre el significado de la cruz. En cada caso he clamado que necesitamos mantener estrechamente unidas cosas que fácilmente se enfrentan entre sí. Todavía hay un contraste adicional que encuentro igualmente preocupante por la manera en que se aparta de lo que la Biblia como un todo parece mantener unido. Esto es, la cuestión de si la cruz fue el momento supremo en que Dios absorbió lo peor que la maldad humana pudo hacerle y lo derrotó, o el momento supremo en que Dios derramó la plenitud de su ira contra el pecado y el mal y lo echó sobre Cristo. Pero para comprender cómo se relacionan estas cosas entre sí necesitaremos ahondar más en nuestras Biblias y seguir adelante a un nuevo capítulo.

Notas

1. Steve Chalke y Alan Mann: *The Lost Message of Jesus* (Zondervan, Grand Rapids, 2003), p. 182.
2. Miroslav Volf: *Free of Charge: Giving and Forgiving in a Culture Stripped of Grace* (Zondervan, Grand Rapids, 2006), pp. 138-139.
3. P. T. Forsyth: *The Work of Christ* (Paternoster, Hyderabad, Londres, Colorado Springs, 2007), p. 36.
4. John R. Stott: *The Cross of Christ* (Intervarsity Press, Downers Grove, IL, 1986), pp. 150-152. La cita de pocas líneas es de I. H. Marshall, *The Work of Christ* (Paternoster, Exeter, 1969), p. 74.
5. Donald Macleod: *Behold Your God* (Christian Focus, Inverness, 1995), p. 184; como se cita en otro magnífico libro, Tim Chester, *Delighting in the Trinity* (Monarch Oxford; Kregel, Grand Rapids, 2005), p. 65.
6. Alan Mann: *Atonement for a «Sinless» Society; Engaging with and Emerging Culture* (Milton Keynes: Paternoster, 2005).
7. Ibíd., p. 47.
8. Ibíd., p. 54.
9. Ibíd., p. 97.
10. Ibíd., p. 41.
11. Christopher J. H. Wright: *The Message of Ezekiel* (The Bible Speaks Today; Intervarsity Press, Downers Grove, IL, y Leicester, 2001), pp. 301-302; la última canción es de «Love, Rescue Me», por U2.
12. De «"Man of Sorrows", What a Name», por Philip Bliss.

8

La cruz según las Escrituras

Hemos estado explorando el misterio de la cruz. En el capítulo 6 vimos que aunque nunca seremos capaces de comprender por completo el «Por qué» de la dádiva de amor que Dios nos entrega, podemos abrazar con gratitud el amplio «Qué» de todo lo que Dios ha hecho por nosotros a través de la cruz de Cristo. Con múltiples imágenes, el Nuevo Testamento describe la rica amplitud de la expiación. En el capítulo 7 nos volvimos al «Cómo» de la cruz, donde siempre ha habido controversia. Recientemente, la interpretación tradicional conocida como «sustitución penal» ha sido objeto de ataques. Sin quedar atrapado en todo ese debate, trato de deslindar algunas falsas antítesis que aparecen en el punto central de muchos equívocos. En el capítulo siete rechazamos la polarización confusa y embrolladora entre la ira de Dios y el amor de Dios, y entre el Padre y el Hijo, y entre la culpa y la vergüenza. En este capítulo exploraremos una más.

¿Maldad humana o castigo de Dios… o ambos?

Una de las maneras en que cierta gente describe lo que sucedió en la cruz es hacer caer todo el énfasis en la maldad humana y satánica que se arrojó contra Jesús y que este soportó sin represalias. Esto es lo que Cristo en realidad sufría, argumentan ellos, no un castigo infligido por Dios. De manera que eluden la idea de la sustitución penal argumentando que, en la cruz, Jesús tomaba sobre sí mismo, no la ira de Dios contra nosotros, sino la maldad de la humanidad contra Dios. Tomó lo peor que la humanidad podía lanzarle, y al absorberlo dentro de sí lo derrotó. La cruz fue el medio por el cual Dios en Cristo absorbió y lidió con el pecado y la violencia humanos. Cristo sufrió a manos de la humanidad y en ese sentido, al llevar nuestro pecado, extrajo por fin su aguijón y lo echó fuera. Llevó nuestra ira contra Dios, no la ira de Dios contra nosotros.

Hay una verdad enorme, por supuesto —reveladora, ejemplar y redentora— en lo que afirma este punto de vista, aun cuando tenemos que discrepar sobre lo que niega. Como ya hemos argumentado en el capítulo 3, uno de los elementos esenciales del significado de la cruz es que fue el punto en el cual el terrible y pavoroso poder del mal se ejerció a plenitud. Los seres humanos y Satanás hicieron absolutamente lo peor al rechazar, violentar, torturar y asesinar al Señor de la vida y la creación. Y Jesús no solo lo soportó, sino que triunfó sobre ello, y oró para que el Padre perdonara a sus ejecutores humanos.

No hay duda de que esta fue una increíble dimensión del sufrimiento de Cristo, el que él se convirtiera en el blanco solitario del odio, la injusticia, la opresión, la violencia, la tortura y un crimen inimaginable. De igual manera no hay duda de que el Nuevo Testamento se maravilla de que, al soportar tal trato, Jesús no replicó y ni siquiera respondió con una maldición, sino que lo asumió (1 Pedro 2:23). Además de eso, el Nuevo Testamento afirma que al absorber todo el poder que el mal podía hacerle en la cruz, Jesús triunfó sobre él. En otras palabras, la cruz no fue una simple y pasiva aceptación del mal, sino su suprema victoria activa sobre el mismo (p. ej., Colosenses 2:15).

Todo esto, entonces, lo podemos afirmar con alegría.

Pero al afirmar las horribles profundidades de la cruz como un acto de la humanidad pecadora, ¿tenemos que excluir la idea de que los sufrimientos de Cristo sobre la cruz fueron también un acto de Dios? ¿Vamos a negar que, sobre la cruz, Dios en Cristo estuviera llevando no solo la máxima expresión *de nuestro pecado* contra él, sino llevando también por nosotros el castigo de Dios *por nuestro pecado*?

Una vez más, tengo que decir que seguramente esta es otra antítesis falsa. Afirmar que la cruz implica que Jesús soportó lo peor de la maldad humana no nos conduce a negar que la cruz implique también que Jesús soportó el peso del castigo divino. No tenemos que escoger lo uno o lo otro, porque la Biblia afirma las dos cosas.

«Según las Escrituras»

En este punto encuentro útil retornar al Antiguo Testamento. Claro, debemos volvernos al Antiguo Testamento como recurso inicial para comprender la cruz, pero podemos estar seguros de que el propio Jesús entendió su muerte a la luz de las Escrituras que todos ahora llamamos Antiguo Testamento, y así lo hizo Pablo. Pablo cita lo que quizá sea el más antiguo sumario del evangelio: «Que Cristo murió por nuestros pecados *según las Escrituras*, que fue sepultado, que resucitó al tercer día *según las Escrituras*" (1 Corintios 15:3-4, énfasis añadido).

Ahora acostumbro a comprender esa frase reiterada («según las Escrituras»), supongo que como la mayoría de las demás personas, de una manera parecida a cuando decimos «como dice la Biblia». Tenemos en mente un pasaje particular de la Escritura que apoya el argumento que formulamos. Así que leemos a Pablo como si quisiera decir: «Jesús murió y resucitó, como dice la Biblia (puede comprobarlo en los Evangelios)». Pero, por supuesto, Pablo no quería decir eso, porque los Evangelios canónicos no se habían escrito todavía cuándo él evangelizaba en Corinto y escribía a la iglesia desde allí. En otras palabras, cuando Pablo dijo que Cristo había muerto «según las Escrituras», hablaba en un momento anterior a que se escribiera el Nuevo Testamento, de manera que «las Escrituras» de las que tiene que haber estado hablando eran el Antiguo Testamento.

Lo que Pablo quiso decir fue: «Jesús murió y resucitó, de acuerdo con las Escrituras y para que se cumpliera lo que estas nos dicen». Es decir, no es solo que la muerte de Jesús estaba registrada en la Biblia, sino que la muerte de Jesús *concordaba con* la Biblia, la Biblia que Jesús y Pablo conocían, que por supuesto era lo que ahora llamamos el Antiguo Testamento. El significado de la muerte y resurrección de Jesús debe estar enraizado en el Antiguo Testamento, en los escritos, la ley, los profetas, los salmos, etc.

Por encima de todo, la vida y la muerte de Jesús el Mesías tiene que ser comprendida dentro del contexto de la historia del Israel del Antiguo Testamento. Porque fue la culminación, el clímax, el destino de toda esa historia. Así fue ciertamente como Jesús la entendía.

La doble identidad del Israel del Antiguo Testamento

Entonces, por favor, tengan paciencia conmigo mientras retrocedemos y pensamos un momento en el Antiguo Testamento. No debía haberme excusado por pedirles que hicieran eso, ¡pues a muy pocos parece molestarle! Tomará un poco de tiempo, pero nos ayudará regresar a la cuestión de los aspectos divino y humano de la cruz. Vean ustedes, parte del problema de las muchas teorías de la expiación a través de los siglos es que tratan de explicar la muerte de Cristo en términos de otras teorías o cosmovisiones en las cuales en realidad no encajan, mientras ignoran aquella historia en la que esta se ubica: la historia bíblica de los tratos de Dios con Israel y de la misión de Dios a través de Israel para traer bendición y salvación al mundo[1].

Ahora bien, en la historia del Antiguo Testamento el pueblo de Israel desplegó una terrible ambigüedad. Por un lado, representaban *la promesa* de Dios para el mundo. Dios prometió a Abraham que a través de su descendencia todas las naciones sobre la tierra encontrarían bendición. La salvación vendría a todas las naciones a través de lo que Dios haría con esta nación, el Israel del Antiguo Testamento. Por otro lado, Israel se rebelaba constantemente contra Dios, y en su pecado y maldad se hundía aun por debajo del nivel de las naciones que no tenían una relación pactada con Dios ni el beneficio de la ley de Dios. Eran una casa rebelde. Esa es la doble verdad que nos presenta el Israel del Antiguo Testamento: un pueblo de la promesa y un pueblo en rebelión.

Así que el Israel del Antiguo Testamento encarnaba la promesa de salvación de Dios a la humanidad y también ejemplificaba la historia de rebelión de la humanidad. Israel era el punto focal del amor de Dios por el mundo y aun así también el punto focal del pecado del mundo contra Dios. *Tenga todo esto en mente mientras recordamos que Jesús era el Mesías, aquel que personificaba a Israel.*

Así que cuando Israel persistió en rebelarse pese a siglos de advertencias de parte de los profetas, ¿que sucedió? De acuerdo con los historiadores del Antiguo Testamento y los profetas, Dios derramó su ira sobre ellos en el acontecimiento conocido como el cautiverio o exilio, que ocurrió en 587 a.C. Este involucró tres elementos principales: primero, se le describió explícitamente como un acto de *castigo* de Dios por su maldad y acumuladas violaciones del pacto; segundo, este tomó la forma de la más terrible *destrucción*: la ciudad de Jerusalén, el templo y muchos miles de vidas; y tercero, se envió a Israel al cautiverio en Babilonia, lejos de su tierra, con una mortal *separación* del lugar de la presencia y la bendición de Dios.

Ahora este terrible acontecimiento es como un tipo de modelo histórico o un microcosmos de dos maneras. Por un lado, Israel en su rebelión contra Dios, en su rechazo a responder a su amor y cuidado, es como un microcosmos de toda la humanidad. La suerte que sufrieron bajo el castigo de Dios sirve también de modelo de lo que la Biblia dice que es el destino final de los malvados que no se arrepienten. De hecho, el cautiverio contiene precisamente los mismos tres elementos que se encuentran en la más concisa descripción de la suerte del malvado que ofrece el Nuevo Testamento: *castigo, destrucción y separación* de Dios. «Ellos sufrirán el castigo de la destrucción eterna, lejos de la presencia del Señor y de la majestad de su poder» (2 Tesalonicenses 1:9).

Del otro lado, Jesús como Mesías fue un microcosmos de Israel. Los Evangelios muestran esto al ilustrar una y otra vez cómo la historia de Jesús recapitula la historia del Israel del Antiguo Testamento. Mateo muestra esto aun en la infancia de Jesús. Y así como el Mesías encarnó a Israel en vida, lo encarnó en la muerte. El Calvario fue una reinterpretación multiplicada al infinito del terrible castigo de 587 a.C. El propio Jesús lo vio de esa manera cuando vinculó su propia muerte con la destrucción del templo (Juan 2:19-22), pues la destrucción del templo había sido el clímax del horror devastador de la caída de Jerusalén y el comienzo del cautiverio. Pero por supuesto, había una diferencia bien crucial. Para Israel, el cautiverio era algo merecido por sus pecados. Para Jesús el Mesías la cruz era totalmente inmerecida porque él estaba sin pecado.

Pero ahora llegamos a la pregunta clave. ¿Quién tuvo la culpa del cautiverio? ¿Quién hizo que ocurriera? ¿Fue un acto de Dios, o un acto de hombres malvados?

¿Nabucodonosor o Dios... o ambos?

Recuerde, pensamos en la cruz y nos preguntamos si debe verse en primer lugar como un acto de la terrible maldad humana, infligido a Jesús por sus enemigos y que representaba lo peor que la maldad humana podía hacerle a Dios; o como un acto de terrible castigo divino en el cual Jesús soportó el peso de la ira de Dios contra nosotros. He estado diciendo que sería útil que recordáramos que la Biblia ve a Jesús a la luz del Israel del Antiguo Testamento; o más bien, como el clímax y la realización de esa historia en la que Jesús, como Mesías, encarnó a Israel y cumplió la misión y el destino de Israel.

Así que la cuestión es: ¿Fue el cautiverio el resultado de la horrorosa maldad y violencia humanas infligidas a Israel por sus enemigos, los babilonios, por rebelarse en contra de ellos? ¿O fue resultado del castigo divino infligido a Israel por su Dios, Yahvé, por rebelarse contra él?

Y la respuesta que la propia Biblia nos da, por supuesto, es que *fue enteramente las dos cosas al mismo tiempo*. O, para ser más preciso y fiel a la manera en que la Biblia de hecho lo explica, Dios en su soberanía utilizó a los babilonios como el agente de su propio castigo. La acciones fueron solamente suyas, y ellos cargaron con la responsabilidad moral por la extensión de su crueldad y violencia (y los profetas aclaran esto también). Pero detrás de la mano de Nabucodonosor estaba la mano de Dios. Dios actuaba a través de la acciones de los hombres.

Ahora, así es precisamente como Pedro describe la cruz en Hechos 2:23: «[Jesús] fue entregado según el determinado propósito y el previo conocimiento de Dios; y por medio de gente malvada, ustedes lo mataron, clavándolo en la cruz». Pedro utiliza inclusive la frase: «*Este [Jesús] fue entregado*» [a ustedes], que es frecuentemente la manera en que el Antiguo Testamento describe a Dios castigando a Israel al entregarlo a sus enemigos (p. ej., Ezequiel 11:9).

Tengo que decir de una vez que no comprendo esto, en el sentido de que no puedo mantener al mismo tiempo ambas cosas con facilidad en mi cabeza (la soberanía de Dios y la responsabilidad humana). Pero la Biblia afirma las dos cosas incuestionablemente. Dios actúa a través de las acciones humanas, sin convertir a las personas en marionetas.

Solo para estar seguro de que de veras captamos esto lo mejor posible, escuchemos a algunos profetas luchar con esta paradoja de la acción divina a través de la acción humana. Recuerde que todo esto es crucial para entender el misterio de la cruz, para ayudarnos a verla simultáneamente como una acción de los seres humanos y como un acto de Dios.

Habacuc, al afligirse por el pecado de su pueblo, se asombró de escuchar a Dios decir que estaba a punto de levantar a los babilonios como agentes de castigo contra Israel (Habacuc 1:5-6). Pero aun cuando Habacuc se esforzó por comprender los caminos de Dios, comprendió que,

> Tú, Señor, los has puesto para hacer justicia;
> *tú, mi Roca, los has puesto para ejecutar tu castigo.*
>
> —Habacuc 1:12 (énfasis añadido)

Los babilonios harían lo peor; pero a través de ellos Dios haría lo que planeaba.

Jeremías, escribiendo a los propios desterrados en medio de su trauma, sabía que escribía «a todo el pueblo que *Nabucodonosor* había desterrado de Jerusalén a Babilonia» (Jeremías 29:1). Pero esta carta comienza con las palabras de Dios que los describía como «a todos *los que he deportado* de Jerusalén a Babilonia» (v. 4, repetido en los vv. 7 y 14). Estas son dos perspectivas complementarias sobre exactamente el mismo acontecimiento histórico. En un «primer nivel» todo el mundo sabía quién había destruido a Jerusalén y conducido a los israelitas al destierro: Nabucodonosor. Usted lo hubiera visto a él y a sus ejércitos haciéndolo si hubiera estado allí. Las cámaras de los noticieros de la TV lo hubieran registrado. Pero el profeta sabía que detrás de los actores humanos estaba el misterioso Jehová Dios soberano. El ojo de la fe discernió lo que las cámaras de TV nunca hubieran registrado: la voluntad y el propósito de Dios. Nabucodonosor, como los asirios antes que él, no era más que una vara en manos de Dios, el agente de su castigo contra Israel (Isaías 10:5).

Ezequiel vivió en medio del primer grupo de desterrados a Babilonia antes de la destrucción final de Jerusalén. Para mostrar a un desterrado que no había esperanza para la ciudad, Ezequiel representó el terrible cerco final acostándose durante días sobre un ladrillo junto a un modelo de Jerusalén (puede leer la extraña historia completa en Ezequiel 4). A todo alrededor puso pequeños modelos de las construcciones del cerco. Eran los ejércitos de los babilonios, los enemigos de Israel.

¿Pero a quién representaba el propio Ezequiel, acostado allí y mirando a la ciudad sitiada? Él nos lo dice. Representaba al propio Dios que era *el verdadero enemigo* detrás de los enemigos humanos. El fuego y la espada, el derramamiento de sangre, la muerte y la destrucción, infligidos físicamente por los babilonios, eran al mismo tiempo actos de Dios. Y cuando Ezequiel llevó a su fin toda la profecía actuada rapándose la cabeza y la barba con una espada, el mensaje estaba claro: la espada era Nabucodonosor, pero la mano que la empuñaba era la mano de Dios, y el cuerpo afeitado era el pueblo de Israel bajo la ira de Dios. «Por lo tanto yo, el Señor omnipotente, declaro: estoy contra ti, Jerusalén y te voy a castigar a la vista de todas las naciones» (Ezequiel 5:8). Lea todo Ezequiel 5 para sentir toda la fuerza de su enunciación del juicio de Dios, llevado a cabo a través de enemigos humanos.

Así que entonces, al sufrir la peor violencia y crueldad que los babilonios podían infligirles, los israelitas estaban, *en esas precisas circunstancias,* soportando el peso de la condena de Dios por sus maldades acumuladas. Esta era la coherente interpretación profética que la Biblia nos de la destrucción y el cautiverio de Israel en 587 a.C., castigo divino ejecutado a través de un agente humano.

Y ese evento con su doble significado provee precisamente el modelo que escoge el Nuevo Testamento para entender las dimensiones humana y divina de la muerte del Mesías Jesús sobre una cruz romana en las afueras de Jerusalén. Al soportar lo peor que las autoridades romanas y judías podían hacerle y todo lo que esto representaba de rabia humana contra Dios, expresada a través de injusticia, rebelión y violencia, Jesús llevaba simultáneamente el peso de la condena y el castigo de Dios por el pecado acumulado, no solo de Israel, sino del mundo.

Esto es lo que quiere decir, como dice Pablo, que Cristo murió «según las Escrituras». Eso significa que su muerte debe entenderse de acuerdo con la historia del Antiguo Testamento y a su luz. No tenemos que decidir una cosa o la otra: la maldad humana o el castigo divino. Fueron ambas cosas. De hecho, fue el castigo divino que obraba soberanamente a través de la maldad humana como agente.

Para regresar al punto anterior, hay una diferencia crucial y transformadora entre los dos acontecimientos. Israel sufrió por causa de su propio pecado, mientras los sufrimientos de Jesús fueron del todo inmerecidos. Los pecados cuyo castigo soportó no eran los propios, sino los nuestros, por lo cual es importante cada palabra en la definición de Pablo del evangelio: «Cristo murió según las Escrituras».

Reconocer la verdad

A la larga, con la ayuda de sus profetas, los israelitas llegaron a reconocer ambos lados de esta verdad. Esto es, llegaron a ver la verdad sobre sí mismos (que fueron castigados justamente por sus pecados), y que se les daba una perspectiva profética sobre el que vendría (que sufriría inocentemente por los pecados de otros). Así que, de esta manera, también las Escrituras del Antiguo Testamento preparan el camino para nuestra comprensión del significado de la muerte de Cristo.

La verdad del castigo de Dios

Jeremías explicó el cautiverio desde el punto de vista de Dios, tan claramente como se podía hacer, como un acto del propio Dios:

> Por causa de tu enorme iniquidad,
> y por tus muchos pecados,
> te he golpeado, te he corregido,
> como lo haría un adversario cruel.
> ¿Por qué te quejas de tus heridas,
> si tu dolor es incurable?
> Por causa de tu enorme iniquidad
> y por tus muchos pecados,
> yo te he tratado así.

—Jeremías 30:14-15

Isaías vio la misma cosa y se preguntó por qué Israel no la aceptaba:

¿Quién entregó a Jacob para el despojo,
a Israel para el saqueo?
¿No es acaso el Señor
a quien su pueblo ha ofendido?
No siguió sus caminos
ni obedeció su ley.
Por eso el Señor derramó sobre él
su ardiente ira y el furor de la guerra.
Lo envolvió en llamas, pero no comprendió;
lo consumió, pero no lo tomó en serio.

—Isaías 42:24-25

Al final ellos llegaron a aceptarlo, como por último testificó *Ezequiel*, de manera que entonces él fue capaz de llevarles palabras de aliento y esperanza (Ezequiel 33:10). El libro de las Lamentaciones está lleno de los mismos reconocimientos dolorosos (p. ej., Lamentaciones 1:5, 8, 14, etc.).

La verdad del Siervo Sufriente de Dios

Pero mirando hacia adelante, aunque Isaías los invitaba a contemplar el sufrimiento del Siervo del Señor que venía (que en otros aspectos compartía la identidad de Israel) se dieron cuenta, para su sorpresa, que su sufrimiento y muerte serían completamente *inmerecidos*. Todo lo contrario: Él sufriría por todos «nosotros» (Israel y las naciones) de manera que pudiéramos encontrar paz, salud y justicia.

Ciertamente él cargó con nuestras enfermedades
y soportó nuestros dolores,
pero nosotros lo consideramos herido,
golpeado por Dios, y humillado.
Él fue traspasado por nuestras rebeliones,
y molido por nuestras iniquidades;
sobre él recayó el castigo, precio de nuestra paz,
y gracias a sus heridas fuimos sanados.
Todos andábamos perdidos, como ovejas;
cada uno seguía su propio camino,

pero el Señor hizo recaer sobre él
la iniquidad de todos nosotros.

—Isaías 53:4-6

Y en el mismo Calvario, esta verdad que transforma el mundo fue reconocida por uno de los terroristas crucificados junto a Jesús, para su salvación final. Ciertamente Lucas casi intenta hacernos oír el eco de Isaías 53 en su registro de estas palabras:

Uno de los criminales allí colgados empezó a insultarlo:

—¿No eres tú el Cristo? ¡Sálvate a ti mismo y a nosotros!

Pero el otro criminal lo reprendió:

—¿Ni siquiera temor de Dios tienes, aunque sufres la misma condena? En nuestro caso, el castigo es justo, pues *sufrimos lo que merecen nuestros delitos*; *éste, en cambio, no ha hecho nada malo.*

—Lucas 23:39-41 (énfasis añadido)

Así era. El hombre a su lado soportaba no solo el injusto castigo de Roma por crímenes que no había cometido, sino que llevaba por esa misma vía el justo castigo de Dios por nuestros pecados en lugar nuestro. «Cristo murió por nuestros pecados *según las Escrituras*».

¿Tiene consecuencias el pecado?

Como he tratado de seguir el debate sobre la teoría de la sustitución penal de la expiación, luchando por comprender los buenos argumentos que exponen sus detractores contra una versión distorsionada de esta y luchando por pensar cuidadosamente lo que la Biblia como un todo enseña, sigo retornando a una pregunta fundamental: ¿Tiene el pecado consecuencias? Todo el mundo en el debate, hasta donde puedo ver, concuerda en que sí. Pero la esencia más profunda de esa pregunta descansa en preguntar si esas consecuencias incluyen el castigo de Dios. O dicho más simplemente: ¿Merece la maldad ser castigada?

Aquí está en juego una cuestión fundamental, y estoy bien consciente de que hay todo tipo de debates filosóficos, teológicos y éticos sobre lo que es el castigo, por qué es una cosa buena y mala, y así por el estilo[2]. ¿Pero hay algún tipo de principio retributivo legítimo integrado en la manera en que Dios, nuestro buen Creador, ha diseñado su buen universo? ¿Hay algún fundamento objetivo respecto a Dios para lo que a veces llamamos «castigo merecido», esto es, ¿hay un sufrimiento apropiado que se merece como forma de justa retribución por una maldad perpetrada deliberadamente y sin arrepentimiento alguno? ¿Y puede este distinguirse cuidadosa y claramente del mero deseo de venganza y de una impía represalia agravada?

Incapaz de confirmar esto aquí, creo que la respuesta es sí, y que como seres humanos tenemos algunos profundos instintos primarios (no meramente derivados de nuestra condición pecaminosa) que reconocen que esto es así. La maldad tiene dolorosas consecuencias merecidas. La maldad que queda completamente sin castigo nos deja profundamente insatisfechos, y como dije, esto no es meramente deseo de venganza, sino que refleja una profunda verdad moral sobre Dios y su universo.

Si esto es verdad, es verdad porque Dios se propuso que lo fuera. En otras palabras, no podemos eliminar nuestra inquietud con la idea de la ira de Dios contra el mal y el pecado desvinculando las consecuencias del pecado de la reacción personal de Dios. Alguna gente trata de hacerlo diciendo que «la ira de Dios» en el lenguaje de la Biblia no es cuestión de una ira personal de Dios, sino solo una manera de decir que vivimos en un universo moral en el cual los actos malvados traen aparejadas consecuencias dolorosas que al final nos alcanzarán. Pagamos el costo al final porque el castigo obra inevitablemente en el sistema moral.

Sobre ese punto de vista, tengo que decir, primero, que este suena más parecido a la impersonal ley de hierro del *karma* de la filosofía hindú, que a la manera en que la Biblia describe repetidamente la ira de Dios contra el pecado en términos de relaciones muy personales. Pero segundo, si el castigo es un proceso que obra dentro del universo moral (como claramente ocurre), *¿quién hizo que el universo moral fuera así?* Si la maldad tiene en absoluto consecuencias, que situemos esas consecuencias en la acción directa de Dios o en un algún sistema moral que obre de manera más abstracta no marca ninguna diferencia definitiva. Pues la Biblia enseña claramente que Dios es tan soberano en su gobierno de la manera en que obra en el universo moral en general, como lo es sobre sus propias acciones directas en particular. No podemos echar la culpa de las dolorosas consecuencias del pecado al «sistema» y exonerar a Dios de toda participación o intencionalidad.

De manera que, mientras pondero todos los aspectos de la cruz y trato de evaluar lo que significa incluir la palabra «penal» en nuestra interpretación de la muerte sustitutiva de Cristo, no puedo dejar de formular otra vez la pregunta:

«¿Merece castigo el pecado?». Y ¿es esa adecuada retribución parte de la justicia del Dios soberano, santo y amoroso en el gobierno del universo que él creó?

Si no: entonces grandes segmentos de la Biblia no tienen sentido o están claramente equivocados. Porque la Biblia afirma de cubierta a cubierta que hay una dimensión de castigo justo y adecuado con el cual Dios responde a la maldad humana en santa y amorosa justicia.

Si no: entonces parecería que estamos a la deriva en un universo de esencial indeterminación moral. No podemos tener confianza de que al final se haga justicia, de que el propio Dios sea vindicado, o de que alguna vez se aborde de manera efectiva todo el mal en la historia del mundo.

Si no: entonces parece que están carentes de significado los mismos conceptos de gracia y misericordia. Se ha dicho que la gracia es lo que Dios nos da sin que lo merezcamos, mientras misericordia es lo que Dios no nos da pese a que lo merecemos. Ciertamente, en la Biblia gracia y misericordia superan todo lo que nunca mereceríamos, o lo que en realidad sí merecemos. Pero si en absoluto no hay tal cosa como «lo que merecemos», ninguna relación moral entre nuestro comportamiento y sus consecuencias, entonces parece vacuo hablar de gracia o misericordia.

Pero si es así: entonces parece inescapable que debemos incluir esta dimensión en el gran logro cósmico de la cruz de Cristo. Decir que Jesús «llevó mi pecado sobre la cruz» tiene que significar no solo que él soportó lo peor que mi pecado pudo infligirle (pese a que eso es lo que significa verdaderamente), sino que también llevó las consecuencias de lo que de otra manera mi pecado pudo representar para *mí*. Esto no significa solo que Cristo llevó mis actos injustos, sino que también llevó mis castigos merecidos. Él no solo tomó sobre sí lo que le hice a él; sino lo que yo merezco de Dios.

Y así, de nuevo otra vez, me encuentro rogando por un equilibrio y en contra de los contrastes retóricos y las exclusiones. Estoy de acuerdo en que Jesús pronunció palabras de amor y compasión, no de acusación, a las víctimas marginadas de la opresión. Estoy de acuerdo en que sería desagradable escuchar a los evangelistas tocando una sola tecla: «Usted no es una víctima; usted es un rebelde». Estoy de acuerdo en que el corazón de Dios sangra por las multitudes quebrantadas y abusadas de nuestro mundo que necesitan desesperadamente amor, aceptación, compasión y justicia, y que él les ofrece exactamente eso en Cristo. Pero de acuerdo con Jesús y toda la Biblia, ellos también necesitan perdón. Toda víctima del pecado es también un pecador. No hay nadie que sea solo una *víctima* del pecado. Los israelitas del Antiguo Testamento se veían a sí mismos como víctimas de la crueldad de otros pueblos, y lo eran. Pero también tenían que comprender que eran culpables delante de Dios por su pecaminosa rebelión, y de esa manera tenían que arrepentirse y volverse a Dios en busca de su perdón.

La extensión del amor de Dios no es solo que ha entrado con compasión dentro de nuestro sufrimiento y probado (desde el éxodo hasta Galilea) que es el Dios que está junto al débil y el pobre y el oprimido. Todo esto es gloriosa y gratamente cierto. Dios se ha identificado con nuestro sufrimiento y sabe qué es soportar el dolor de la injusticia y la violencia humanas. Sí, pero la mayor extensión del amor de Dios es que también tomó sobre sí nuestro pecado y rebelión —del oprimido y el opresor— y llevó todas sus justas consecuencias sobre sí mismo, en la misteriosa unidad de la Trinidad en la cruz.

Comenzamos el capítulo anterior concordando en que hay una versión torcida de la sustitución penal que debe ser rechazada: la idea de un Dios iracundo que por su brutalidad hace víctima a su propio Hijo, el chivo expiatorio. Esa imagen de un «cósmico abuso infantil» es una caricatura grotesca. Pero también es una caricatura terriblemente deficiente reducir la cruz a nada más que a una tarjeta cósmica de compasión, escrita a mano por Dios, que dice: «Comparto tu dolor». Dios hizo algo más que compartir nuestro dolor. Dios en Cristo soportó el dolor de las justas consecuencias de nuestro pecado, las llevó «por nosotros», de manera que nunca tengamos que llevarlas nosotros mismos, por toda la eternidad.

Traigámoslo a la práctica

¿Cómo puedo aplicar todo esto a mi lucha por comprender la cruz a un nivel personal? Me parece absolutamente correcto hacer lo que algunos de nuestros más logrados himnos hacen y reconocer para mí mismo ambos lados de la verdad en la que hemos estado pensando.

Por un lado, en la cruz Cristo llevó el peso *de todo mi pecado contra él*. Todo mi odio y rechazo de Dios, todo lo que he hecho o sería capaz de hacer en mi pecaminosa rebelión contra mi Creador, fue parte de lo que Cristo sufrió. Estoy entre los enemigos de Dios porque soy uno de aquellos cuyos pecados clavaron a Jesús en la cruz.

Avergonzado escuché a mi voz burlona dar gritos entre los que se burlaban
Era mi pecado el que lo mantuvo allí, hasta que se consumó[3].

Por otro lado, en la cruz, Cristo llevó el peso del *castigo de Dios por mi pecado*. No solo llevó lo peor de mi pecado, sino las consecuencias para mí de mi pecado. Tomó sobre sí no solo lo que mi pecado pudo hacer, sino también lo que merece mi pecado.

En este punto, ya sea en la lucha devocional por entender bien, o en el deber profesional de predicar y explicar, o más a menudo en los himnos y oraciones del culto público, me siento una y otra vez abrumado por las lágrimas ante la profunda verdad de la cruz, que nunca puede ser por completo captada, sino solo abrazada con gratitud.

> *Mi pecado, ah, ¡la dicha de este glorioso pensamiento!*
> *Mi pecado, no en parte, sino todo,*
> *Está clavado en la cruz, y ya no lo llevo sobre mí*
> *¡Alaba al Señor, Alaba al Señor, oh alma mía!*[4]

Lo que el pecado merece, nos dice la Biblia, es ser excluido por completo de la presencia de Dios. Y de hecho eso es lo que Cristo experimentó en la cima (o profundidad) de su sufrimiento en la cruz. Su terrible grito de abandono, «Dios mío, Dios mí, por qué me has desamparado», sondea las profundidades de este misterio y nos conduce a luchar con lo que quiso decir Pablo al escribir: «Al que no cometió pecado alguno, por nosotros Dios lo trató como pecador» (1 Corintios 5:21).

En el momento de mayor necesidad y mayor dolor del Hijo, Dios no está allí. El Hijo grita y no lo escuchan. El recurso familiar, el recurso supremo, el único recurso, no está allí. El Dios que siempre estaba allí, el Dios que necesitaba ahora como nunca antes lo había necesitado, no se veía por ninguna parte. No había respuesta al clamor del Hijo. No había consuelo. Jesús quedó sin Dios, sin una percepción de su propia condición de Hijo, incapaz por primera y única vez en su vida de decir: «Abba Padre». Se le dejó sin sentido del amor de Dios y sin sentido del propósito de Dios. Allí no había nada sino ese «¿Por qué?», que trataba en vano de tender un puente sobre las Tinieblas. Él era el pecado. Él era la anarquía, y como tal fue desterrado al Agujero Negro adonde pertenece el desorden y desde el cual no puede escapar sonido alguno sino «¿Por qué?». Esa fue la única palabra del Hijo en su agonía final cuando se dirigió al Dios que necesitaba tan desesperadamente, pero a quien como Pecado no podía discernir y de cuya presencia estaba excluido. No podía haber acuerdo. «¡Dios no perdona a su Hijo!» Tiene que tratarlo no como Hijo, sino como Pecado[5].

¡Qué significado salvador hay en ese grito de Jesús! Gracias a que pasó por esa experiencia de completo abandono de parte de Dios, yo nunca tendré que pasar por ella. Eso fue lo que inspiró este soneto de D. A. Carson:

Las tinieblas lucharon, obligaron al sol a huir,
Y como un ejército conquistador marcha rápidamente
A través de la tierra, ciega con temor la vara del déspota.
El mediodía iluminó la oscura tiranía.
Todavía peor, el abandono de la Deidad
Trajo una negra desesperación más mortal que la sangre
Que huyó con su vida. «Dios mío, Dios mío»,
Gritó Jesús: «¿Por qué me has abandonado?».
El silencio tronó, el cielo en silencio reinó supremo.
Rondaba un impactante y ensordecedor oleaje.
Porque Dios se abstuvo de contestarle a Jesús.
No gritaré, como él, este grito del infierno.
El grito de desolación, negro como la noche,
Resplandece en todo el mundo como luz resplandeciente[6].

Notas

1. La crucial importancia de interpretar a Jesús —su vida, identidad, comprensión de sí mismo, enseñanza, objetivos, y especialmente su muerte y resurrección— en relación con la historia de la misión de Dios para todo el mundo a través del Israel del Antiguo Testamento, ha sido ampliamente discutida por N. T. Wright. Vea en especial *Jesus and the Victory of God* (SPCK, Londres, 1996). Mi propia obra *The Misión of God: Unlocking the Bible's Grand Narrative* está basada en el mismo entendimiento de la necesidad de leer la Biblia como un todo para que comprendamos la amplitud del logro redentor de Dios en Cristo.

   Por desdicha, mientras que para mí este amplio contexto bíblico para entender el alcance cósmico del logro de Dios a través de la cruz solo hace mayor mi profundo aprecio por lo central de la expiación sustitutiva, hay quienes parecen encontrarlo extrañamente amenazador para su preocupación para después. Encuentro esto desconcertante e inquietante, pues siempre me ha parecido que es inherente a la esencia de la identidad y el compromiso evangélico esforzarse por un más amplio y profundo entendimiento de toda la Biblia e interpretar la Biblia a la luz de la Biblia. Esa es la ambición y el humilde límite de toda nuestra investigación.

Muy pocos evangélicos, si es que algunos, han abogado más por el entendimiento penal sustitutivo de la expiación, o para expresarlo con tanta claridad erudita, como J. I. Parker. De manera que estoy agradecido por el libro en el cual él y Mark Dever reunieron algunos de sus mejores y otros escritos sobre este tema durante muchos años (*In My Place Condemned He Stood: Celebrating the Glory of Atonement* [Crossway Books, Wheaton, IL, 2007]). Y aun así, me entristece la aparente sospecha del Dr. Parker sobre el más amplio escenario bíblico para entender la cruz, expresada al final de su introducción al tomo:

> En años recientes, grandes pasos en la teología bíblica y la exégesis canónica contemporánea han traído nueva precisión a nuestra comprensión de la historia global de la Biblia de cómo el plan de Dios para bendecir a Israel, y a través de Israel a todo el mundo, llegó a su clímax en Cristo y a través de Cristo. Pero no puedo ver cómo es posible negar que todo libro del Nuevo Testamento, aparte de cualquier otro objetivo que pueda perseguir, tenga a la vista, de una manera u otra, la pregunta primaria de Lutero: ¿Cómo puede un pecador débil, perverso y culpable encontrar a un Dios benévolo? [...] y en la medida que los desarrollos modernos, al llenar nuestro horizonte con grandes meta-narraciones, nos apartan de seguir la pregunta de Lutero en términos personales, dificultan y ayudan a nuestra comprensión del evangelio (pp. 26-27).

Yo de veras no veo cómo obtener la más amplia perspectiva bíblica posible del conjunto del relato bíblico puede estorbar nuestra comprensión del evangelio, a menos que esté acompañada de la *negativa* de la naturaleza personal y sustitutiva de la muerte de Cristo (lo cual pueden ver los lectores que no es cierto en mi caso). Pero me perturba que sea posible que suceda lo contrario: que algunos teólogos y predicadores estén tan obsesionados con la interpretación de la sustitución penal de la cruz que pasen por alto o parezcan estar muy poco conscientes de toda la historia bíblica en la cual esta se inscribe y de las vastas dimensiones cósmicas y creativas de la cruz que el propio Nuevo Testamento también explica con tanta claridad.

2. Howard Marshall tiene una fina y cuidadosa discusión sobre la naturaleza del castigo y la retribución en la perspectiva bíblica, y particularmente sobre la amenaza

de la exclusión de Dios como su elemento primario, en *Aspects of the Atonement: Cross and Resurrection in the Reconciling of God and Humanity* (Paternoster, Hyderabad, Londres, Colorado Springs, 2007), cap. 1, «The Penalty of Sin».

3. Del himno de Stuart Townend: «How Deep the Father's Love for Us».
4. Del himno: «When Peace Like a River», por Horacio Spafford.
5. Donald MacLeod: «*A Faith to Live By* (Inverness: Christian Focus, 2002), pp. 130-131; como lo cita Tim Chester, *Delighting in the Trinity* (Monarch, Oxford; Kregel, Grand Rapids, 2005), p. 61.
6. D. A. Carson: *Holy Sonnets of the Twentieth Century* (Baker, Grand Rapids; Crossway, Nottingham, 1994), p. 51. Utilizado con permiso.

¿QUÉ DEL FIN DEL MUNDO?

Los teólogos tienden a hacer chistes algo malos. Como el del estudiante de teología al que se le acercaban los exámenes finales y se le oyó decir: «No sé mucho de escatología, pero no es el fin del mundo».

Bueno, muchos de nosotros, entre ellos yo, no decimos que entendemos más que la punta del témpano en cuanto al fin del mundo. Y aunque hay muchos que con mucha seguridad le venden a uno una cronología detallada de cómo se desarrollará —completa con sitios en la red, videojuegos sobre los «tiempos finales» y camisetas estampadas para mostrar que uno está listo— la verdad es que ninguno de nosotros puede entender a cabalidad todo lo que Dios tiene preparado para el universo que creó y para este planeta Tierra en particular.

A veces pienso que es como si una criatura cuyos ojos y cerebro pueden solo ver cosas en negro, blanco y sombras grises tratara de imaginar un mundo de colores. O para nosotros que vivimos en un mundo de tres dimensiones tratar de imaginar lo que se sería vivir en un mundo de cuatro (o cinco o cincuenta) dimensiones. O para un niño en el vientre tratar de imaginar la vida después que nazca en un mundo que experimenta indirectamente, pero al que no ha entrado todavía. O a gemelos en el vientre conversando: «¿Crees entonces en el mundo después del parto?». «Claro que no, son vanas ilusiones. Lo único que existe es el líquido amniótico. Cuando uno nace, nació… punto. Patea mientras puedas».

No tenemos forma de concebir las realidades de la vida en la nueva creación… todavía.

Claro, como con todo en estos tiempos, si uno de veras quiere la respuesta, ahí siempre está Google. Probé eso, y hallé que hay 846 millones de notas sobre «el fin del mundo», lo que es demasiado para revisar, aun si uno deja fuera todos los pueblos y bares que llamamos «Fin del Mundo». Un cálculo aproximado es que parece haber ocho películas, dieciocho canciones y una banda en Nueva York con eses nombre. Hay más de tres millones de sitios en la red que hacen predicciones sobre el fin del mundo, incluyendo varias que nos instan a creer que sucederá en 2012, por razones que todavía no me son del todo claras. Pero como ese es el año de mi retiro no tengo que preocuparme de mis planes de jubilación.

Hay muchas extravagancias y controversias que crecen como hierbas malas alrededor de este asunto. Si comenzamos a tratar de lidiar con todas ellas, nos ocuparía otro libro (que espero que otro escriba). Pero a manera de introducción me parece bueno tratar de abordar por lo menos algunos de los más dominantes ejemplos de lo que creo que son engañosas (aunque bien populares) maneras de pensar en cuanto al fin del mundo. Lo haremos en el capítulo 9. De ahí podemos avanzar con mayor felicidad en los dos capítulos finales a las cosas ciertas que la Biblia con claridad enseña sobre ese gran acontecimiento que está por delante, y a las consecuencias para nuestra vida y conducta aquí y ahora.

Capítulo

9

EXTRAVAGANCIAS Y CONTROVERSIAS

Es bastante difícil luchar con el Dios que no comprendemos cuando solo tenemos frente a nosotros la Biblia. Se hace aun más difícil cuando nos asaltan docenas de teorías de todos lados, en muy persuasivos libros lujosos, que nos dicen lo que la Biblia supuestamente enseña sobre el fin del mundo... y mucho más aparte de eso. Podría usted decir que esto es un poco atrevido viniendo de mí, ¡cuando trato de hacer la misma cosa! Bien, este un libro muy personal, y solo puedo hablar desde donde estoy situado y decir mi parecer. Y me parece que algunas de las creencias más populares alrededor de este tema están a mucha distancia de lo que Biblia, tomada de una manera balanceada e integral, enseña en realidad.

No obstante, estoy bien consciente de que usted podría estar convencido de uno u otro punto de vista de los que voy a criticar, y eso está bien. Todo lo que le pido es que haga lo que hicieron los de Berea (Hechos 17:10-11) y que examine por sí mismo las Escrituras para que vea lo que es verdad. Y si a usted no le gusta la controversia o no desea que se pongan en duda sus puntos de vista favoritos, siéntase libre de saltar este capítulo por un momento e ir al siguiente. No quiero que se pierda los últimos dos capítulos, los cuales son mucho más positivos y enriquecedores para el alma.

¿Está usted todavía ahí? Bien, abordemos algunas de las cosas difíciles.

Las últimas cosas, los últimos días y el fin de los tiempos

Tradicionalmente (en aras del confundido estudiante de teología de arriba), *escatología* es el nombre que se le da a la rama de la teología sistemática cristiana que trata de «las últimas cosas». Ese era el término comúnmente usado con referencia a las siete cosas que dice la Biblia que tenemos por delante, ya sea en términos de nuestra experiencia personal o en términos de la realidad cósmica. Lo clásico es que las siete últimas cosas se relacionan así:

- La muerte
- El estado intermedio[1]
- El regreso de Cristo
- La resurrección de los muertos
- El día del juicio
- El cielo
- El infierno

La Biblia también habla de «los últimos días». Pero tal como se usa en el Nuevo Testamento, este término no se refiere solo a alguna lejana era futura, miles de años después de los tiempos de los apóstoles. No, se usa repetidamente para describir todo el tiempo desde la primera venida de Cristo hasta su regreso. «En estos días finales nos ha hablado por medio de su Hijo», escribe el autor de la Epístola a los Hebreos (Hebreos 1:2), hablando de la vida terrenal de Jesús (vea también 1 Pedro 1:20; 1 Juan 2:18).

De manera que los días finales fueron iniciados por el propio Jesús, y hemos estado viviendo en ellos desde entonces. El Nuevo Testamento no habla de los días finales como un período que todavía está por venir, inmediatamente antes del regreso del Señor Jesús. No, los días finales llegaron con Jesús. Ya vivimos en ellos, y continuaremos haciéndolo hasta que Cristo regrese. Así que, cuando alguien ansiosamente me pregunta: «¿Piensa que vivimos en los últimos días?». Replico alegremente: «Sí. Pero también el apóstol Pablo, Agustín, Francisco de Asís, Martín Lutero y la madre Teresa. Todos hemos estado viviendo en los días finales, desde el Nuevo Testamento».

La frase que más escuchamos en estos días es, pues, «el fin de los tiempos». Y eso se ha convertido en toda una industria especulativa. Pese a la advertencia de Jesús de que no sabríamos el día ni la hora de su regreso (ya que ni él lo sabía), y pese a su enseñanza de que nuestra principal tarea es estar listos para eso haciendo fielmente lo que el Señor nos ha dicho que hagamos, las personas todavía insisten en desafiar la advertencia de Jesús. Así que elaboran todo tipo de teorías fantásticas, previsiones y cronogramas sobre exactamente cómo y cuándo terminará el mundo, y qué otras cosas sucederán, y dónde tendrá lugar todo ello. Es como si tuvieran el guión frente a ellos, con las cámaras de la CNN listas para rodar cuando comience la acción. «Señores, tengan la experiencia del fin del mundo en la comodidad de su propio hogar». Entonces otros construyen capas enteras de fantasía y ficción encima de sus especulaciones, produciendo libros que son tan populares que parecen, si no venderse más que la propia Biblia, leerse con mayor voracidad.

Esas especulaciones no son nuevas, por supuesto. Por muchos siglos, grupos cristianos han aparecido con predicciones del fin del mundo, todas muy equivocadas, como ha ocurrido con frecuencia (puede encontrar fascinantes listas de ellas en Google y Wikipedia). A menudo hay una ola muy frenética de predicciones en tiempos de gran tensión y pánico.

Alrededor del primer milenio, 1000 d.C., Europa se inundó de expectativas de que el mundo terminaría entonces, pues el milenio había llegado y se había ido, ¿no es así?

Martín Lutero estaba totalmente convencido de que el mundo llegaría a su fin muy cerca o en el lapso de su propia vida, en una guerra estilo Armagedón con los turcos musulmanes (no han cambiado mucho las cosas).

En la cúspide de la Guerra Fría, en la década del setenta, el libro *La agonía del gran planeta Tierra*, de Hal Lindsey, generó una amplia certidumbre de que la década de 1980 vería una conflagración en el Oriente Medio, con las huestes comunistas realizando la visión de Ezequiel de Gog y Magog sobre el suelo del moderno estado de Israel, anunciando el Armagedón y el regreso de Cristo (en un cronograma dispensacionalista premilenario).

A la vuelta del tercer milenio, en 2000 d.C., se produjo el frenesí del Año Dos Mil, con una serie de predicciones apocalípticas más seculares (y algunas religiosas).

Hoy, la llamada guerra contra el terrorismo ha sido el catalítico para más reciclaje de esos tipos de escenarios apocalípticos, basados en distorsionadas y simplistas polarizaciones de la política mundial, con una percepción miope y unilateral de las realidades del Oriente Medio.

Descubrí que los padres del anglicanismo no se preocupaban tanto por estas cosas. ¡El Libro de Oración Común da tablas para encontrar la fecha del Domingo de Resurrección hasta el año 2299! Esto es práctico si usted planifica una conferencia de Pascua para su iglesia con dos siglos de anticipación.

Aun hay otra tabla con fórmulas complicadas que le posibilita hacerlo para cada siglo hasta el 8500 d.C., ¡y hasta una pequeña casilla junto a la fecha, con un «etc.» en ella! De manera que si hay anglicanos por ahí en el año 8599, nos divertiremos mucho llenando esa pequeña casilla con la fecha del Domingo de Resurrección de 8600 d.C., y probablemente discutiendo todavía con aquellos que confiadamente predicen que Cristo regresará en el 8601 d.C.

Como dije, este no es el lugar para hablar de todas las teorías contemporáneas del «fin de los tiempos», excepto para instarlo a ser cuidadoso y no creer todo lo que lea o escuche de los «populares especialistas en profecías de los últimos tiempos», y examinar todo lo que escuche por medio de un cuidadoso estudio de las Escrituras. Esa cautela, insistiría yo, es particularmente importante en relación con aquellos que construyen predicciones dogmáticas y detalladas alrededor de tres de los temas favoritos de los que especulan con los últimos tiempos: el milenio, el rapto y el moderno estado de Israel.

El Milenio

Esta palabra significa un período de mil años. Cuando uno piensa en la cantidad de teorías teológicas populares y controversiales que lo rodean, puede que le resulte una sorpresa saber que el término se encuentra de hecho en la Biblia en seis versículos de un solo capítulo: Apocalipsis 20. El libro del Apocalipsis está lleno de imágenes simbólicas y metafóricas, y parece lo más probable que esta expresión se utilice de la misma manera, para implicar un prolongado pero indefinido período de tiempo.

Con todo, la gente ha construido cronologías completas, teologías y complicados esquemas de interpretación del resto de la Biblia sobre la base de su interpretación de una frase que solo aparece seis veces en seis versículos de su último libro. ¡Denominaciones enteras se han formado alrededor de las diferencias de opinión! Todo depende de si uno piensa que Jesús retornará antes que comience el milenio (premilenarismo) o después que haya terminado (postmilenarismo), o de si piensa (como yo me inclino a pensar) que el término se refiere a todo el período entre la primera y la segunda venida de Cristo (amilenarismo). Entonces, me cuentan, que existen los panmilenaristas, que piensan que todo resultará justo al final.

Ahora bien, este no es el lugar para resolver estas disputas, y la gente es sincera al sostener uno u otro punto de vista, como estoy seguro de que lo es usted. Ni tampoco cuestiono la importancia de buscar un entendimiento teológico sensible, con las herramientas de una exégesis y una hermenéutica cuidadosas, de lo que Apocalipsis 20 trataba de comunicar, en el contexto de todo el mensaje de ese libro. Sin embargo, muchas personas nunca hacen eso, sino que solo toman sus teorías de la carátula del último libro o la postura dogmática de su denominación.

Mi punto es que tenemos que evitar desviarnos del tema hacia toda una selva de interpretaciones misteriosas, construida sobre presupuestos endebles, sobre un término que aparece *en solo un breve pasaje de la Biblia y en ningún otro lugar*. Eso no significa que el Milenio no importe. Significa que el Milenio probablemente no es una parte tan importante sobre la que necesitamos concentrarnos cuando pensamos en el fin del mundo, como algunas personas piensan.

El Rapto

Por lo menos el término «Milenio» o «mil años» es una palabra que de hecho aparece en la Biblia. Al contrario de lo que usted pensaría de la avalancha de teorías y predicciones del Rapto, la palabra «rapto» no está en lo absoluto en la Biblia. Ni tampoco, desde mi punto de vista, es el evento que se supone que la palabra describe… al menos, no como se suele describir.

El punto de vista más popular del Rapto actualmente (conocido como «Rapto Pre-tribulación») es que este será un momento en que todos los cristianos serán arrebatados súbita, silenciosa y secretamente de la tierra hacia el cielo, dejando detrás no solo a sus seres queridos inconversos, sino también sus ropas y espectáculos y cualquier cosa en que estuvieran metidos en ese momento, como autos y aviones (causando un caos indecible). El resto de la humanidad se quedará para seguir luchando durante los otros siete años de «la Tribulación», antes de que comience el Milenio. Todo tipo de horribles calamidades (sacadas de una lectura bastante literal de Apocalipsis) llenarán ese tiempo.

Pero repito, la idea del Rapto se extrae de un solo texto bíblico: dos versículos en particular (que casi seguro se han interpretado mal). Entonces, como con el Milenio, otros textos que de hecho no dicen nada sobre el Rapto se traen a colación para apoyar la idea original. Esto es, una vez que se ha interpretado este único texto en términos del Rapto, como se concibe popularmente, se tiende a encontrar el Rapto en todas partes donde en realidad no se menciona.

Pero sobre este ligero fundamento bíblico se ha edificado un vasto edificio de especulación dentro de un tipo de «cristianismo popular», aceptado sin discusión por millones de creyentes. El más destacado ejemplo es la serie de novelas *Dejados atrás* (junto con películas, sitios de la red, juegos y la comercialización que los rodea): un enorme éxito de mercadeo que edifica una imaginería de ficción a partir de una cuestionable y relativamente reciente[2] interpretación de la Biblia, en un asunto sobre el que Jesús nos advirtió que no especuláramos. Entonces hay sitios de la red que proveen «Relojes medidores del Rapto», de manera que usted pueda calcular cuán cerca de que esto suceda estamos. No importa que Jesús dijera que la venida del Hijo del Hombre ocurriría cuando menos la esperáramos. ¡Estos sitios de la red presumen decirnos cuán cerca estamos del hipotético evento!

1 Tesalonicenses 4:16-17

El texto clave para la teoría del Rapto es 1 Tesalonicenses 4:16-17. Pablo busca alentar a los creyentes de la joven iglesia de Tesalónica acerca de que sus seres queridos que han muerto creyendo en Cristo están perfectamente seguros y no se perderán cuando Cristo aparezca. Ya estén vivos o muertos en ese momento, todos los creyentes se reunirán para dar la bienvenida al Señor que viene.

Entonces Pablo lleva su aliento a un clímax con una descripción del regreso de Cristo que parece hacer uso de dos metáforas: una del Antiguo Testamento, la otra de su propio mundo contemporáneo. Esto es lo que Pablo dice:

> El Señor mismo descenderá del cielo con voz de mando, con voz de arcángel y con trompeta de Dios, y los muertos en Cristo resucitarán primero. Luego los que estemos vivos, los que hayamos quedado, seremos arrebatados junto con ellos en las nubes para encontrarnos con el Señor en el aire. Y así estaremos con el Señor para siempre.

En el versículo 16, Pablo quizá está usando recuerdos del Monte Sinaí, la gran teofanía (o sea, la aparición de Dios) del Antiguo Testamento, cuando Dios descendió a la cima de la montaña para un encuentro con su pueblo redimido, con una voz alta y un sobrenatural toque de trompeta (Éxodo 19:17-19). De forma parecida, dice Pablo, pero más majestuosa, el Señor mismo descenderá de nuevo, no a una montaña, sino a la tierra misma. Y no para habitar en el tabernáculo, sino para tomar la residencia que le corresponde como Señor de toda la tierra.

En el versículo 17, Pablo probablemente esté describiendo una práctica común de las ciudades en el Imperio Romano cuando el emperador llegaba de visita. Los dignatarios de la ciudad salían un tramo «para un encuentro» con el emperador sobre el camino mientras este se acercaba y entonces acompañarlo y darle la bienvenida dentro de su ciudad[4]. Ellos no encontraban al emperador para después marcharse con él a algún otro lugar, sino que lo recibían a fin de ofrecerle su alianza y llevarlo a su rincón del imperio. Le daban la bienvenida al emperador a la ciudad sobre la cual este gobernaba. Eso, dice Pablo, es como si los creyentes dieran la bienvenida a su Señor al regresar a su legítimo lugar como Señor y Rey de toda la tierra. Vamos a encontrarnos con él para recibirlo y darle la bienvenida, no para irnos a otro lugar.

El movimiento y la dirección de las imágenes de Pablo, entonces, no es que Jesús desciende hasta la mitad del camino, somos arrebatados adonde él está, y entonces se da la vuelta y asciende de nuevo, llevándonos con él de regreso al cielo. De hecho, el cielo se menciona solo como lugar *desde el cual* viene el Señor. No se menciona como el lugar *hacia donde* nosotros vamos. Antes bien, ¡en las imágenes de Pablo somos nosotros los que nos damos vuelta! La secuencia de su definición es: Jesús regresa a la tierra; se nos arrebata en el aire para encontrarlo mientras viene; y entonces le damos la bienvenida a su legítimo lugar *aquí*: su reino, su herencia, su renovada creación, su pueblo redimido. Entonces estaremos con el Señor para siempre, no porque vayamos al cielo, sino porque él habrá venido a residir con nosotros (como dice explícitamente Apocalipsis 21:3).

De manera que Pablo habla del glorioso regreso *público* del Rey Jesús, no de un rapto *secreto* de los santos. En todo caso, ¿qué *menos* secreto que lo que describe el versículo 16? Será algo público e inevitable como cuando Dios tronó y sonó la trompeta en el monte Sinaí o cuando el emperador romano llegaba de visita a sus dominios.

Mateo 24:40-41

El otro pasaje que a veces se usa como justificación para un rapto secreto es Mateo 24:40-41:

> Estarán dos hombres en el campo: uno será llevado y el otro será dejado.
> Dos mujeres estarán moliendo: una será llevada y la otra será dejada.

Esto se interpreta como que uno será llevado (raptado al cielo), mientras el otro será dejado atrás para soportar cualquier cosa que sobrevenga sobre la tierra (de ahí el título de la serie: *Dejados atrás*).

Pero en el contexto inmediato, Jesús se refiere a lo súbito del diluvio (como una imagen de la naturaleza súbita e inesperada de la venida del Hijo del hombre). Los «llevados» entonces fueron aquellos *destruidos* en el diluvio (v. 39). Ser «llevado» en ese sentido no era un escape bendito sino un castigo.

En los versículos 40-41, Jesús probablemente compara su venida con un súbito e inesperado ataque enemigo contra una villa (como lo comparó con un ladrón que llegaba en la noche). Algunas personas desafortunadas serán capturadas y arrebatadas (como las víctimas del diluvio del versículo anterior); otras —las afortunadas— serán dejadas detrás (es decir, perdonadas o salvadas). Los cazadores de raptos invierten el simbolismo por completo al introducir en estos versículos un significado que ya han tomado erróneamente de 1 Tesalonicenses 4, es decir, que Jesús habla de llevarse las personas al cielo. Todo lo que él hace es describir lo súbito y contundente de la aparición del Hijo del hombre.

La tierra de Israel

Desde la ocupación de Palestina por los colonos judíos a principios del siglo XX y el establecimiento del moderno estado de Israel tras la guerra de 1947-48, la tierra y el estado de Israel han figurado de manera prominente en algunos escenarios de los últimos tiempos. Con frecuencia, estos puntos de vista están basados en interpretaciones de las profecías del Antiguo Testamento sobre la tierra de Israel que no toman en consideración cómo se relacionan esos textos con Cristo y el Nuevo Testamento. Esto es, saltan alegremente las páginas de Ezequiel y aterrizan en el siglo XX, sin hacer referencia a lo que enseña el Nuevo Testamento sobre el cumplimiento de las esperanzas del Antiguo Testamento en la vida, muerte y resurrección de Jesús.

En el Antiguo Testamento, por supuesto, la promesa y la dádiva de la tierra constituyen un componente principal de la fe de Israel. Pablo nos recuerda que todas las promesas del Antiguo Testamento tienen su «Sí y Amén» en Cristo (2 Corintios 1:20). Ya sean cristianos o judíos, los creyentes en Cristo constituyen la simiente espiritual de Abraham y son herederos del pacto y la promesa (Gálatas 3:26-28; cf. Romanos 4:11-12). Pero esa promesa hecha a Abraham tenía la tierra como un componente principal. Si todos los grandes temas de la fe y el ritual del Antiguo Testamento convergen tipológicamente en Cristo, ¿dónde encaja la tierra?[5]

El Nuevo Testamento no otorga un lugar teológicamente especial a la tierra de Palestina, simplemente como *territorio*. La tierra como *lugar* santo ha dejado de tener relevancia para los cristianos. El vocabulario de bendición, santidad, promesa, dádiva, herencia, reposo, etcétera, nunca se utiliza con referencia al territorio habitado por el pueblo judío en ningún lugar del Nuevo Testamento, como sucede con tanta frecuencia en el Antiguo. Todas estas realidades «territoriales» fueron transferidas al propio Cristo (al igual que los sacrificios, el sacerdocio, el templo y el reinado).

La enseñanza de Pablo sobre el nuevo estatus de los gentiles en Cristo (Efesios 2:11—3:6) es rica en las imágenes de la tierra del Antiguo Testamento: los gentiles, antes de la venida de Cristo, estaban «excluidos de la ciudadanía de Israel y ajenos a los pactos de la promesa»; esto es, no tuvieron participación en el parentesco territorial de la membresía de Israel (2:12). Pero a través de la cruz de Cristo, los «gentiles» ya no son extraños ni extranjeros (arrimados sin tierra), sino conciudadanos de los santos y miembros de la familia de Dios (2:19). Esto habla de permanencia, seguridad, fusión y responsabilidad práctica (cf. 3:6). Esto es exactamente lo que significa «estar en la tierra» para el Israel del Antiguo Testamento. Pero ahora disfrutan de la misma seguridad todos los gentiles que creen en Cristo, así como los creyentes judíos. Lo que Israel tuvo a través de su tierra, lo tienen ahora todos los creyentes a través de Cristo. Ahora el mismo Cristo asume el significado de la función de esa vieja calificación de parentesco territorial. Estar «en Cristo» conlleva el mismo estatus y responsabilidades que estar «en la tierra».

El autor de Hebreos quería confirmar a los judíos creyentes en Jesús que no habían perdido nada de su gran herencia, sino más bien que lo tenían todo más rica y eternamente en Cristo. Fíjese en lo que les dice que «tenemos»: *Tenemos* la tierra —descrita como el «reposo»— que ni Josué no logró al final para Israel, pero en la cual nosotros podemos entrar a través de Cristo (Hebreos 3:12—14:11). *Tenemos* un sumo sacerdote (4:14, 8:1, 10:21). *Tenemos* esperanza a través del pacto (6:19-20). Tenemos acceso libre al Lugar Santísimo, de manera que tenemos la realidad del tabernáculo y el templo (10:19). Nos hemos acercado al monte Sión (12:22). Tenemos un reino (12:28). De hecho, de acuerdo con Hebreos, la única cosa que no tenemos aquí es una ciudad territorial, terrenal (13:14). A la luz de todos los demás «tenemos» positivos, esta clara negativa se destaca como lo más significativo. No hay «tierra santa» ni «ciudad santa» para los cristianos. No tenemos necesidad de ninguna de las dos. Tenemos a Cristo.

También debemos señalar que en ninguna parte el Nuevo Testamento basa sus enseñanzas sobre el futuro de cristianos o judíos o de los acontecimientos del mundo circundante en un estado de Israel renovado e independiente en la tierra. En tiempos del Nuevo Testamento, por supuesto, no había estado de Israel; Judea y otras partes de la tierra eran dependencias del Imperio Romano. No había habido un estado independiente llamado Israel sobre esa tierra desde la caída de Samaria ante los asirios en 721 a.C. Por supuesto, Pablo habla del continuo amor de Dios por los judíos y de que estos han sido injertados de nuevo en su olivo original a través de la fe en Jesús. Pero es un completo error equiparar lo que enseña el Nuevo Testamento sobre el pueblo judío en general únicamente con el moderno estado de Israel.

Ahora bien, por supuesto que no sorprende que muchos *judíos* sientan un gran apego por la tierra de sus antepasados, o que continúen manteniendo una interpretación territorial de la tierra prometida a Abraham, pues no aceptan la fundamental premisa cristiana de que, como dice Pablo, «la promesa hecha a nuestros antepasados [...] Dios nos la ha cumplido plenamente a nosotros, los descendientes de ellos, al resucitar a Jesús» (Hechos 13:32-33). Hay que decir, sin embargo, que no todos los judíos han apoyado el establecimiento del estado de Israel por cualquier medio o aprobado todas sus acciones durante el pasado medio siglo, y muchos judíos sinceros rechazan el sionismo en lo político y teológico; además, muchos están consternados ante el comportamiento social y militar de Israel.

Pero ni un solo país o ciudad sobre la tierra posee un significado santo o especial para los *cristianos*. El centro de nuestra fe no es un lugar, sino una persona, la persona de Jesús el Mesías. Él es el Señor de toda la tierra y retornará para reivindicar toda la tierra.

Algunos escenarios del «fin de los tiempos» predicen un regreso de Jesús centrado en Jerusalén, o la reconstrucción del templo allí, o la última gran batalla de Armagedón literalmente librada en la tierra del moderno Israel[6]. Estas sensacionales predicciones (algunas de las cuales incluyen casualmente escenarios que involucran masivas pérdidas de vidas) entran en una religión cristiana popular de ficción y folclor. Pero también afectan poderosas agendas políticas, y eso las hace potencialmente mucho más insidiosas. Le dan un lugar privilegiado al moderno estado de Israel en una supuesta agenda final de Dios para la historia mundial sobre la base de algunas cuestionables interpretaciones de la Escritura. Esto, después, lleva a aquellos que apoyan tales puntos de vista a una suspensión no bíblica de cualquier crítica profética de las políticas y prácticas opresivas de ese estado.

Para algunos cristianos, al moderno estado israelí se le excusa de cualquier responsabilidad moral o internacional porque «cumple la profecía». Una actitud como esa, de ciego apoyo a Israel, está en discordante contraste con las palabras de la mayoría de los verdaderos profetas bíblicos, y aun de Jesús. Siempre me ha parecido extraño que a cualquiera que se atreve a expresar críticas del moderno estado israelí se le acusa rápidamente (tanto por algunos judíos como cristianos) de antisemitismo. Pero, según esa norma, Jesús, Pablo y todos los profetas tendrían que haber sido puestos bajo la misma acusación, la cual es abiertamente ridícula, pues ellos amaban profundamente a su pueblo, aunque pronunciaron las palabras más cáusticas de acusación profética contra la idolatría, la opresión y el nacionalismo racista dentro del propio Israel. De hecho, está claro que Jesús fue categórico a la hora de rechazar la agenda del nacionalismo territorial y político judío en sus propios días y se pronunció en contra de este. Es difícil ver cómo podría respaldar a sus equivalentes modernos.

Conclusión: Compruébelo

Puede que usted discrepe conmigo sobre cualquiera o sobre todos los últimos tres puntos, y eso está bien. Hay convicciones muy fuertes y diferentes sobre estas cosas que mucha gente sincera sostiene. Y en mi propia vida como maestro de Antiguo Testamento he tropezado con muchas de ellas de un modo u otro. No es fácil nadar contra la corriente de esas convicciones tan populares. También hay una carga masiva de presupuestos populares, libros, películas, sitios en la red, y promociones multimillonarias, todo lo cual le da un aire de infalibilidad e inevitabilidad a algunos escenarios de los últimos tiempos. Estos son poderosamente persuasivos en la forma en que se revisten.

Pero es trágico si los cristianos basan sus creencias más en novelas de ficción y hasta en tiras cómicas y películas de Hollywood que en un cuidadoso estudio de la misma Biblia y de la sólida tradición de la fe cristiana a través de los tiempos de la iglesia. Tenemos que preguntarnos si nuestras creencias en estas materias están moldeadas por el reciente «cristianismo popular» de la cultura que nos rodea, o por un entendimiento reflexivo de la Biblia.

A todo lo que yo instaría, entonces (antes que usted tire este libro si discrepa conmigo, ¡y se pierda los dos últimos capítulos!), es a ser cuidadoso y discernir y buscar que nos gobierne lo que la Biblia, interpretada como un todo, dice.

Así que, en lugar de enterrarnos en abismos todavía más profundos de probables desacuerdos sobre opiniones en disputa, vayamos hacia adelante y pensemos en lo que la Biblia clara y repetidamente enseña acerca del fin del mundo. Pensemos en las *certidumbres* bíblicas que están delante de nosotros y las *consecuencias* prácticas que tienen sobre cómo debemos vivir ahora.

Cuando la Biblia habla del fin del mundo (para seguir utilizando nuestra fraseología, la cual en realidad no es exacta), conduce nuestra atención hacia dos cosas: un final y un comienzo. La primera es un acontecimiento; la segunda es un nuevo estado de cosas en desarrollo. El acontecimiento en el gran clímax de toda la historia es el regreso Cristo. El nuevo comienzo es la nueva creación, de la cual el regreso de Cristo marcará el comienzo, la nueva era del eterno reino de Dios, cuando Cristo venga a residir de nuevo entre una humanidad redimida en una nueva creación.

Veremos cada una estas cosas en los siguientes dos capítulos.

Notas

1. Este es el término utilizado para describir el estado de una persona en el «intervalo» entre su muerte y el regreso de Cristo.

2. La enseñanza en su forma contemporánea data de mediados del siglo XIX, particularmente de la enseñanza de John Nelson Darby, de quien procede el esquema conocido como dispensacionalismo premilenario. La idea de que los santos serán raptados antes de la Gran Tribulación («pretribulacionismo») se dice que se remonta a una joven escocesa, Margaret McDonald, que tuvo visiones proféticas en 1930 y las contó a Edwin Irving; pero se disputa una conexión directa entre ella y los primeros padres del dispensacionalismo. Esto ganó su presente popularidad como la presunción dominante en gran parte de la religión evangélica folclórica de Estados Unidos, en gran parte como resultado de la Biblia Scofield y el éxito fenomenal del libro de Hal Lindsey, *La agonía del gran planeta Tierra* (Zondervan, Grand Rapids, 1970).

3. Esta es la palabra que ha generado el concepto del rapto. La palabra española *rapto* se deriva de la traducción latina (la Vulgata), la cual utiliza *rapiemur*, (de *rapio, rapere, rapui, raptum*, «arrebatar»).

4. La práctica continuó en muchos reinos después que cayó el Imperio Romano. La gran «Avanzada Real» de los monarcas ingleses incluía esos protocolos. Una buena definición de uno, cuando Enrique VIII visitó York en 1541, se encuentra en la novela histórica *Sovereign,* de C. J. Samson [Pan Books, Londres, 2007).

5. He discutido este tema con mucha más profundidad en *Old Testament Ethics for the People of God* (InterVarsity Press, Downers Grove, IL, 2004), cap. 6.

6. Pese a todo lo que se dice, escribe, e imagina sobre la llamada batalla de Armagedón, ¡mucha gente nunca ha notado que en Apocalipsis esta es una batalla que nunca se libra! Cada vez que se le menciona, hay una gran reunión de todas las fuerzas hostiles a Dios, a Cristo, y a su pueblo, pero en cada ocasión, no hay batalla, ningún gran enfrentamiento de ejércitos, como en una buena parte de la ficción popular. Antes bien, los enemigos de Dios son derrotados de manera aplastante, destruidos por un terremoto, o por la espada de su boca, o por fuego del cielo (vea Apocalipsis 16:12-21; 19:19-21; 20:7-10). Incluso la gran caricatura de toda esta especulación (Ezequiel 38—39) nunca describe una verdadera batalla, sino simplemente asegura al lector que el propio Dios destruirá todos los ejércitos de sus enemigos. El pueblo de Dios no peleará la última batalla; solo Dios lo hará.

10

EL GRAN CLÍMAX

«¿Cuándo es el Gran Día?» Esa es una pregunta que utilizamos con bastante frecuencia en la vida diaria. Podríamos hacérsela a una pareja que se ha comprometido para saber si ya han fijado el día de la boda. O si hay un deportista en la familia, podríamos estar incidiendo sobre esa gran final de alguna emocionante competencia en la que todo se decidirá.

La Biblia tiene un «Gran Día», y desde temprano ha suscitado interés.

En espera de Dios

«El día del Señor» es una expresión frecuente en el Antiguo Testamento. Al principio, describía la esperanza de los israelitas de que Yahvé, su Dios, intervendría para derrotar a sus enemigos y sacarlos de la opresión. No obstante, Amós insistió en el concepto y dijo que cuando Dios interviniera en «el día del Señor», habría oscuridad, no luz (Amós 5:19-20). Dios venía en realidad para buscar a sus enemigos, pero ¿quiénes eran? No solo las demás naciones. El hecho perturbador era que Israel y Judá, por su rechazo de las obligaciones del pacto, por su idolatría, y especialmente por su injusticia social y explotación del pobre, se habían convertido también en enemigos de Dios y estaban justo en el sendero donde estallaría su juicio… cuando llegara el día del Señor. El Gran Día no era un día de anhelar.

Otros profetas siguieron la pauta de Amos y construyeron sus propias descripciones de ese venidero día del Señor. En el sentido de un juicio inminente de Dios, el día del Señor se cumplió inicialmente en la historia del

Antiguo Testamento cuando fue destruida Jerusalén y el pueblo de Dios marchó cautivo a Babilonia en 587 a.C. Pero algunos profetas también utilizaron el término para mirar aun más lejos y lo hicieron en un sentido positivo y negativo combinados. El día del Señor traería ciertamente castigo, pero también significaría liberación y gozo para quienes permanecieran fieles a Dios. Lea, por ejemplo, Sofonías 1:14-18 como un cuadro terrible del día del Señor, como un día de ira y juicio; pero enseguida lea Sofonías 3:9-17 para encontrar las secuelas llenas de salud, restauración y gozo... y todo como parte de «ese día».

En el Nuevo Testamento, el día del Señor logra un sentido final más claro con referencia al regreso de Cristo, y de hecho Pablo lo convierte en «el día de Cristo» (e.g., Filipenses 1:6, 10; 2:16; cf. 1 Corintios 2:8). El día de Cristo es el gran clímax, el gran final, de toda la obra de Dios en la historia. Es el día que completará toda la historia de la salvación. Este gran acontecimiento tiene un gran programa que se adelanta en la Biblia. Tres grandes acciones se desarrollarán: el regreso de Cristo, la resurrección de los muertos y el juicio final.

Estas cosas se presentan normalmente en ese orden, el cual tiene cierta lógica y secuencia naturales. Pero hay que mantenerlos unidos como partes de un gran acontecimiento final. Es «el fin», pero este incluye los tres elementos. Así que hablaremos de cada uno a la vez. Pero mientras hacemos eso piense que son dimensiones íntimamente interconectadas del mismo gran acontecimiento climático.

El regreso de Cristo

El Nuevo Testamento enseña que Jesucristo retornará para completar la obra que realizó en la primera parte de su vida terrenal. Como ha trascurrido mucho tiempo en la tierra desde la primera venida de Cristo y todavía esperamos su segunda venida, tendemos a separar la primera y la segunda venida en nuestra mente, en nuestra liturgia y en nuestros calendarios eclesiales. De hecho, ¡en el año eclesial tradicional, curiosamente, pensamos en su segunda venida en el Adviento antes que celebremos su primera venida en Navidad. Sin embargo, los autores del Nuevo Testamento las mantenían mucho más próximas como las dos partes de un solo gran logro de Dios.

Haga una pausa y lea estos tres pasajes y verá que en cada caso la primera y la segunda venida de Cristo están unidas integralmente: Tito 2:11-13; Hebreos 9:26-28; 1 Juan 3:2, 5.

¿Así que cómo ocurrirá esto? ¿Cómo será el regreso de Cristo? Bien, como usted no se sorprenderá de escuchar en esta fase de este libro, hay profundidades que de seguro no podemos aspirar a entender en detalle. Comprender a Dios es bastante difícil cuando pensamos en lo que ha hecho en el pasado o lo que permite en el presente; y es aun más difícil comprender todo lo que la Biblia dice sobre los planes de Dios para el futuro definitivo. Incluso el propio Jesús fue reticente a la hora de explicarlo y recurrió a imágenes y comparaciones. De manera que no debemos ir más allá en nuestras preguntas de lo que claramente se enseña.

Pero por lo menos tres cosas parecen claras en la enseñanza del Nuevo Testamento. El regreso de Cristo será personal, visible, y glorioso. Por lo menos podemos entender lo que estas palabras significan, aun si no podemos entender la mecánica de cómo se materializarán.

Personal

Primero, de veras será Jesús el que retornará. El Nuevo Testamento no habla de una presencia mística o una sensación subjetiva de que «Jesús está aquí», de la manera en que alguna gente habla de la continua presencia de héroes legendarios que ahora están muertos. Ni es este consuelo sentimental o emocional el que expresan las personas acongojadas cuando hablan de un ser querido fallecido. «Ella siempre estará con nosotros». No, el Nuevo Testamento afirma que Jesús será reconocible cuando regrese como lo fue para sus primeros discípulos cuando lo encontraron tras su resurrección. Cuando los discípulos vieron al Jesús resucitado, supieron sin ninguna duda quién era: el mismo Jesús, por cierto más real que nunca.

Recuerde la descripción de la ascensión cuando Jesús, habiendo bendecido a sus discípulos y comisionándolos de nuevo para llevar adelante la misión de Dios, se elevó delante de sus ojos y luego desapareció en una nube, simbólica del regreso a la presencia de Dios en el cielo. Ellos miraron hacia el cielo .¿Adónde se ha ido? ¿Lo verían otra vez? Lucas continúa:

> Ellos se quedaron mirando fijamente al cielo mientras él se alejaba. De repente, se les acercaron dos hombres vestidos de blanco, que les dijeron:
>
> —Galileos, ¿qué hacen aquí mirando al cielo? Este mismo Jesús, que ha sido llevado de entre ustedes al cielo, vendrá otra vez de la misma manera que lo han visto irse.
>
> —Hechos 1:10-11

«Este mismo Jesús...», no un fantasma, por su influencia, o su recuerdo, sino el Jesús que conocieron y amaron. El regreso de Cristo será personal, reconocible e incuestionable (vea también Santiago 5:7-9; 1 Juan 2:28).

Visible

Segundo, el regreso de Cristo será visible. No será un secreto o algo reservado a los creyentes. Será tan «visible» como un relámpago. «Porque así como el relámpago que sale del oriente se ve hasta en el occidente, así será la venida del Hijo del hombre» (Mateo 24:27). Así que Jesús dice que su llegada será inequívocamente visible para todos. Nadie dejará de verlo.

Unos cuantos versículos más adelante Jesús refuerza esto al decir que el impacto de su venida lo sentirían todas las naciones sobre la tierra. Su regreso será presenciado universalmente: «La señal del Hijo del hombre aparecerá en el cielo, y se angustiarán todas las razas de la tierra. Verán al Hijo del hombre venir sobre las nubes del cielo con poder y gran gloria» (Mateo 24:30).

De la misma manera, la imagen que abre Apocalipsis del Jesús exaltado declara: «¡Miren que viene en las nubes! Y todos lo verán con sus propios ojos» (Apocalipsis 1:7). A veces el Nuevo Testamento dice que Jesús será «revelado», lo cual significa visto claramente por todos como verdaderamente es (1 Corintios 1:7; 2 Tesalonicenses 1:7).

Como esta será visible, la segunda venida de Cristo también será pública y universal. Nadie se la va a perder. Su primera venida no habría merecido ni siquiera una nota al pie de algún periódico de Roma. Aun Herodes en Jerusalén tuvo que enterarse de ella por visitantes extranjeros. Pero cuando Jesús venga de nuevo, será un evento global, instantáneo, total, de abrumador conocimiento público. Desplazará cualquier cosa que esté ocurriendo en ese momento. Nadie va a decir: «Esperen hasta que termine esto», o «Déjenme ir a buscar mi cámara». Absolutamente todas las cosas cederán el paso al Rey que regresa, irresistiblemente visible a todos.

Por supuesto, pensar sobre esto empuja nuestras mentes más allá de nuestra zona de confort cognitivo. Las leyes normales de la física, protestamos, no permiten que ningún evento sea simultáneamente visible desde todos los puntos de un planeta esférico. Las soluciones propuestas que involucran satélites y pantallas de televisión (¡las cuales algunas personas dan como razón de que el evento haya demorado tanto!) parecen obsesiones técnicas risibles. Aun si pudiéramos imaginar un día cuando todo el mundo sobre la tierra tuviera directo acceso a la televisión (sin duda el sueño de un anunciante, pero una pesadilla cultural), la idea de que la segunda venida de Cristo tenga que depender de que todo mundo observe simultáneamente una pantalla de televisión es absurda (¿Y qué si algunos deciden apagar el televisor? ¿Conseguirán que entonces los excluyan del evento?).

No, quizá yo no comprenda la mecánica, pero estoy seguro de que el Creador del universo tiene el poder y los medios para hacer el regreso de su Hijo instantáneamente visible e irresistiblemente real para cada ser humano sobre el planeta. Dondequiera que usted o cualquier otro pueda estar sobre la superficie de la tierra el día que Cristo regrese, lo verá. Para aquellos de nosotros que pasamos mucho tiempo viajando de una parte de la tierra a otra, este es un consuelo mayor que el documento de nuestro seguro de viaje. Hay muchas cosas que me he perdido por estar fuera cuando ocurrieron. ¡Esta no será una de ellas!

Glorioso

En contraste con su primera venida en humildad y oscuridad, Jesús regresará en la plena gloria de su divina majestad (las referencias a las nubes en varios pasajes bíblicos simbolizan esto; las nubes ofrecen frecuentemente pruebas de la presencia de Dios). Cuando Jesús vino por primera vez, tuvo el vientre de una madre, un pesebre prestado, un banco de carpintero y una cruz. Cuando venga otra vez, será a su legítimo reino, a su herencia de todas las cosas en el cielo y sobre la tierra, y en la plenitud de su gloria divina.

De manera que Pablo escribe: «Mientras aguardamos la bendita esperanza, es decir, la *gloriosa* venida de nuestro gran Dios y Salvador Jesucristo» (Tito 2:13, énfasis añadido). Pablo quizá se hace eco asombrosamente del lenguaje protocolar del Imperio Romano. «Nuestro gran dios y salvador» era una frase que se utilizaba para describir a los emperadores romanos. Las ciudades esperaban gustosas una visita de su «gran dios y salvador». Pablo dice, como si así fuera: «También nosotros, pero uno mucho mayor y mucho más glorioso: la aparición de nuestro gran Dios y Salvador, Jesucristo» (vea también 2 Tesalonicenses 2:8).

Entonces, al unir estás tres grandes afirmaciones bíblicas, el retorno de Cristo significará la *presencia personal* de uno que está ahora ausente físicamente para nosotros, la *presencia visible* de aquel que ahora es invisible para nosotros, y la *gloriosa presencia* de aquel cuya gloria está escondida ahora de nosotros. Esa es la dimensión y la escala de la descripción bíblica de este gran evento. No perdamos tiempo fantaseando y especulando sobre su cronología. Confiemos, regocijémonos y preparémonos para la *certidumbre* de esto.

¿Qué significa para mí?

Estaba preparándome recientemente para predicar sobre Isaías 52:7-10. Este es ese maravilloso pasaje lleno de emoción en el que el profeta describe a los solitarios centinelas de la devastada Jerusalén que ven un corredor que viene del este y trae las buenas nuevas de que por fin Dios regresa; el exilio termina y Dios está camino a su casa.

> ¡Qué hermosos son, sobre los montes, los pies del que trae buenas nuevas; del que proclama la paz, del que anuncia buenas noticias, del que proclama la salvación, del que dice a Sión: «Tu Dios *reina*»! ¡Escucha! Tus centinelas alzan la voz, y juntos gritan de alegría, porque ven con sus propios ojos que el Señor *[regresa]* a Sión. Ruinas de Jerusalén, ¡prorrumpan juntas en canciones de alegría! Porque el Señor ha consolado a su pueblo, ¡*ha redimido* a Jerusalén! El Señor desnudará su santo brazo a la vista de todas las naciones, y todos los confines de la tierra verán la salvación de nuestro Dios.
>
> —Isaías 52:7-10 (énfasis añadido)

Noté, como podría cualquier predicador, que tres palabras del texto (en itálicas) comenzaban con «r». Y prediqué sobre cómo el profeta alentaba a los exiliados diciendo que su Dios era un Rey que reinaba, regresaba [*volvía* en español] y redimía. Entonces llevé el texto a través del Nuevo Testamento y señalé la manera en que este encuentra su siguiente nivel de cumplimiento allí. Porque Jesús de Nazaret era (en su primera venida), es ahora (en su gobierno soberano), y será (en su segunda venida), Dios que reina, Dios que regresa, y Dios que redime.

Para pensar cómo aplicar el pasaje, me pregunté: *¿Qué significa para mí aquí y ahora que Jesús sea el Señor que reina, el Rey que regresa, y el Salvador que redime el mundo?*

El Cristo que reina

Para mí, creer que Jesús reina significa que cuando reflexiono sobre las noticias del mundo —con todas las impredecibles complejidades de la vida internacional, los reclamos y contrareclamos, y la postura de arrogancia del poder militar y el dominio económico— tengo siempre que preguntarme cómo y dónde veo las señales de reinado de Dios en Cristo en medio de todo ello.

¿Pero no es eso demasiado difícil en nuestro mundo loco que está patas arriba? Probablemente no más difícil de lo que habría sido en los días de los profetas cuando Siria, luego Babilonia, y después Persia parecían regir el mundo. O en los días de Jesús y los apóstoles, cuando los emperadores romanos dominaban su mundo como el único superpoder, imponiendo su voluntad a través de una ambigua mezcla de ruda superioridad militar, egoísmo económico y logros positivos. Las cosas no han cambiado tanto. Pero en medio de toda esa ambigüedad, se nos llama a afirmar: «¡Nuestro Dios reina; Jesús es el Señor! (y no un César o un sucesor de César)». En eso descansa mi confianza y esperanza.

El Cristo que regresa

Para mí, creer que Jesús regresa significa que cuando pienso en los «terrenos baldíos» de la tierra (como las ruinas de Jerusalén) —la ruina de cosas que Dios creó bellas; la destrucción de la diversidad y la belleza de nuestro planeta; la desolación del sufrimiento humano bajo la brutalidad de los malvados; la devastadora pérdida de vidas y esperanza a través del VIH-SIDA, etc.— recuerdo que Jesús también es el Rey que regresa. Y recuerdo el maravilloso clímax del Salmo 96:

> ¡Alégrense los cielos, regocíjese la tierra!
> ¡Brame el mar y todo lo que él contiene!
> ¡Canten alegres los campos y todo lo que hay en ellos!
> ¡Canten jubilosos todos los árboles del bosque!
> ¡Canten delante del Señor, *que ya viene*!
> ¡Viene ya para juzgar la tierra!
> Y juzgará al mundo con justicia,
> y a los pueblos con fidelidad.
>
> —Salmo 96:11-13 (énfasis añadido)

Toda la creación espera el regreso de Dios, porque cuando lo haga, pondrá las cosas en su lugar (el significado de "él juzgará al mundo con justicia"). Así que hay esperanza. Habrá justicia y restauración cuando Cristo regrese.

El Cristo que redime

Para mí, creer que Jesús es el Dios redentor significa que cuando pienso en el vasto número de seres humanos que viven en esclavitud y opresión de todas clases —servidumbre creada por la pobreza, el hambre y la injusticia; por la violencia, el crimen, la violación; por los tentáculos de las adicciones; o por pura ignorancia de la verdad liberadora del evangelio— miro hacia el día cuando todos los confines de la tierra verán la salvación de nuestro Dios. Espero el día cuando todos los que se vuelvan a él en su necesidad y desesperación y anhelan su aparición verán a su Redentor como lo que es en realidad: el Señor, el Rey y el Salvador de las naciones.

¿Vio usted la trilogía de películas *El señor de los anillos*? Fui a las tres, y recuerdo a las multitudes alineadas para ver la Parte 3. De hecho, ya fuera que leyéranos el libro o no, todos sabíamos cómo terminaría la historia: con «El regreso del rey». Bien, hemos leído el libro de Dios, y también sabemos cómo terminará la historia del universo. Termina con el regreso del Rey y la salvación, no solo «del condado», sino de toda la creación y toda la humanidad redimida por Dios de cada nación del planeta.

¿Pero cómo? Me pregunto. ¿Cómo y cuándo pueden ocurrir estas cosas? ¿Cómo es posible que yo comprenda la naturaleza o las implicaciones de tan vastas convicciones? Solo puedo contestar con las palabras del extraordinariamente bello himno «I cannot Tell» [No puedo decir], de W. Y. Fullerton. Cada verso sopesa lo que no podemos comprender con lo que sabemos con seguridad (vea el énfasis). Las dos últimas estrofas lo expresan así:

> **No puedo decir cómo** *el se ganará las naciones,*
> *Cómo tomará su herencia terrenal,*
> *Cómo satisfará las necesidades y aspiraciones*
> *Del este y el oeste, del pecador y el sabio.*
> **Pero esto sé,** *toda carne verá su gloria,*
> *Y recogerá la cosecha que él ha sembrado,*
> *Y un día feliz su sol brillará con esplendor*
> *Cuando él, el salvador, el salvador del mundo se conozca.*
> **No puedo decir cómo** *todos los países adorarán,*
> *Cuando ante una orden suya toda tormenta se aquiete,*
> *O quién puede decir cuán grande será el júbilo,*
> *Cuando todos nuestros corazones estén llenos de amor por él.*
> **Pero esto sé,** *los cielos resonarán con sus alabanzas,*
> *Diez mil voces humanas cantarán,*
> *Y la tierra al cielo y el cielo a la tierra responderán:*
> *«¡Por fin el Salvador, el Salvador del mundo es rey!»*

Bien, eso es lo que significa para mí. Pero qué significa para *ellos,* pensé mientras preparaba mi sermón sobre Isaías 52:7-10 y tomé el texto para un paseo (como con frecuencia hago). Caminaba sobre Tottenham Court Road, cerca de mi casa, y pensé. «¿Qué de estas miles de personas en las calles de Londres? ¿Qué significa para ellas que Jesús reine como Señor de la historia, el Rey de la creación que regresa, y el Redentor y Salvador del mundo?»

La respuesta pareció rebotar en las paredes de los edificios: *Absolutamente nada. Nada.* ¿Cómo podría significar algo si no lo conocen, si nunca han escuchado sobre Jesús, si nadie nunca les ha contado?

Entonces mi propio texto pareció rebotar de las paredes también, solo que esta vez por medio de las palabras de Pablo, quien citó a Isaías 52:7 en medio de una lista de preguntas similares:

> No hay diferencia entre judíos y gentiles, pues el mismo Señor es Señor de todos y bendice abundantemente a cuantos lo invocan, porque «todo el que invoque el nombre del Señor será salvo». Ahora bien, ¿cómo invocarán a aquel en quien no han creído? ¿Y cómo creerán en aquel de quien no han oído? ¿Y cómo oirán si no hay quien les predique? ¿Y quién predicará sin ser enviado? Así está escrito: «¡Qué hermoso es recibir al mensajero que trae buenas nuevas!»
>
> —Romanos 10:12-15

Es cierto que no hay nada bello en los pies. Lo único que hace bello a los pies es estar calzados con el apresto del evangelio (Efesios 6:15, RVR1960). Entonces son pies que pertenecen a gente que está dispuesta a aceptar el reto:

«Ve, dile a las montañas», a las montañas de la arrogancia humana, que Jesús ha nacido y reina.

«Ve, dile a las montañas», a las montañas de la desesperación humana, que Jesús ha nacido y regresa.

«Ve, dile a las montañas», a las montañas de la servidumbre humana, que Jesús ha nacido y es el Redentor, el Salvador y el Señor.

Así fue como terminé mi sermón.

La resurrección de los muertos

Al regreso de Cristo, los muertos se levantarán. La creencia en la resurrección de los muertos era una convicción judía única y distintiva. Como ha demostrado N. T. Wright con una exhaustiva investigación, el concepto de la resurrección es muy diferente de la simple idea de la vida después de la muerte. La creencia de que los seres humanos sobreviven después de la muerte en alguna otra forma y en algún otro lugar o ámbito es común a lo largo de las culturas humanas, y estaba ciertamente allí en las culturas que rodeaban a los judíos antes y después de la vida de Jesús. Pero la creencia en lo que Wright llama «*vida después de la vida* después de la muerte» —esto es, la vida resucitada en un nuevo cuerpo sobre una tierra renovada— no se encuentra en ningún otro lugar más que en la fe de Israel, edificada sobre varios fundamentos de la Escritura[2].

De la enseñanza tradicional del Nuevo Testamento sobre esto, podemos afirmar dos cosas sobre la resurrección de los muertos como parte integral de este gran evento final: será universal para toda la raza humana, y será un acto decisivo de Dios.

Universal

Todo ser humano que ha vivido y muerto alguna vez sobre el planeta tierra resucitará en el día postrero. Otra vez, esta es una afirmación de fe que va más allá de nuestra capacidad de comprensión. ¡Todos los muertos resucitados! Es mejor ni siquiera tratar de visualizar los mecanismos de esto, sin contar con la logística de ello. Solo Dios, cuyo poder está más allá de nuestra comprensión, tiene la infinita capacidad de orquestar un evento de tales proporciones. No obstante, la Biblia enseña sin dejar duda que lo hará. La visión de Juan del día postrero incluye lo siguiente:

> Luego vi un gran trono blanco y a alguien que estaba sentado en él. De su presencia huyeron la tierra y el cielo, sin dejar rastro alguno. Vi también a los muertos, grandes y pequeños, de pie delante del trono. Se abrieron unos libros, y luego otro, que es el libro de la vida. Los muertos fueron juzgados según lo que habían hecho, conforme a lo que estaba escrito en los libros. El mar devolvió sus muertos; la muerte y el infierno devolvieron los suyos; y cada uno fue juzgado según lo que había hecho.
>
> —Apocalipsis 20:11-13

No se quedará ninguna persona humana. Todas las vidas están en las manos de Dios y Dios las recuerda. «Grandes y pequeños», dice Juan. Nadie es demasiado grande como para que lo libren de esta resurrección (por lo que es amenazadora para los poderosos de la tierra; no en balde los saduceos que se coludieron con el gobierno de Roma la temían y la negaban). Nadie es demasiado pequeño e insignificante para que se le olvide (lo cual es la razón de que esto sea un gran consuelo para los que han puesto su fe en Dios mientras lo pisotean en esta vida).

Habrá resurrección para todos, no importa cómo murieron, ni si murieron, ni qué sucedió con sus cuerpos durante su muerte o después. La resurrección no es solo la resucitación de los cuerpos intactos de los que murieron recientemente. Esa es cuestión de películas de horror, no la enseñanza bíblica sobre la resurrección. La resurrección bíblica significa la acción milagrosa de Dios que restaura en un cuerpo visible la vida de seres humanos cuyos restos mortales puede que hayan desaparecido en el polvo, las llamas o el mar, siglos o aun milenios atrás. Todo ser humano hecho a la imagen de Dios resucitará al regreso de Cristo. La muerte es el fin de la presencia y participación de una persona en la historia del mundo en esta era. No es el fin de la persona en sí misma.

Un acto de Dios

Otra vez, tenemos preguntas sobre esto que la Biblia no contesta, tales como: ¿que edad tendremos en la resurrección, la misma que teníamos cuando morimos físicamente? ¿Qué entonces de los bebés que mueren al nacer o poco después? ¿Qué de las personas que murieron muy jóvenes sin una plena vida terrenal? ¿O qué de los que murieron después de años de terrible degeneración física y mental? No, no podemos decir cómo Dios resucitará a cada uno a una nueva existencia personal con significado que en cierto sentido incluye todo lo que nuestro envejecimiento terrenal ha significado (tal como la sabiduría ganada), y aun así en otro sentido lo trasciende (no seguir hundiéndose en un envejecimiento degenerativo).

¿Qué tipo de cuerpo será el cuerpo resucitado? Pablo dio una breve respuesta a esa pregunta en un lugar: «como el cuerpo resucitado de Jesús» (Filipenses 3:21); y una mucho más larga en otro lugar, que envuelve unas comparaciones agrícolas complicadas (1 Corintios 15:35-43). Aun a Jesús le hicieron una pregunta individuos que pensaban que el concepto de la resurrección podría sonar absurdo: ¿Qué le sucede a alguien que ha tenido varios cónyuges como resultado de la muerte de estos (Mateo 22:23-33)? Parte de la enigmática respuesta de Jesús está dirigida a recordar a los escépticos «el poder de Dios», y eso es todo a lo que podemos apelar ante todas esas preguntas. Es una parte fundamental de la fe bíblica desde tiempos del Antiguo Testamento que el Dios viviente tiene poder para levantar a los muertos.

Ya he dicho que para nosotros aquí y ahora, viviendo en el mundo físico en los cuerpos que tenemos ahora, es por definición imposible concebir lo que será cuando resucitemos a nuevas dimensiones de vida y potencial, o cómo todas las realidades de la vida ahora serán de alguna manera retenidas y sin embargo trascendidas. Lo mejor que puedo hacer al luchar por entender esta parte de nuestra fe bíblica es creer que el poder redentor y restaurador de Dios es tan grande que todas las cosas que han hecho nuestras vidas dignas, bendecidas y realizadas en el presente serán gloriosamente reales y parte de lo que tendremos entonces; y que nada de lo que ha dañado, reducido, robado o quebrantado nuestra vida aquí afectará lo que disfrutaremos entonces.

Regresaremos al cuerpo resucitado en nuestro capítulo final cuando pensemos sobre la vida en la nueva creación.

Además, la Biblia enseña que toda persona será resucitada a una forma de vida personal en la cual comparecerá ante el juicio de Dios. Y porque es una resurrección ante la presencia de Dios —Dios en su trono— también es un momento decisivo.

De acuerdo con eso, toda persona será resucitada a uno de dos destinos posibles.

> Ciertamente les aseguro que ya viene la hora, y ha llegado ya, en que los muertos oirán la voz del Hijo de Dios, y los que la oigan vivirán. Porque así como el Padre tiene vida en sí mismo, así también ha concedido al Hijo el tener vida en sí mismo, y le ha dado autoridad para juzgar, puesto que es el Hijo del hombre. No se asombren de esto, porque viene la hora en que todos los que están en los sepulcros oirán su voz y saldrán de allí. Los que han hecho el bien resucitarán para tener vida, pero los que han practicado el mal resucitarán para ser juzgados.
>
> —Juan 5:25-29

Los muertos resucitarán ya sea para entrar a la vida eterna, plena del propio Jesús resucitado, demostrada en su propia resurrección, o para enfrentar condena y destrucción. Para eso será efectivamente puesta en marcha la distinción por medio del tercer gran asunto en el programa de este evento cósmico: el día del juicio.

El día del juicio

Todo lo que la Biblia había dicho anteriormente sobre el día del Señor o el día de Cristo se resume en la gran imagen de Apocalipsis 20, citada arriba:

el gran trono blanco del juicio de Dios. El Dios que se sienta en juicio es el Señor de la historia y de la humanidad; esto es, el Señor de la vida, el universo y todas las cosas.

Lo primero que necesitamos decir sobre el día del juicio puede parecer sorprendente: ¡Son buenas nuevas! Esto es en realidad parte del evangelio. De hecho Pablo habla sobre «el día en que, por medio de Jesucristo, Dios juzgará los secretos de toda persona, *como lo declara mi evangelio*» (Romanos 2:16, énfasis añadido). El día del juicio es algo por lo que podemos estar alegres, aun cuando temblamos ante su perspectiva. ¿Por qué?

Dios pondrá las cosas en su lugar al final

Primero, el juicio nos asegura que vivimos en un universo moral en el cual la maldad y el mal no triunfarán al final. Esto nos hace regresar al capítulo 3. A través de toda la historia el pueblo de Dios ha sacado gran consuelo de la convicción de que, al final, Dios vindicará su propia justicia al tratar decisiva e irreversiblemente con todo lo que resiste y contradice su amoroso propósito para la creación. Esperamos ese día. Es bueno saber que el mal no triunfará al final. El evangelio nos trae esa seguridad como buenas noticias, junto con el resto de lo que nos dice, por supuesto, sobre cómo y por qué todo será así. Necesitamos estas buenas nuevas sobre un venidero día de juicio cada vez que observamos el mundo que nos rodea.

Como vimos en el capítulo 1 y 2, luchamos desesperadamente con la prevalencia de la injusticia. Estamos justamente enojados, junto con muchos autores bíblicos de los salmos y los profetas, cuando personas que se comportan de manera abominable parecen salirse con la suya con una impunidad totalmente frustrante. Vemos personas que son brutales, crueles, ambiciosas, despiadadas y desvergonzadas. Las observamos engañando y haciendo trampas a los débiles y riendo todo el camino rumbo a depositar en el banco. De alguna manera nos sentimos engañados si se salen con la suya hasta la muerte. *Debían* haber enfrentado la justicia, nos quejamos. La muerte solamente no parece suficiente; «se burlaron de la justicia», pensamos.

Por supuesto, a menudo nos sobrecoge un impío sentimiento de ira y un repulsivo deseo de venganza sepultados en nuestros sentimientos. Pero también hay, pienso, algo que refleja a fondo la verdad de que todo estaría universalmente equivocado si los que hacen el mal nunca enfrentaran las consecuencias de sus actos.

Al mismo tiempo, el corazón se nos rompe de pena y desesperación cuando personas que son pobres, vulnerables, indefensas y sin voz sufren la más terrible opresión, violencia y crueldad. «No hay justicia», clamamos. ¿No tendrán ellas nunca restitución y vindicación? Concordamos con la pregunta acusatoria de Job cuando presenció tales cosas en el mundo que lo rodeaba: «¿Por qué el Todopoderoso no trae a juicio a los malvados? ¿Por qué los justos deben esperarlo en vano?» (Job 24:1, NTV).

Job sigue relacionando en ese capítulo una serie de horrores sociales que son muy comunes en nuestros días. Y al principio concluye con un desesperado cinismo:

> De la ciudad se eleva el clamor de los moribundos;
> la garganta de los heridos reclama ayuda,
> ¡pero Dios ni se da por enterado!
>
> —Job 24:12

Pero entonces Job continúa (como hizo el autor del Salmo 73) a fin de obtener consuelo de la convicción de que cualesquiera que sean las apariencias, al final Dios actuará con justicia, y aquellos que perpetran esas enormidades un día comparecerán (y caerán) ante el tribunal de su Creador:

> Dios los deja sentirse seguros,
> pero no les quita la vista de encima.
> Por algún tiempo son exaltados,
> pero luego dejan de existir;
> son humillados y recogidos como hierba,
> ¡son cortados como espigas!
>
> —Job 24:23-24

Por supuesto, esa gente son seres humanos como nosotros, y sabemos que solo somos pecadores salvados por gracia. El evangelio nos enseña que nadie es tan malvado para estar más allá de la posibilidad de arrepentimiento y perdón. Así que esperamos y oramos que Dios traiga a esas personas a sus pies en humilde arrepentimiento, a la gracia que perdona, y a un cambio de vida y a la promesa de vida eterna. El ladrón sobre la cruz había sido (con toda probabilidad) un asesino brutal en sus días como luchador por la libertad (desde el punto de vista judío) y un terrorista (desde el punto de vista romano). Reconoció que había sido justamente castigado por sus crímenes, pero se volvió a Cristo en un asombroso acto de fe y recibió la amorosa promesa de los labios del Salvador que moría. Ese es un momento supremo de la verdad del evangelio y de la acción salvadora a favor de un pecador arrepentido. Jesús nos manda a seguir su ejemplo, amar y orar por nuestros enemigos, como él lo hizo, y orar por su perdón y buscar su salvación. Saulo de Tarso sabía eso mejor que la mayoría.

Pero el mismo Jesús que nos dijo que hay gozo en el cielo por un pecador que se arrepiente también nos dice que un temible juicio aguarda a aquellos que rehúsan arrepentirse y que van a la tumba sin reconciliarse con Dios, que persisten en esa negativa y que arrastran con ellos su maldad sin arrepentimiento y perdón.

Porque en el día del juicio de Dios todos los males serán expuestos. Ya no habrá ningún lugar donde esconderse. Ningunas cuentas secretas para esconder los frutos de la explotación. No más excusas para nosotros ni para nadie. No más hábiles abogados que aleguen tecnicismos. No más concesiones sentimentales por vejez o enfermedad. No más recurrir incluso al escape del suicidio. No hay en absoluto escapatoria, por ningún medio, a ningún lugar, jamás. El día del juicio revelará todas las cosas, evaluará todas las cosas, y se ocupará de todas las cosas. Toda maldad persistente, sin arrepentimiento, se encontrará con el veredicto de la perfecta justicia de Dios. Y el veredicto divino será público, validado por las pruebas, vindicado indisputablemente, más allá de queja o apelación, irreversible e ineludible. Dios pondrá todas las cosas en su lugar.

Y esa es una cuestión de regocijo para toda la creación, como celebra sonoramente el Salmo 96, tal cual vimos arriba. ¡Dios viene para poner las cosas en su lugar! Eso es lo que quiere decir la Biblia por Dios «juzga». No es solo un acto de castigo, sino una acción de rectificar todos los errores, que corrige todas las relaciones, y restaura la paz y la armonía. A eso regresará Cristo, dice el Nuevo Testamento, y esas son noticias sumamente buenas. Es parte del evangelio.

Jesús es el Juez

Segundo, el día del juicio implica buenas nuevas debido a quién será el juez. El trono que divisa Juan en su gran visión del libro de Apocalipsis es, por supuesto, el trono de Dios. Pero vio también que estaba ocupado por «el Cordero que fue sacrificado», por el Cristo crucificado (Apocalipsis 5:6). Jesucristo, crucificado, resucitado y ascendido, es aquel a quien Dios ha confiado todo juicio en ese día, como proclamó el mismo Jesús (Juan 5:22-23).

Pedro le dijo a Cornelio que Jesús «había sido nombrado por Dios como juez de vivos y muertos», antes de decirle que ese Jesús era quien podría darle el perdón de los pecados (Hechos 10:42-43). Pablo le dijo a los atenienses la misma cosa en Hechos 17:31 (cf. 2 Timoteo 4:1).

«Porque es necesario que todos comparezcamos ante el tribunal *de Cristo*» dice Pablo (2 Corintios 5:10, el énfasis es añadido). De manera que podemos estar seguros que el juicio combinará el amor y la misericordia de Dios con la perfecta justicia de Dios, justo como Jesucristo hizo en su propia persona. Quien jugará a todos será quien murió por todos.

El juicio será completamente justo

Pero si el juicio va a ser tan comprehensivo y final, ¿cuál será el criterio en que Dios basará su juicio? ¿Serán sus juicios justos? Estas son preguntas importantes porque nuestra experiencia de la justicia humana, aun en el mejor de los casos, es defectuosa y provisional. En los tribunales humanos nos inquieta que todos los hechos puedan no estar disponibles para el juez o el jurado. Sabemos que los abogados se esfuerzan para probar la inocencia o la culpabilidad, y sospechamos que la evidencia puede ser presentaba tendenciosamente en una dirección u otra. Luchamos por evaluar e interpretar las palabras y las acciones de las personas, y con todavía mayor dificultad, sus motivos.

Con todas esas limitaciones, hacemos nuestro mejor esfuerzo por lograr veredictos y sentencias que tengan algún aura de justicia, y aun entonces la disputa continúa a través de los escalones de la apelación. Sabemos que tenemos que hacer justicia. Aplaudimos a los que sinceramente dedican sus vidas como legisladores, policías, abogados y jueces al servicio de la justicia. Pero sabemos que al final todas las decisiones humanas «justas» en esta vida son parciales y provisionales.

Pero no es así con Dios ni con el final ajuste de cuentas del día del juicio. Todas las pruebas estarán allí, porque Dios en su infinito conocimiento sabe no solo las palabras y los hechos sino aun los pensamientos y motivos de todo corazón humano. Allí no habrá posibilidad de ningún descarrío de la justicia por medio de la ignorancia de los hechos. Nada se suprimirá a propósito ni se olvidará accidentalmente ese día. El Dios de la Biblia es el Dios que lo ve todo y lo sabe todo, y nada escapará a su conocimiento.

El Señor observa desde el cielo y ve a toda la humanidad; él contempla desde

su trono a todos los habitantes de la tierra. Él es quien formó el corazón de
todos, y quien conoce a fondo todas sus acciones.

—Salmo 33:13-15 (cf. Sal. 139:1-6)

En otras palabras, podemos estar enteramente confiados de que ningún
ser humano saldrá del trono del juicio de Dios con una queja legítima de ser
injustamente tratado. La justicia de Dios será infinitamente correcta y verdadera, y estará más allá de cualquier reproche.

Tengo un amigo cristiano que es juez de circuito en Inglaterra. Su trabajo
profesional diario es procurar que se administre algún grado de justicia en el
ámbito de todos los tipos de horrendos quebrantos, especialmente en casos
que involucran familias. Me dice que esta perspectiva futura del juicio final es
una de las cosas que lo mantiene andando. En medio de todas las ambigüedades y provisionalidad de la justicia humana, aun en el mejor de los casos,
puede descansar confiado en que la palabra final será de Dios. Hay un juicio
perfecto por delante, en el cual todos podemos tener absoluta confianza.

Esto no reduce ni por un momento la enorme responsabilidad y el deber
de buscar justicia con toda la habilidad y la sabiduría obtenidas en una vida de
trabajo en los tribunales. Pero esto pone todas las intrínsecas complejidades y
decisiones difíciles dentro del más amplio y confortable contexto de saber que
al final, será «el juez de toda la tierra» el que hará lo que es correcto.

Será de acuerdo a la luz que hayamos recibido

Dios conoce las circunstancias en las cuales todo el mundo habrá vivido,
incluyendo el conocimiento que estuvo a disposición de ellos en ese momento. Conoce lo que sabían y lo que no sabían, y juzgará de acuerdo con eso.
Seremos juzgados de acuerdo a la oportunidad que tuvimos y por la luz que
hayamos recibido.

Juan lo expresó esta manera:

Ésta es la causa de la condenación: que la luz vino al mundo, pero la humanidad prefirió las tinieblas a la luz, porque sus hechos eran perversos. Pues todo
el que hace lo malo aborrece la luz, y no se acerca a ella por temor a que sus
obras queden al descubierto. En cambio, el que practica la verdad se acerca a la
luz, para que se vea claramente que ha hecho sus obras en obediencia a Dios.

—Juan 3:19-21

Así que la cuestión es, cuando la luz de la revelación de Dios vino a una persona (ya sea a través de la revelación de Dios en la creación o en el pleno conocimiento del evangelio de Jesús), ¿él o ella lo abrazaron en la medida en que lo han comprendido? ¿O se echaron para atrás y lo rechazaron, prefiriendo mantenerse en las tinieblas? El juicio de Dios tomará en cuenta lo que sabíamos y lo que hicimos a la luz de lo que sabíamos.

Pablo tenía la misma opinión, pues pensaba en las diferentes oportunidades a disposición de los judíos (que tuvieron la luz de la ley de Dios) y de los gentiles (que no la tuvieron). De cualquier manera, algunas cosas estuvieron claras para todos, y el juicio de Dios tomará en cuenta la situación de cada persona:

> …lo que se puede conocer acerca de Dios es evidente para ellos, pues él mismo se lo ha revelado. Porque desde la creación del mundo las cualidades invisibles de Dios, es decir, su eterno poder y su naturaleza divina, se perciben claramente a través de lo que él creó, de modo que nadie tiene excusa.
>
> —Romanos 1:19-20

> Todos los que han pecado sin conocer la ley, también perecerán sin la ley; y todos los que han pecado conociendo la ley, por la ley serán juzgados […] Así sucederá el día en que, por medio de Jesucristo, Dios juzgará los secretos de toda persona, como lo declara mi evangelio.
>
> —Romanos 2:12-16

De manera que el punto es este: Nadie será condenado por lo que no sabía o no podía saber. Antes bien, seremos juzgados por cómo respondemos a la luz que recibimos, cualquiera que sea la medida de la verdad y la revelación que Dios puso a nuestra disposición, por testimonio humano o natural. Seremos juzgados por lo que hicimos o no hicimos, en respuesta a lo que sí sabíamos.

Todos los seres humanos tienen alguna luz, de la creación y de la conciencia. Algunos seres humanos tienen una luz más plena a través del conocimiento de la revelación de Dios en Jesucristo por medio de la Biblia. Dios conoce lo que sabemos y cómo respondimos a la luz que recibimos, a la palabra que escuchamos, a la verdad que hemos comprendido. Y el juicio de Dios será perfectamente justo y misericordioso en relación con todas estas cosas.

El juicio será *justo*, porque la Biblia aclara que con una mayor oportunidad viene una mayor responsabilidad (Amós 3:2; Mateo 7:1-2; Lucas 12:48). Así que aquellos de nosotros que sabemos que Dios nos ha bendecido con ilimitadas oportunidades —en nuestro conocimiento de la Biblia y todos los recursos que han estado a nuestra disposición— necesitamos recordar este hecho serio. ¿Qué hemos hecho con lo que recibimos?

El juicio será misericordioso, pues Dios nuestro creador está completa e íntimamente consciente de nuestras limitaciones como criaturas. Recuerda misericordiosamente nuestras debilidades y fragilidad («Él conoce nuestra condición; sabe que somos de barro», Salmo 103:14). Y conoce misericordiosamente nuestra ignorancia, a la que Jesús apeló incluso cuando lo crucificaban (Lucas 23:34; cf. 1 Timoteo 1:13).

Será de acuerdo a la vida que hayamos vivido

El día del juicio no será un tiempo para palabras sino para pruebas en la forma de hechos. No importa lo que digamos, sino qué muestra el registro. La descripción final del día del juicio en la Biblia aclara esta ambigüedad:

> Vi también a los muertos, grandes y pequeños, de pie delante del trono. Se abrieron unos libros, y luego otro, que es el libro de la vida. Los muertos fueron juzgados *según lo que habían hecho*, conforme a lo que estaba escrito en los libros. El mar devolvió sus muertos; la muerte y el infierno devolvieron los suyos; y cada uno fue juzgado *según lo que había hecho*.
>
> —Apocalipsis 20:12-13 (énfasis añadido)

Pablo concuerda. «Porque es necesario que todos comparezcamos ante el tribunal de Cristo, para que cada uno reciba lo que le corresponda, según lo bueno o malo que haya hecho mientras vivió en el cuerpo» (2 Corintios 5:10).

«Pero», puede que usted proteste, «¿pensé que serían justificados por la fe, no por las obras?». Sí, por supuesto. Somos *justificados* por la fe. Pero seremos juzgados por nuestras obras. Déjenme explicar.

Cuando acepto lo que la Biblia dice sobre mi pecado, cuando me arrepiento de este y pongo mi confianza en Jesús, quien lo llevó sobre la cruz, me reconcilio con Dios, por su gracia, a través de la fe. Mis pecados quedan perdonados y puedo saber con toda seguridad, aquí y ahora mismo, que descansaré en la justicia de Cristo en ese día final como parte de su pueblo redimido. De manera que soy salvo de la ira de Dios a través la fe en Cristo. Soy justificado —declarado justo— por la gracia a través de la fe.

Pero como dije, el día del juicio es el día para el veredicto de Dios basado sobre la evidencia, no un día para escuchar aseveraciones de fe. ¿Así que cuál será la evidencia de mi fe? No es solo que yo diga que tengo fe, sino que mi vida lo ha mostrado. Es nuestra vida la que prueba la realidad de nuestra fe (o no, según sea el caso). Seré juzgado por las pruebas (mis obras), y estas mostrarán públicamente y más allá de toda duda si mi vida se ha edificado o no sobre la confianza en Cristo.

Jesús fue inmisericorde acerca de esto en una de las cosas más aleccionadoras que dijo:

> No todo el que me dice: «Señor, Señor», entrará en el reino de los cielos, sino solo el que hace la voluntad de mi Padre que está en el cielo. Muchos me dirán en aquel día: «Señor, Señor, ¿no profetizamos en tu nombre, y en tu nombre expulsamos demonios e hicimos muchos milagros?». Entonces les diré claramente: «Jamás los conocí. ¡Aléjense de mí, hacedores de maldad!».
>
> —Mateo 7:21-23

Con estas palabras, Jesús no solo pone en claro que no es justo lo que *decimos* lo que cuenta, sino también que no es *lo que hemos hecho*, si no implica hacer la voluntad del Padre. Jesús anticipa que habrá muchas falsedades y farsas entre los que parecen estar llevando a cabo todo tipo de apasionados ministerios y grandes obras en su nombre. Sus falsas obras no lo engañarán «en ese día». Los ministerios espectaculares en sí mismos no son prueba de verdadera fe.

Podríamos expresarlo así. El día del juicio no será un tiempo para discusiones en la sala de un tribunal que llevarán a una decisión. Todavía menos será un momento para negociaciones y ruegos. Será el momento en que Dios fije y declare la decisión que ya se haya tomado y haga pública la indispensable prueba sobre la que esta se habría basado. Y esa prueba provendrá ampliamente de nuestra vida antes de la muerte.

John Stott lo resumió de esta manera: «El día del juicio será una ocasión pública. Su propósito no será tanto *determinar* nuestro destino como *declararlo* y, al hacerlo, publicar las pruebas sobre las que se basa, y de ese modo vindicar la justicia de Dios»[3].

De hecho, el proceso del juicio ya ha comenzado. Nuestra vida aquí y ahora está o rechazando la verdad revelada y la salvación que nos ofrece Dios (*y demostrándolo con la manera en que vivimos*), o aceptando el veredicto de Dios sobre nuestro pecado, confiando en la muerte de Cristo para alcanzar salvación, permaneciendo en la justicia de Dios a través de la fe *y demostrándolo por la manera que vivimos*. El día del juicio será la confirmación final, pública, indisputable e irreversible de la decisión que hemos tomado en la vida, y demostrará y vindicará la perfecta justicia de Dios.

O, como John Stott resume más adelante, nuestro destino eterno *se determina* en la vida, *se sella* en la muerte y *se declara* en el día del juicio.

El veredicto, entonces, dependerá de la decisión que se evidencie en nuestras acciones: para vida, para vivir con Dios a través de Cristo en la nueva creación por la eternidad; o, por rechazar a Dios, para condenación, exclusión de Dios para siempre y eterna destrucción.

> [Dios] castigará a los que no obedecen su mensaje ni quieren reconocerlo. Los destruirá para siempre y los echará lejos de su presencia, donde no podrán compartir su gloria y su poder. Esto sucederá cuando el Señor Jesucristo vuelva.
>
> —2 Tesalonicenses 1:8-10 (TLA)

Pese a que Pablo no utiliza aquí el término infierno, este pasaje es quizá el sumario más conciso de las tres terribles realidades que envuelve el infierno: *castigo, destrucción y separación de Dios.* Pero la Biblia las presenta a los ojos protegidos de nuestra fe de manera tan prominente y con tanta frecuencia que no podemos huir de ellas ni dejar de ver lo trascendentales que son. Hay una terrible e irreversible consecuencia de mantenerse resueltamente entre los malvados. Darle a la gente una advertencia urgente sobre ello con el propósito de evitarlas es parte integral de las buenas nuevas que Jesús y los apóstoles predicaron.

Así que, el día del Señor, el día de Cristo, vendrá de seguro. Habrá un «gran clímax». Cuando este llegue, tres grandes momentos formarán el programa y la agenda de ese día: el regreso de Cristo, la resurrección de los muertos y el día del juicio.

¿Pero qué entonces? ¿Qué hay del otro lado de estos eventos trascendentales? Seguimos adelante, con la propia Biblia, más allá del gran final, hacia el nuevo comienzo.

Notas

1. Un cántico a la más extremadamente bella melodía del mundo (en esta estimación desprejuiciada de los irlandeses), «The Londonderry Air».

2. N. T. Wright, *The Resurrection and the Son of God* (Fortress, Minneapolis, 2003). Vea especialmente en los capítulos 2-4 (pp. 32-206) la amplia encuesta de Wright sobre el concepto de la vida después de la muerte en el paganismo antiguo, en el Antiguo Testamento y en el judaísmo posterior al Antiguo Testamento.

3. John Stott, tomado de notas de un sermón inédito.

11

EL NUEVO COMIENZO

Hice un largo viaje en avión con John Stott cuando él tenía ya ochenta años de edad. Después que aterrizamos, el avión corrió un largo trecho por la pista. Mientras rodábamos el piloto nos pidió que permaneciéramos sentados pues, según dijo, «no habíamos llegado aun a nuestro lugar de destino». Me volví a John y dije: «Bien, ¡eso es un alivio!». Pero entonces, sintiéndome turbado en el caso de que él estuviera esperando el cielo más de lo que yo podría profesar que lo estaba, me pregunté si debía haber dicho: «¡Qué lástima!».

Por supuesto, si usted tiene que tomar un vuelo de enlace, la tripulación dice a menudo algo como esto: «Le deseamos una jornada agradable y segura *hasta su destino final*». Así que, ¿cuál es su «destino final» de acuerdo con la Biblia? La mayoría de los cristianos tienden a contestar: «El cielo, por supuesto».

Hay una pregunta que se usa a menudo en los encuentros evangelísticos que dice más o menos: «Si fuera a morir esta noche, ¿está seguro de que iría al cielo?».

Debo confesar que no se me ha hecho esta pregunta durante mucho tiempo, pero si me la hicieran, mi respuesta ahora sería: «Sí. ¡Pero no espero quedarme allí!».

Supongo que esto podría ser más bien chocante para cualquier evangelista serio. ¿A qué otro lugar pienso que podría ir después, o adónde quisiera ir en su lugar? Por supuesto, yo creo, como creyó el apóstol Pablo, que cuando muera iré a estar con Cristo en el cielo. Para Pablo, la idea de estar con Cristo convertía en una decisión difícil la cuestión de si prefería morir o seguir viviendo por el bien del trabajo que tenía que hacer. Aquí está el punto: *El cielo al que iré cuando muera no es mi destino final.*

«El cielo cuando muera» es el único salón de tránsito para la nueva creación. El cielo para los que han muerto en Cristo es un lugar o estado de reposo, de espera, hasta los grandes eventos que consideramos en el último capítulo: el regreso de Cristo, la resurrección del cuerpo y el juicio final. «El cielo cuando muera» no es donde estaremos para siempre. Es donde estaremos seguros hasta que Dios lleve a cabo la transformación de la tierra como parte de la nueva creación que se promete en el Antiguo y el Nuevo Testamentos.

Cuando yo era adolescente, al grupo juvenil de nuestra iglesia le gustaba cantar «El mundo no es mi hogar, soy peregrino». Yo tocaba el piano para ellos en parte porque era una melodía divertida, pero principalmente porque me libraba de cantarla.

> *Este cielo no es mi hogar, soy peregrino aquí;*
> *Mis tesoros descansan, en algún lugar más allá del azul.*
> *Los ángeles me llaman desde la puerta del cielo,*
> *Y ya no puedo sentirme en casa en este mundo.*

A pesar de ser cristiano, esto me chocó como una actitud insana hacia la vida y el mundo. Por supuesto sabía (como lo habría expresado en esos días) que iría al cielo cuando muriera y que somos peregrinos aquí abajo. Pero todavía recuerdo que pensaba: «Este mundo es mi hogar. Dios me puso sobre la tierra con un propósito y quiero vivir aquí para él. Los ángeles pueden ir a llamar a otro. Yo me quedo».

Ahora, con una mejor comprensión de lo que la Biblia dice en realidad, me gusta pensar que cuando vaya al cielo al morir (asumiendo que muera antes del regreso de Cristo), voy a estar tocando el piano (o el arpa) y también uniéndome de corazón al canto, en conmovedoras interpretaciones comunales de «Este cielo no es mi hogar, soy peregrino aquí...». Lo será hasta que el nuevo cielo y la nueva tierra —la nueva creación de Dios— se conviertan en nuestro hogar eterno.

Los cristianos que siguen hablando sobre «ir al cielo» —como si fuera su última gran esperanza— parecen no haber leído la forma en que la Biblia termina. Mire de nuevo la maravillosa imagen de Apocalipsis 21—22. No dice nada de que partimos al cielo o a ninguna otra parte. Antes bien, nos muestra a *Dios descendiendo a la tierra*, transformando toda la creación en el nuevo cielo y la nueva tierra que había prometido en Isaías 65:17, y viniendo a vivir aquí con nosotros... sobre la tierra.

En otras palabras, la última gran visión de la Biblia no nos tiene a nosotros «subiendo» (al cielo), sino a Dios «bajando» (a la tierra). Por eso dije, espero ir al cielo si muero antes del regreso de Cristo. Pero no voy a quedarme allí ni un momento más de lo que requiera recibir mi cuerpo resucitado y unirme al resto de la humanidad redimida sobre la tierra una vez que Cristo regrese. Allí es donde el Apocalipsis 21—22 sitúa a la esposa de Cristo y la ciudad de Dios. ¡No allá «arriba» sino aquí «abajo»!

Emanuel significa «Dios con nosotros», y así es como termina la Biblia. Con Dios que viene para estar con nosotros (repetido tres veces en Apocalipsis 21:3), no con nosotros que partimos para estar con Dios[5].

Pero me estoy adelantando. Pensemos primero en esa nueva creación.

La nueva creación

«Presten atención, que estoy por crear un cielo nuevo y una tierra nueva» (Isaías 65:17).

«Después vi un cielo nuevo y una tierra nueva, porque el primer cielo y la primera tierra habían dejado de existir» (Apocalipsis 21:1).

El uso del término doble es una manera de expresar universalidad; «cielo y tierra» abarca toda la creación original de Dios, como muestra Génesis 1:1. De manera que el alcance de la obra redentora de Dios es tan vasto como todo el universo que él creo. Es también una manera de decirnos con claridad que aunque nos dirigimos a una *nueva* realidad, no es en lo fundamental una realidad *diferente*. No estamos abandonando el orden creado por algún otro orden «espiritual». Más bien, estaremos abandonando el viejo orden de cosas pecaminoso y nos encontraremos en una nueva creación renovada, restaurada y redimida. Pero todavía es «el cielo y la tierra» no «el cielo en lugar de la tierra». Para repetir, la Biblia no nos promete que algún día podremos abandonar la tierra e «ir al cielo». Antes bien, nos promete toda una nueva creación que incluye la tierra.

De manera que el estudiante de teología que dijo que no entendía la escatología pero que eso no era el fin del mundo tenía razón... por lo menos en parte. No es el fin del planeta, sino el fin del viejo orden mundial del pecado y el mal y la emergencia de una nueva creación. O como podría haber dicho el Capitán Kirk: «Es la tierra, Jim pero no como la conocemos».

En el capítulo 3 relacionamos algunas de las cosas de Apocalipsis 21—22 que no estarán allí en la nueva creación.

- Habrá *dejado de existir [...] el mar* (21:1). El mar representaba el caótico e inquieto mal en el simbolismo del Antiguo Testamento, el lugar desde el cual las destructoras bestias de las visiones de Daniel habían salido para pisotear las naciones. Como tal las hostiles rebeliones ingobernables se habrán ido.
- *No habrá muerte, ni llanto, ni lamento ni dolor* (21:4). Todo sufrimiento y separación terminará porque ya no habrá nada que los origine.
- *No habrá más pecado,* porque no habrá más pecadores (21:7-8); la nueva creación supone exclusión así como inclusión: exclusión del malvado que persiste y no se arrepiente.
- *No habrá más tinieblas ni noche* (21:25; 22:5). En el sentido de todo lo que representaban. La luz de la presencia de Dios ahuyentará las densas tinieblas del mal.
- *No habrá más impureza, vergüenza ni mentira* (21:27), cosas que están entre las marcas originales de nuestra caída.
- *No habrá más conflictos internacionales* (22:2), pues las naciones encontrarán salud a través del árbol de la vida y el río de la vida.
- *No habrá más maldición* (22:3). Con el reproche del Edén por fin levantado, la tierra quedará libre de su sujeción y sus habitantes redimidos serán liberados de la atadura de su maldición.

¿Pero qué habrá allí? Volvamos a Apocalipsis 21—22 así como al pasaje del Antiguo Testamento que indudablemente forma la base bíblica de la visión de Juan: Isaías 65:17-25. Usted encontrará útil tenerlo abierto mientras continúa leyendo. Pensemos primero en lo que estos pasajes dicen del lugar en sí mismo. Entonces proseguiremos a la próxima sección para ver lo que dicen sobre el pueblo que vivirá allí.

La ciudad jardín

¿Ha notado que la Biblia comienza en un jardín y termina en una ciudad? A no todo el mundo le gusta esa idea, pues mucha gente aborrece las ciudades y ama sus jardines, jardines que le dan un pequeño microcosmos del mundo natural. Aunque esto es cierto. A comienzos de la historia bíblica, Dios colocó a los seres humanos que había hecho en un jardín del Edén que había preparado para ellos. Al final de la historia, Dios viene a vivir con toda su humanidad redimida en la ciudad de Dios.

No obstante, no es tan simple ni tan contrastante. Porque la descripción de la ciudad en Apocalipsis incorpora los elementos esenciales del jardín en Génesis.

- El jardín incluye oro y piedras preciosas (Génesis 2:12). De igual manera la ciudad resplandece con piedras preciosas y está pavimentada con oro (Apocalipsis 21:11, 19-21).
- El jardín recibía las aguas de cuatro ríos. La ciudad contiene asimismo el río del agua de vida que corre del trono de Dios por el centro de la calle principal (Apocalipsis 22:1-2, un cuadro que Juan le debe a Ezequiel 47:1-12).
- Lo más importante, el jardín tiene el árbol de la vida en el centro, pero a los seres humanos se les ha prohibido el acceso a la fuente de la vida eterna en su condición de pecado y rebelión (Génesis 3:22-24). El árbol de la vida se extiende sobre el río de la vida en la ciudad de Dios (Apocalipsis 22:2), y aquellos una vez excluidos tendrán eterno acceso a él (22:14), un vívido cuadro de la maravillosa promesa de que no habrá muerte en lo absoluto en la nueva creación (21:4).

La combinación del jardín y la ciudad tiene otra resonancia, pienso. El jardín original *fue plantado por Dios*. Pero las primeras ciudades fueron *creadas por los seres humanos* (Génesis 4:17; 10:8-12). En cierto sentido, la ciudad es centro del ser humano que busca seguridad en medio de la agitada vulnerabilidad de la vida como una raza de pecadores. Y se describe la primera ciudad como construida por Caín, el primer asesino. Las ciudades y el pecado están tan interrelacionados casi como si fueran sinónimos.

Pero de muchas maneras la ciudad es el pináculo del logro colectivo de los seres humanos. Las grandes ciudades son monumentos a la increíble capacidad humana de cooperación, coordinación, creatividad y cultura. Las ciudades exigen increíbles hazañas de organización, capacidad de resolver problemas, imaginación e ingeniosidad. Las hormigas pueden producir un hormiguero. Las abejas pueden producir una colmena. Y sabemos que estas son empresas enormemente cooperativas. Pero solo los seres humanos pueden construir ciudades.

Vivo en Londres, Inglaterra. Frecuentemente cuando camino o doy un paseo, me asombró de lo que todos parecen dar por sentado. ¡Este lugar funciona bien! Todos nos quejamos cuando los trenes subterráneos llegan atrasados o congestionados. Pero realidad, los fallos son ampliamente superados por la increíble complejidad de lo que sí ocurre —exitosa y normalmente— cada día. Pienso en todos los sistemas de comunicación, transporte, drenaje, alumbrado, agua, electricidad, gas, abastecimiento, eliminación de residuos, limpieza de calles, emergencia y servicios de seguridad; todas las instalaciones para trabajar, ir de compras, de juegos; todos los centros culturales y deportivos; todas las escuelas, fábricas y hospitales; toda la arquitectura creativa, los parques y jardines, el arte y la música… que siguen y siguen funcionando como lo han hecho por siglos de rica historia humana. Qué asombroso monumento a la brillantez humana es cada ciudad. Aun las más descontroladas y caóticas ciudades sobre la tierra se las arreglan para funcionar de algún modo, como solía admirar de manera similar cuando vivía en la India.

Por supuesto, tenemos que concordar inmediatamente en que las ciudades son monumentos a la arrogancia y al pecado humano también. Las estatuas y los monumentos que los turistas se comen con los ojos a menudo celebran gente y acontecimientos llenos de sórdida avaricia y opresión. Y las ciudades están llenas de avaricia, violencia, inmoralidad, explotación y la vulnerabilidad de millones que acuden a ellas en busca de algo mejor que la pobreza rural. Las ciudades, como los seres humanos que viven en ellas, se encuentran en una desesperada necesidad de redención radical.

Pero eso es exactamente lo que digo. El plan de Dios es redimir la ciudad, convertir los grandes símbolos de la ambigüedad humana en el triunfo sin ambigüedades del poder redentor de Dios[2].

Entonces, tiene un gran significado el hecho de que Dios decidiera hacer de una ordinaria ciudad terrenal el punto focal de su residencia sobre la tierra en tiempos del Antiguo Testamento. Jerusalén era una ciudad preexistente. No era «santa» porque el mismo Dios la construyera milagrosamente, o tampoco porque David la construyera (la extendió, pero no la fundó). Los jebuseos (una tribu cananea) la edificaron. Pero Dios la escogió y la convirtió en un microcosmos de su plan para redimir esta invención humana haciendo de ella «la ciudad de Dios».

De manera que «Jerusalén» se convierte no meramente en el nombre de una ciudad terrenal —con una historia terriblemente ambigua de maldad en los tiempos bíblicos y modernos— sino en el nombre de la eterna ciudad de Dios, el cual en efecto significa la nueva creación entera. Isaías 65:18-19 y

Apocalipsis 21:2 utilizan el nombre en esta modalidad redentora. La «nueva Jerusalén» es la manera bíblica de decirnos que el plan de Dios es la redención de la ciudad.

Así que, al unir en sus imágenes finales el jardín y la ciudad, la Biblia combina la *restauración* de todo lo que Dios hizo e intentó que fuera su creación, con la *redención* de todo lo que los seres humanos han logrado en el ejercicio de su capacidad de criaturas hechas a imagen de Dios, no obstante lo defectuoso y permeado de pecado que ha estado ese logro.

En la historia humana, construimos ciudades para seguridad; tratamos de crear suficiente *espacio* para todo el mundo; tratamos de añadir alguna belleza a la ciudad en su arquitectura y jardines, etc. En realidad, por supuesto, para muchos millones de habitantes urbanos desde la antigüedad a los tiempos modernos, la vida en la ciudad está lejos de ser segura, espaciosa y bella. Para los pobres de las urbes, las ciudades son lugares de vulnerabilidad y violencia, de inimaginable hacinamiento y fealdad degradante.

Así que es maravilloso que el cuadro que Juan nos ofrece de la ciudad jardín en la nueva creación tenga una *seguridad* total (la metáfora de murallas de unos sesenta y cinco metros de ancho), *amplitud* infinita (la metáfora de unos 2.200 kilómetros), y una impresionante *belleza* (la metáfora de piedras y metales preciosos). La nueva creación será rica en todas las cosas que anhelamos para nuestras ciudades, mientras todas las cosas que tanto deploramos serán erradicadas para siempre.

La gloria de las civilizaciones

Entonces, ¿qué va a estar allí, en la ciudad jardín de Dios, en la nueva creación? De acuerdo con varias historias bruscamente chocantes que Jesús contó, habrá grandes sorpresas en reserva en cuanto a *quién* estará allí (y quién no), pero pienso que muchos cristianos estarán aun más sorprendidos sobre *qué* estará allí. Porque muchos de nosotros hemos absorbido un cuadro mental del «cielo» que esencialmente no incluye nada de lo que conocemos aquí en la tierra. Esta vacua visión tiene dos fuentes principales, tanto diferentes como destructivas de lo que la Biblia de veras enseña.

Un dualismo fuera de lugar

Desde Platón y luego a través de las influencias gnósticas, el cristianismo popular ha polarizado a menudo lo físico y lo espiritual. En contraste con la Biblia, la cual afirma que toda la creación material es «buena», este punto de vista popular considera el mundo material (incluyendo nuestros cuerpos) como intrínsecamente malo y solo el mundo espiritual como bueno. O, en un lenguaje más evangélico, solo el mundo espiritual tiene una permanencia real porque es de alguna manera «de Dios», mientras que el mundo material es temporal, decadente y no tiene significado eterno[3].

Así que, según esta manera de pensar, nada de la tierra o sobre la tierra sobrevivirá al eterno futuro después del «fin del mundo». ¿Como podría hacerlo? Solo el mundo espiritual (Dios, los ángeles y las almas redimidas en el cielo) serán eternas. Lo físico es malo; lo espiritual es bueno. Muy platónico. Pero no bíblico.

Escenarios de la destrucción

Otra creencia popular es que toda la tierra se dirige de cualquier manera a la extinción, en una gran destrucción ardiente que no dejará nada del mundo presente en pie. Solo las almas van al cielo, así que ¿para qué se necesita la tierra? Un incinerador cósmico es su destino.

Este punto de vista se ha basado en una mala interpretación de un pasaje en 2 Pedro sobre «el día del Señor». Pedro lo describe esta manera: «Pero el día del Señor vendrá como ladrón. Y aquel día los cielos desaparecerán con un estruendo espantoso, los elementos serán destruidos por el fuego, y la tierra, con todo lo que hay en ella, será quemada» (2 Pedro 3:10).

En tiempos de la versión Reina Valera, los únicos manuscritos griegos que estaban disponibles presentaban el verbo final de esa oración como «serán quemadas», y de esa manera esta idea entró en las expectativas cristianas. Algunos manuscritos mucho más antiguos que desde entonces se han descubierto indican que la palabra original era «quedarán al descubierto». Lo que esto probablemente significa es que los fuegos depuradores del juicio de Dios hacen su trabajo, la tierra y todas las cosas hechas sobre ella serán plenamente expuestas y «quedarán al descubierto» por lo que son en realidad. La misma palabra griega se utiliza de manera similar en 1 Pedro 1:7, también en el contexto del depurador juicio de fuego: «Así también la fe de ustedes, que vale mucho más que el oro, al ser acrisolada por las pruebas *demostrará* [*quedará al descubierto*] que es digna de aprobación, gloria y honor cuando Jesucristo se revele» (la misma palabra, el énfasis es mío).

Así, traducciones más recientes manejan 2 Pedro 2:10 en este sentido. Por ejemplo:

«la tierra y todo lo que se haya hecho en ella quedará al descubierto» [La Casa de la Biblia]

«y la tierra, con todo lo que hay en ella, quedará sometida al juicio de Dios» [Dios habla Hoy].

De manera que debemos entender el fuego destructivo de este pasaje como el fuego del juicio moral de Dios, el cual destruirá todo lo que es malo. En este sentido es exactamente paralelo al agua destructora del juicio de Dios en tiempos del diluvio, el cual utiliza Pedro en anteriores versículos como el gran prototipo del venidero juicio final: «Por la palabra y el agua, el mundo de aquel entonces *pereció* inundado. Y ahora, por esa misma palabra, el cielo y la tierra están guardados para el fuego, reservados para el día del juicio y de la *destrucción de los impíos*» (2 Pedro 3:6-7, el énfasis es mío).

El lenguaje es el mismo: destrucción. ¿Pero qué destruyó el diluvio? No la propia tierra, sino a los malvados que estaban sobre ella en ese tiempo. De la misma manera, ¿qué destruirá el fuego? No la propia tierra, sino todo lo pecaminoso que esté sobre ella. Por ello Pedro puede urgir a sus lectores, en vista de la venidera destrucción, no a tratar de escapar del mundo, sino a vivir vidas moralmente piadosas (2 Pedro 3:11), en preparación para la nueva creación, donde «habite la justicia». De manera que no debemos ver en este pasaje una *destrucción* del universo, sino *una purga* moral y redentora del universo, que se purifica de los efectos de todo pecado y mal.

¿Pero entonces qué? ¿Qué sobrevive? ¿Qué «se traslada» a la nueva creación, purgada de pecado? Una vez más Isaías y Apocalipsis nos ayudan aquí. Isaías previó un día cuando las naciones se volverían al Dios de Israel en busca de salvación y, al hacerlo, traerían todas sus riquezas y recursos como ofrendas para él y para beneficio de su pueblo (e.g., Isaías 23:18, quien probablemente usa Tiro como un símbolo profético para los frutos del comercio en general; Isaías 60:5-11).

Ahora podríamos esperar que esas profecías «materialistas» las reconociera el Nuevo Testamento solo en un sentido espiritual, para describir la reunión de los pueblos de muchas naciones a través de la evangelización. Ciertamente tal sentido se incluye en la manera en que Pablo vio su ministerio evangelístico como un medio de cumplir esa profecía (Romanos 15:16). Pero Apocalipsis no nos deja simplemente espiritualizar la grandeza terrenal de la visión del Antiguo Testamento. La ciudad de Dios en la nueva creación estará llena no solo de almas rescatadas de gente de muchas naciones, sino con la riqueza cultural acumulada de las civilizaciones humanas:

> Las naciones caminarán a la luz de la ciudad, y los reyes de la tierra le entregarán sus espléndidas riquezas. Sus puertas estarán abiertas todo el día, pues allí no habrá noche. Y llevarán a ella todas las riquezas y el honor de las naciones. Nunca entrará en ella nada impuro, ni los idólatras ni los farsantes, sino solo aquellos que tienen su nombre escrito en el libro de la vida, el libro del Cordero.
>
> —Apocalipsis 21:24-27

Esta es una promesa maravillosa. Pero tenemos que preguntar cuidadosamente: ¿Qué constituye «las espléndidas riquezas de los reyes» y «el honor de las naciones»? Esto no puede estar imaginando algún concurso de testas coronadas, que pasean su pompa y orgullo en una gran procesión de los poderosos en el cielo. No creo que la Biblia, después que habló del rechazo de Dios a la arrogancia de los grandes y después de que Jesús dijera que «los últimos serán los primeros», pretenda terminar con la idea de que los grandes y poderosos de la tierra logran permanecer de esa manera «cuando todos nosotros lleguemos al cielo».

Lo que hace gloriosos a los reyes (en la medida en que lo sean) son el trabajo acumulado de sus súbditos, ya sea para crear la riqueza sobre la que se levantan sus reinos, o (en nuestro mundo pecaminoso) luchar para protegerlas o extenderlas. Lo que trae honor a las naciones es la acumulación de logros culturales de muchas generaciones. El arte, la literatura, la música, la arquitectura, los estilos de comida y el vestido, la belleza del lenguaje y la cultura —y mucho más— son las cosas sobre las que se edifican las distinciones nacionales, que en el mejor de los casos enriquecen nuestra humanidad y en lo más trivial apoyan la industria turística. Y estas son cosas en las que todo ser humano participa y a las que todos contribuyen, no importa cuán humildemente. Estas, pienso, son las que están implícitas en el lenguaje de la gloria y el honor de las naciones, representados por «los reyes de la tierra». Estas son cosas que llevarán a la ciudad de Dios, según la visión de Juan.

Ahora, por supuesto, todas esas riquezas y el honor nacional están también saturadas del orgullo, la avaricia, la violencia y la inmoralidad humanos. Las glorias culturales van unidas a los horrores culturales. El esplendor de todas las civilizaciones se ha edificado sobre vergonzosos fundamentos. Conocemos eso demasiado bien en nuestro mundo caído. Pero si la civilización humana pudiera ser purgada de todas esas marcas de la caída… ¡cuán glorioso sería entonces! Entonces seríamos capaces de ver en todos esos logros culturales no solo la postura arrogante de los seres humanos, sino el estupendo producto de la creatividad humana a través de las edades. Todo ello resonaría en alabanza al Dios que nos creó a su propia imagen con esas ilimitadas capacidades. La gloria de la humanidad y la gloria de Dios estarían por fin en armonía y no opuestas una a la otra. Pero lo que tenemos en Apocalipsis no es solo un anhelo, si solo esto pudiera ser verdad. La Biblia promete que así será. No es una cuestión de «¡Si solo…!», sino de «¡Cuándo…!».

Todo lo que ha enriquecido y honrado la vida de todas las naciones en toda la historia será traído para enriquecer la nueva creación. La nueva creación no será una página en blanco, como si Dios fuera a arrebujar toda la vida histórica humana de esta creación y lanzarla al basurero cósmico, y entonces entregarnos una nueva página para comenzar todo de nuevo. La nueva creación comenzará con la inimaginable reserva de todo lo que la civilización humana ha logrado en la vieja creación… pero depurado, limpiado, desinfectado, santificado y bendecido. Y tendremos la eternidad para disfrutarlo y para edificar sobre ello de formas que no podemos soñar ahora cuando ejercitemos los poderes creativos de nuestra humanidad redimida.

Hablando personalmente, encuentro enorme consuelo y esperanza en esta idea precisamente porque va mucho más allá de lo que puedo comprender. No entiendo cómo será eso, pero la sólida afirmación bíblica de que ello será me llena de gran emoción y expectativas.

Como dije, vivo en Londres. La Biblioteca Británica es uno de mis lugares favoritos para visitar y escribir, y no solo porque está a quince minutos de camino de mi casa. Tiene cientos de miles de anaqueles, bajo tierra, que contienen millones de libros, muchos que se remontan a los días cuando se inventaron los libros . Guarda las enseñanzas acumuladas, la sabiduría, el ingenio y la literatura de múltiples lenguas y civilizaciones humanas, y esa es solo una fracción de lo que todas las librerías y museos del mundo incluyen. A veces me siento y pienso: ¿Cuántos ciclos de vida necesitaría solo para absorber y disfrutar los tesoros de este lugar? ¿Y qué será de todos estos logros culturales —la labor de generaciones enteras de seres humanos— hechos a imagen de Dios cuando Cristo regrese? ¿Serán destruidos, extinguidos en un instante, perdidos y olvidados por toda la eternidad? No puedo creer que ese sea el plan de Dios.

No comprendo cómo Dios permitirá que se redima la riqueza de la civilización humana y que sea introducida limpia en la ciudad de Dios de la nueva creación, como dice la Biblia que hará. No me imagino que será una cuestión de viejos libros empolvados, no más de lo que imagino que yo estaré allí con mi viejo cuerpo polvoriento. Pero sé que estaré allí en la gloria de un cuerpo resucitado, como la persona que soy y he sido, pero redimido, libre de todo pecado, y con ganas locas de ir. De manera que creo que allí habrá alguna gloria comparable a la resurrección para todo lo que los seres humanos han logrado en el cumplimiento del mandato de la creación: redimido pero real.

Lamentamos las «civilizaciones perdidas» de milenio pasados, civilizaciones que solo en parte podemos reconstruir de los restos arqueológicos o en películas épicas. Pero si tomamos seriamente Apocalipsis 21, no están «perdidas» para siempre. Los reyes de naciones que traerán sus riquezas a la ciudad de Dios no estarán limitados presumiblemente a los que resulten estar vivos en la generación del regreso de Cristo. ¿Quién podrá decir qué naciones se habrán levantado o caído, o qué civilizaciones se habrán perdido para entonces, como las civilizaciones del anterior milenio? No, la promesa se extiende a todas las edades, todos los continentes y todas las generaciones de la historia humana. La oración del salmista será un día respondida para toda la historia pasada, presente y futura:

> Oh Señor, todos los reyes de la tierra te alabarán al escuchar tus palabras.
> Celebrarán con cánticos tus caminos, porque tu gloria, Señor, es grande.
>
> —Salmo 138:4-5

¡Piense en el porvenir! Toda cultura humana, idioma, literatura, arte, música, ciencias, negocios, deportes, logro tecnológico —actual y potencial— todo a nuestra disposición. *Todo ello con el veneno del mal y el pecado extraído para siempre.* Todo ello glorificando a Dios. Todo bajo su sonrisa amorosa y aprobación. Todo para que lo disfrutemos con Dios y para que Dios en verdad lo disfrute. Y toda la eternidad para que lo exploremos, comprendamos, apreciemos y ampliemos.

Si esto es la nueva creación que la Biblia promete, podrá comprender por qué no quiero «ir solo al cielo cuando muera». ¿Quién quiere solo el cielo cuando Dios promete el cielo y la tierra?

La cura de las naciones

Mientras más viejo me pongo, más difícil es resistir la tentación de volverse descreído en cuanto al mundo en que vivimos. Resisto esto debido a la afirmación bíblica de que toda la historia humana está a fin de cuentas bajo la soberana providencia de Dios. Así que vivo por fe en esa verdad, como Habacuc, aun cuando los acontecimientos parecen gritar lo contrario… como ocurre a menudo. Porque vivimos en un mundo que parece dar bandazos de una generación a otra con repetidos ciclos de violencia, derramamiento de sangre y guerra. Cada año cantamos «Paz en la tierra» en Navidad, y recibimos el Año Nuevo con esperanzas de alguna solución para al menos algunas de las llagas de los conflictos humanos. Pero cada año soportamos el mismo frustrante crescendo de arrogantes agresiones, incansables odios e insondables sufrimientos.

Los conflictos están tan enmarañados con la vida humana sobre este planeta que es casi imposible imaginar la vida sin ellos. De hecho, puramente a nivel humano, un enorme monto de la economía mundial depende de que continúen los conflictos alrededor del mundo.

> Con más de un billón de dólares de gastos anuales —una cifra inconmensurable que continúa creciendo— los gastos militares globales y el tráfico de armas sobrepasa todas las otras categorías de gastos globales. Las cifras son asombrosas: En el año 2005 el gasto militar global alcanzó más de $1,1 billones, tanto como el 2.5 por ciento del PBM o un promedio de $173 por ser humano. Responsable del 43% del gasto militar global, Estados Unidos es el principal determinante de las tendencias mundiales. Los gastos militares norteamericanos, de $420 mil millones, representan más que los de otros países de elevados gastos, incluyendo a China, Rusia, el Reino Unido, Japón y Francia, que va cada uno del seis al cuatro por ciento.[4]

Todo esto hace de la promesa bíblica de una paz final entre las naciones en la nueva era de la nueva creación de Dios una visión contraintuitiva. Una cosa es anhelar la paz. Y otra cosa proclamar la paz como la realidad final que el propio Dios (y solo Dios) traerá consigo. Pero eso es lo que hace la Biblia.

Los profetas del Antiguo Testamento sostuvieron la visión de la era en que el rey ungido por Dios gobernaría el mundo de las naciones. Entre otros beneficios de su reinado estaría la paz con justicia. Los destructivos instrumentos de la guerra serían convertidos en instrumentos para alimentar al hambriento. No solo no habría más guerra; cuando Dios interviene, no hay siquiera necesidad de aprender a guerrear, como aquello de que «si quiere paz, prepárese para la guerra». Aun la pedagogía de la violencia sería redundante (Isaías 2:4;

Miqueas 4:3). El propio Dios destruirá para siempre la guerra y todo lo que la acompaña. Esto es parte de lo que la Biblia visualiza para el día en que la humanidad conozca por fin quién es Dios (Salmo 46:8-10).

Así que cuando llegamos a la descripción bíblica final de la nueva creación, este aspecto se expresa de una bella forma pictórica. Cuando los reyes de la tierra traigan sus riquezas a la ciudad de Dios, no se pelearán por ellas, como en el viejo orden de cosas. No habrá más muerte, de manera que no puede haber más guerra. Por el contrario, el árbol de la vida, que florece junto al río de la vida, proveerá abundante fruto y hojas, y las hojas del árbol serán *«para la salud de las naciones»* (Apocalipsis 22:2, énfasis añadido).

Esta bella imagen de sanar a las naciones nos recuerda que el mundo internacional en que vivimos está fundamentalmente enfermo. Las relaciones entre las naciones están quebrantadas y son disfuncionales como las de los individuos. Las guerras entre las naciones reflejan el desorden y la enfermedad que desuelan el cuerpo, la mente y el espíritu del hombre. Necesitamos una reformación y sanación en cada nivel de nuestra humanidad que alcance al mundo de las naciones.

Otra vez, qué maravillosa perspectiva es imaginar que esas naciones —que a lo largo de historia han vivido y muerto con odios insolubles, prejuicios, injusticias y amargas disputas— encuentran la salud en el árbol de la vida de la nueva creación. Pablo habla del poder reconciliador de la cruz, que rompe barreras y convierte a los enemigos en amigos de Dios y uno del otro. Ese es el rico contenido teológico, amplificado a escala internacional, que capta Apocalipsis en una única y obsesivamente bella frase: «la salud de las naciones».

La armonía de la creación

Ya hemos pensado en el sufrimiento dentro del presente orden creado y del sufrimiento impuesto sobre este por nuestras manías codiciosas y avariciosas. Cuando Pablo dice que toda la creación «gime», tiene razón (Romanos 8:22). Afortunadamente, pensaba en un gemido que tiene también un final feliz, es decir, el gemido de la mujer al dar a luz. El futuro es brillante cuando se espera un nuevo nacimiento, una nueva vida. De igual manera, el futuro de esta creación ya es brillante con la esperanza de una nueva creación que nacerá dentro del tenso vientre de la vieja.

Cualquier cosa que pensemos sobre el hecho de la depredación animal en el presente orden (ya sea este el resultado de la caída de los seres humanos o algo fundamentalmente anterior a eso), se nos dice sin ambigüedades que este no será el estado final de la creación. Así como allí no habrá más muerte entre los seres humanos, no habrá más violencia entre los animales.

Este un cuadro que debemos primariamente a Isaías, pese a que está implícito, yo creo, en Apocalipsis. Isaías concluye esta maravillosa descripción de la vida humana en la nueva creación con las bien conocidas palabras:

> El lobo y el cordero pacerán juntos;
> el león comerá paja como el buey,
> y la serpiente se alimentará de polvo.
> En todo mi monte santo
> no habrá quien haga daño ni destruya», *dice el* Señor.
>
> —Isaías 65:25

El apareo de animales es significativo: el depredador y la presa (el lobo y el cordero); el salvaje y el doméstico (el león y el buey). Ya no habrá tal polarización en la nueva creación. Habrá una coexistencia pacífica entre los animales así como entre los animales y los humanos. Porque no habrá más daño ni destrucción en la nueva creación. No más muerte es la promesa para los animales tanto como para los humanos. La muerte en todas sus formas será inexistente, ni siquiera se le recordará en la nueva creación.

Apocalipsis no habla directamente de esta dimensión en la nueva creación; esto es, de la restauración de la integridad y la armonía ecológica. Pero en dos aspectos ciertamente apunta en esa dirección. Primero, en la visión panorámica de Juan de todo el universo bajo el gobierno de Dios y el Cordero sobre el trono, divisa cuatro seres vivientes, que aparecerían para representar a toda la creación animada, incluyendo a los seres humanos. La palabra «seres vivientes» es una reminiscencia del lenguaje de Génesis 1: «El primero de los seres vivientes era semejante a un león; el segundo a un toro, el tercero tenía un rostro como de hombre, el cuarto era semejante a un águila en vuelo» (Apocalipsis 4:7).

Parecen representantes del mundo animal salvaje, los animales domésticos, las aves y la humanidad. Además, rodean el trono del propio Dios y están integralmente dedicados a llevar alabanza y gloria a él, como toda la creación estaba llamada a hacer. Así que aquí debe haber una implicación, en el muy elevado lenguaje simbólico de la visión de Juan, de que la población de la nueva creación no está reducida a los santos y los ángeles, sino que incluye un reino animal renovado también, plenamente involucrado en la alabanza a Dios a su manera.

Esta impresión se fortalece cuando alcanzamos el clímax de la visión inicial de Juan. Porque esta viene no meramente con los cánticos de la humanidad redimida y la adoración de millones de huestes angelicales. El gran final del crescendo de alabanzas de que Juan es testigo viene de toda la creación, tan completa como fue cuando Dios la pronunció muy buena en Génesis 1.

> Y oí a cuanta criatura hay en el cielo, y en la tierra, y debajo de la tierra y en el mar, a todos en la creación, que cantaban: «¡Al que está sentado en el trono y al Cordero, sean la alabanza y la honra, la gloria y el poder, por los siglos de los siglos!». Los cuatro seres vivientes exclamaron: «¡Amén!», y los ancianos se postraron y adoraron.
>
> —Apocalipsis 5:13-14

La humanidad redimida

¡Qué lugar tan maravilloso será entonces la nueva creación! ¿Pero qué de la gente allí? Apocalipsis nos dice que habrá gente de cada tribu y nación, idioma y pueblo. Será una gran ensalada de humanidad en toda nuestra profusión de colores, formas y texturas. La diversidad étnica y cultural será un distintivo de la nueva humanidad, pero sin las peleas y la confusión que la desfiguraron en la vieja humanidad. La variedad será el condimento de la vida entonces como ahora. Algunas cosas, sin embargo, las disfrutaremos en común, de acuerdo con la gran visión de la Biblia. Veamos tres aspectos de la vida humana redimida en la nueva creación que la Biblia claramente nos enseña. La vida redimida en la nueva creación será una vida corporal, una vida en íntima relación con Dios, y una vida enriquecida por un trabajo satisfactorio.

La resurrección de los cuerpos

«Creo en la resurrección del cuerpo», dice el Credo de los Apóstoles. No dice: «Creo en la inmortalidad del alma», pese a que gran parte del cristianismo popular parece imaginarse que sí lo dice. Si el cristianismo primitivo hubiera dicho que creía en la inmortalidad del alma, nadie lo hubiera notado, porque esa era y es la más común de las creencias de muchas culturas humanas. Lo que proclamaron de hecho los cristianos fue la resurrección del cuerpo… y eso era algo sorprendente y contrario a la cultura reinante, y para muchos, irrisorio e increíble. Esto era, sin embargo, la implicación inequívoca del hecho históricamente atestiguado de la resurrección de Jesús de Nazaret.

La resurrección corporal de Jesús es crucial para la comprensión de la nueva creación y de nuestra vida en ella. El Jesús resucitado es, de hecho, «las primicias» de la nueva creación, o sea, la garantía de todo lo que está por venir para el resto de la creación, incluyendo a aquellos que están en Cristo. Cuando Dios levantó a Jesús de los muertos, le estaba diciendo *Sí* a Jesús, vindicando todo lo que había enseñado y proclamado en su vida terrenal frente a aquellos que en su juicio lo habían rechazado como un falso maestro y un mesías fracasado.

Cuando Dios levantó a Jesús de los muertos, también le decía *Sí* a la creación, confirmando la bondad de la vida en el cuerpo físico que él mismo había creado. Dios no se limitó a llevar de vuelta el espíritu de Jesús al cielo, liberándolo de la «tumba» de la existencia corporal (este es el punto de vista platónico dualista de la realidad que la Biblia nunca enseña). La tumba real estaba vacía. «Vea las ropas funerales dobladas donde descansaba el cuerpo». El cuerpo terrenal de Jesús no quedó detrás para que se descompusiera sino que fue transformado en el glorioso cuerpo resucitado en el cual se apareció a sus discípulos.

Esto era tan inaudito (porque no era solo que hubiera «regresado a la vida» para morir más tarde, como Lázaro, por ejemplo), que los discípulos impresionados pensaron que se trataba de un fantasma, una aparición, algún ectoplasma parecido a su difunto ser. Pero Jesús mató esa idea con toda intención y dramatismo:

> Aterrorizados, creyeron que veían a un espíritu.
> —¿Por qué se asustan tanto? —les preguntó—. ¿Por qué les vienen dudas? Miren mis manos y mis pies. ¡Soy yo mismo! Tóquenme y vean; un espíritu no tiene carne ni huesos, como ven que los tengo yo.
>
> —Lucas 24:37-39

Viendo que todavía no estaban convencidos (¿quién sería el primero en tratar de tocar un fantasma?) Jesús se mantuvo calmadamente allí mascando y tragando un pedazo de pescado. Juan deja constancia de que al cuerpo resucitado de Jesús era capaz de encender un fuego, cocinar pescado y pan, y comer con sus discípulos (Juan 21:4-13). Los fantasmas no toman meriendas en el campo temprano en la mañana, a plena luz del día en la playa.

Durante más de un mes de tales apariciones, Jesús dejó a sus discípulos totalmente convencidos de que él era total y verdaderamente real, que estaba corporal y completamente resucitado a una dimensión de la vida con la que se podía interactuar y a una vida física de la que se podía disfrutar aquí en la tierra, y aun así también trascenderla, y que no estaba limitada ni constreñida por sus fronteras normales. Jesús no era *menos* real de lo que había sido su cuerpo terrenal, sino que era aun *más* real. Tenía todas las propiedades de la vida corporal y más. Había dimensiones de esta nueva realidad que iban más allá de las tres que conocemos y en las cuales vivimos.

Esto fue lo que los discípulos salieron a predicar desde el día de Pentecostés en adelante. Es muy importante ver, en el libro de Hechos, que los apóstoles afirmaban que Dios había resucitado a Jesús como un evento atestiguado, objetivo, físico, histórico y público. Para Pedro, era tan innegable como el hecho (unas cuantas semanas después) de que había un hombre que corría y saltaba alrededor de Jerusalén que había estado paralítico toda su vida anterior. Las autoridades no podían negar ese hecho porque vieron la prueba (Hechos 4:16), y los apóstoles no podría negar su realidad porque habían visto la prueba (4:20). «¡Usted ha visto un hombre sanado; nosotros hemos visto un hombre resucitado!».

Por desdicha, hemos tendido a convertir el masivo shock de la resurrección corporal de Jesús (la tierra tembló cuando él se levantó) en una cuestión de piedad subjetiva privada: *Jesús vive en mí*. Por favor no me malinterprete. Por supuesto, creo en la experiencia personal de la presencia interior de Cristo. Mi recuerdo de la niñez, a partir del cual dato mi vida como cristiano, es del día en que me arrodillé «y le pedí a Jesús que viniera a mi corazón». Es una preciosa verdad que todavía guardo con cariño. Pero no es lo que el Nuevo Testamento quiere decir cuando proclama la resurrección de Jesús. Los apóstoles no aludieron solo a que el espíritu de Jesús vivía de alguna manera en sus corazones o a través de sus heroicos esfuerzos por mantener viva su memoria.

Recientemente visité Graceland en Memphis, Tennessee, la antigua casa de Elvis Presley y la atracción turística más visitada en los Estados Unidos después de la Casa Blanca. El folleto declara orgullosamente, de manera algo optimista: «Graceland: Donde Elvis vive». Aparte de los locos que todavía afectuosamente creen que Elvis vive en algún lugar, el sitio está dedicado a mantenerlo vivo de alguna manera, a través de su legado musical. Pero al final del recorrido usted se enfrenta a la realidad en el Jardín de la Meditación, porque allí está él en su tumba, tan muerto como sus padres, uno a cada lado. Puede que Elvis siga viviendo en el corazón de alguna gente; pero, perdonen señores, Elvis está en muerto.

El mensaje del Nuevo Testamento no es solo que Jesús sobrevivió a la muerte, o que vive en el recuerdo de la gente, o que murió y «regresó a la vida». No, el Nuevo Testamento proclama que «Dios lo levantó de entre los muertos» (Hechos 2:24). «Mataron al autor de la vida, pero Dios lo levantó de entre los muertos (13:29-30). Jesús no «murió *y regresó*». Jesús murió y se fue a un nivel completamente nuevo del ser: la vida resucitada en su glorioso cuerpo resucitado.

De manera que aunque acostumbraba a cantarlo de todo corazón y de manera significativa en mi juventud y todavía amo su elevado tono y sentimientos, aun hay un ensordecedor anticlímax (bíblicamente) al final del muy conocido himno antiguo:

> *Él vive, él vive, hoy vive el Salvador.*
> *Conmigo está y me guardará mi amante Redentor.*
> *Él vive, él vive, imparte salvación;*
> *Sé que él viviendo está porque*
> *¡vive en mi corazón!*

Maravilloso y verdadero, pero no como los apóstoles respondieron a la pregunta en el libro de Hechos. Decididamente no proclamaban «Jesús vive en nuestros corazones». A las autoridades religiosas y políticas no les hubiera importado eso en lo absoluto, porque eso hubiera sido tan poco amenazador como cualquier piadoso sentimiento, siempre que Jesús estuviera todavía en la tumba. Los apóstoles proclamaban que aquel mismo Jesús de Nazaret, a quien las autoridades habían matado, había sido levantado corporalmente por Dios y la tumba estaba vacía. Este era el testimonio de un hecho objetivo, no una devoción religiosa subjetiva a la memoria de su líder fallecido.

Hago énfasis extensamente en todo esto no solo porque es importante que comprendamos que la Biblia habla sobre la resurrección de Jesús, sino aun más que eso (en relación con lo que estamos pensando en este capítulo) porque la Biblia nos dice que la resurrección del cuerpo de Jesús es el prototipo y el modelo para nuestra vida futura en la nueva creación. ¡Seremos como él! (Filipenses 3:20-21; 1 Juan 3:2).

Cuán extraño, entonces, que tantos cristianos persistan aún en la idea de que seremos *como lo que él enfáticamente dijo que no era*: fantasmas o espíritus o almas incorpóreas. Hablamos de que nuestras almas van al cielo cuando morimos, como si allí estuviera la suma total de nuestra bendita esperanza. En la medida en que eso sea del todo bíblico, tal lenguaje habla solamente de la verdad de que cuando morimos en Cristo estamos totalmente seguros, que de alguna manera estaremos entonces «con Cristo», lo que significa estar donde él está, en el cielo. Nuestra alma —en el sentido de las personas que somos verdaderamente— no se extingue con la muerte sino que se mantienen seguras por el poder de Dios. Pero el cielo en ese sentido no es en absoluto nuestro «destino final», como dijimos antes. Gemimos con impaciencia, con toda la creación, por la redención de nuestros cuerpos (Romanos 8:23). Hacemos eso precisamente sobre el fundamento de la resurrección de Jesús: «Y si el espíritu de aquel que levantó a Jesús de entre los muertos vive en ustedes, el mismo que levantó a Jesús de entre los muertos también dará vida a sus cuerpos mortales por medio de su Espíritu, que vive en ustedes» (8:11).

Cuando Dios marque el inicio de la nueva creación, viviremos en ella en cuerpos resucitados como el de Cristo. Esto es lo que Pablo enseña explícita y extensamente en 1 Corintios 15, y más concisamente en Filipenses 3:

> En cambio, nosotros somos ciudadanos del cielo, de donde anhelamos recibir al Salvador, el Señor Jesucristo. *Él transformará nuestro cuerpo miserable para que sea como su cuerpo glorioso,* mediante el poder con que somete a sí mismo todas las cosas.
>
> —Filipenses 3:20-21 (énfasis añadido)

Otra vez notamos que Pablo no habla sobre nuestra «ida al cielo», sino de Cristo que viene de allí y transforma nuestros cuerpos terrenales a semejanza de su glorioso cuerpo resucitado… para nuestra vida en la nueva creación de Dios.

«Como su glorioso cuerpo», dice Pablo. Las historias de la resurrección son el mejor modelo que tenemos (en realidad son el único modelo que tenemos) para pensar cómo seremos cuando comencemos nuestra nueva vida redimida en la nueva creación. ¿Qué nos dicen esas historias? Sabemos (del propio Jesús el mismo día que se levantó) que tenía huesos y carne (Lucas 24:39); que podía comer y beber; que lo podían tocar; que podía partir el pan y cocerlo; que podía andar y hablar. Podemos conocer gracias a todas esas historias que se le podía reconocer como el Jesús que recordaban. Y aun así, de alguna manera, también era diferente, porque podía venir e irse, aparecer y desaparecer, ignorar puertas y ventanas, como si el mundo físico ya no impusiera límites a su vida de la manera que hace con nosotros (y había hecho con él durante treinta años o más).

¡Y seremos como él!

La vida resucitada tendrá continuidad con esta vida, en la medida en que seremos reconocibles por las mismas personas como lo hemos sido en esta vida (como lo fue el Jesús resucitado). Pero también tendrá discontinuidades con la vida presente. Algunas de esas discontinuidades descansan más allá de nuestra capacidad presente de comprensión o imaginación, porque transformarán algunos aspectos de la vida que son una parte muy integral de lo que significa ser humano en la presente creación (tales como la edad y el género). Pero, aun en lo que nuestra vida resucitada trasciende las realidades presentes, esta incorporará lo mejor de lo que esos aspectos significan para nosotros (especialmente en términos de nuestras relaciones). Fue Jesús resucitado quien preguntó a Pedro: «¿Me amas?». De hecho, todo lo que es precioso será ampliado y clarificado, porque «ahora vemos de manera indirecta y velada, como en un espejo; pero entonces veremos cara a cara. Ahora conozco de manera imperfecta, pero entonces conoceré tal y como soy conocido» (1 Corintios 13:12).

Sea como sea, podemos estar seguros de que, para aquellos que están en Cristo, todo lo que nos ha bendecido y enriquecido en esta vida no se perderá sino más bien se ampliará infinitamente en la resurrección, y nada de lo que no hemos sido capaces de disfrutar en esta vida (por incapacidad, enfermedad, o muerte prematura… o simplemente a través de las limitaciones naturales del tiempo y el espacio) será ampliamente restaurado o compensado en la vida resucitada.

La presencia de Dios

Nuestra vida en la nueva creación no será solo una vida corporal, modelada sobre el Cristo resucitado. También viviremos con la íntima, no amenazadora ni amenazada presencia de Dios. O, puesto mejor en términos bíblicos, el propio Dios vivirá con nosotros. Este es un tema prominente en Apocalipsis 21—22, que se expresa de varias maneras… de la cual la primera viene de la boca del mismo Dios: «Oí una potente voz que provenía del trono y decía: "¡Aquí, entre los seres humanos, está la morada de Dios! Él acampará en medio de ellos, y ellos serán su pueblo; Dios mismo estará con ellos y será su Dios"» (Apocalipsis 21:3).

Este es el lenguaje del Antiguo Testamento proyectado dentro de la nueva creación. «La morada de Dios» significa literalmente «la tienda», y trae a la mente la manera en que vivió Dios en medio del pueblo simbólicamente en el tabernáculo y luego en el templo. La combinación de ser el pueblo de Dios y tener a Dios con ellos como su Dios era el mayor de los privilegios del pacto del Israel del Antiguo Testamento. Ahora, dice Dios, ese limitado privilegio nacional de tiempos del Antiguo Testamento será la realidad universal para el pueblo de todas las naciones (la palabra «pueblo» en realidad es plural en griego; los mejores manuscritos leen: «ellos serán sus pueblos»).

Ya hemos notado que la descripción de la ciudad de Dios trae a la mente el jardín del Edén. Las imágenes del río y el agua de vida en 22:1-2 apuntan a esto. Y recordamos que antes de la caída, Dios caminaba y hablaba con Adán y Eva en la intimidad de ese jardín. Pero en la visión de Apocalipsis, esa presencia viva llenará toda la creación y traerá salud a todas las naciones.

Ahora vivimos en una tierra que ha sido maldecida por Dios desde los días de nuestro pecado en Adán. Así que aunque los seres humanos pueden percibir realmente la presencia de Dios en este mundo caído, como muestra la Biblia tan abundantemente, siempre es una presencia nublada por nuestro pecado y por las realidades cargadas de pecado de vivir en un mundo bajo la maldición de Dios. Apocalipsis revierte la maldición para dar la bienvenida a la inocultable presencia de Dios con las simples palabras que transforman al mundo: «Ya no habrá más maldición» (Apocalipsis 22:3).

Lo más precioso de todo es que no habrá necesidad de templo en la nueva creación, porque la creación entera será la morada de Dios, de manera que, en vez de estar oculto en un lugar santo separado, el Señor será visible a todos a la luz de sí mismo. La única cosa que ni a Moisés se le permitió, a pesar de su intimidad con Dios, que fue ver el rostro de Dios (Éxodo 33:20-23; Números 12:8 es literalmente «de boca a boca»), será una gozosa experiencia de todos los siervos de Dios, porque lo verán «cara a cara» (Apocalipsis 22:4).

Me encanta la manera en que el libro de Apocalipsis mueve su perspectiva de «allá arriba» a «aquí abajo». Este se mueve de las primeras visiones de Juan, en las cuales, como a los profetas de antaño, lo transportan al salón del trono de Dios (en los capítulos 4—5) y presencia todo lo que ocurre en el cielo. Tal como con Isaías, es como si a él, como ser humano, se le permitiera por un tiempo presenciar todo lo que Dios hace en su gobierno celestial de los asuntos terrenales, como un espectador que observa al margen y hace preguntas ocasionales. Pero al final del libro, cuando contempla la nueva creación transformada y redimida, su cuadro no es que nosotros subamos a observar lo que hace Dios, sino que es Dios el que desciende a vivir entre nosotros y hacer intrínseca su presencia en todo lo que hacemos. No nosotros con Dios en el cielo, sino Dios con nosotros sobre la tierra.

Los reyes traen la gloria de la civilización a la ciudad de Dios. Las naciones se sanan. Hay que servir y reinar. La nueva creación, la nueva Jerusalén, la ciudad de Dios —cualquiera que sea el cuadro que escojamos— es un lugar lleno con todo el potencial de una humanidad transformada, facultada por el mismo Espíritu que levantó a Jesús de entre los muertos, que sigue adelante con la tarea para la que fuimos creados y redimidos, sin lágrimas, muerte, dolor o maldición, pero con la inmediata presencia de Dios entre nosotros, que vivimos a la luz de su rostro.

La bendición de trabajar

¡Sí, estaremos ocupados! Pero qué del cuadro bíblico del cielo como «reposo», podría preguntarse usted. ¿No se dice de algunos personajes bíblicos que «descansan con sus antepasados» cuando mueren? ¿Qué sobre esas frases funerales de ir a nuestro «eterno descanso», para no mencionar el ubicuo E.P.D. sobre las tumbas, «en paz descanse»?

Necesitamos recordar que el concepto bíblico del reposo no significa el cese de toda actividad. La creación original del sabbat fue el comienzo de la historia humana, en la cual íbamos a disfrutar de la creación junto con nuestro Creador a través del ejercicio de nuestro mandato de regirla y cuidar de ella. Cuando Dios les dio a los israelitas el «reposo» en la tierra, esto significó libertad de sus enemigos, de manera que pudieran continuar la tarea de cultivar la tierra. El «reposo» significaba el gozo de trabajar y ver el cumplimiento de nuestras labores.

Así que, como notamos, aun en Apocalipsis 21 y 22 hay sugerencias del trabajo que ocupará a los redimidos en la ciudad de Dios. Pero el cuadro del Antiguo Testamento de la nueva creación sobre el cual Apocalipsis elabora es más que explícito sobre esto, en deliciosos modos terrenales.

Usted debe hacer en realidad una pausa y leer Isaías 65:17-25 ahora mismo… lenta e imaginativamente. Este se basa en las realidades de la vida familiar en el antiguo Israel y usa la experiencia cotidiana de la gente campesina para contemplar a qué serán semejantes «los nuevos cielos y la nueva tierra de Dios». Detrás de las imágenes, hay importantes verdades que presentan una visión ricamente redondeada y expresada.

Y en medio de todo ello, está el claro presupuesto de que habrá trabajo para nosotros en la nueva creación. En contraste con los mitos del paraíso hallados en algunas culturas y religiones, no vamos a holgazanear a la sombra de los árboles, con frutas y vino que caen milagrosamente en nuestras bocas, rodeados de lujosas y sensuales delicias adaptadas a nuestros gustos y género. El mito de eterna calma es tentador, pero no bíblico. De manera que cuando escucho a un muy agradable grupo australiano evangélico, el Steve Messer's Strange Country, cantando una canción llamada «Cuando tome mis vacaciones en el cielo»[5], disfruto el optimismo rítmico pero declino el concepto. Disfruto mis vacaciones enormemente, pero la idea de la eternidad como unas infinitas vacaciones de ocio eterno es embrutecedora.

No, lo que Isaías dice no es que estaremos libres de todo trabajo, sino que el trabajo que hacemos estará libre de toda frustración. La maldición del tedio, la pérdida, la derrota, la injusticia, la futilidad y el infortunio se habrán ido. Nuestro trabajo en la nueva creación será productivo, agradable, satisfactorio, de valor duradero, bendecido por Dios… ¡y seguro ambientalmente (vea Isaías 65:25)! Fuimos creados a imagen de Dios, quien es bien trabajador. En la nueva creación tendremos un ámbito ilimitado para ejercitar toda la capacidad y el potencial de esa imagen, para la gloria de Dios y nuestra propia satisfacción, para siempre.

> Construirán casas y las habitarán;
> plantarán viñas y comerán de su fruto.
> Ya no construirán casas para que otros las habiten,
> ni plantarán viñas para que otros coman.
> Porque los días de mi pueblo
> serán como los de un árbol;
> mis escogidos disfrutarán
> de las obras de sus manos.
> No trabajarán en vano,
> ni tendrán hijos para la desgracia;
> tanto ellos como su descendencia
> serán simiente bendecida del Señor.
>
> —Isaías 65:21-23

Conclusión

He leído todo este capítulo de nuevo, y no puedo impedir que se eleve la marea de excitación y anticipación emocional que siempre me invade cuando pienso (o canto) sobre estas grandes verdades acerca de la nueva creación. ¿Quién puede entenderlas? Ninguno de nosotros, por supuesto, con ningún tipo de capacidad de captación. El Dios que no comprendo tiene más cosas en su nuevo cielo y tierra de las que podemos siquiera soñar, para no hablar de las que edificamos en nuestras insignificantes teologías. Pero el solo hecho de trabajar a través de las cosas que en cierta medida podemos comprender —sobre la base de que la Biblia las enseña con mucho énfasis— es suficiente para que el pulso se eleve y la imaginación se dispare.

Y francamente, me inspiran una mayor gratitud estas masivas certidumbres bíblicas, estas insondables profundidades bíblicas, y las perspectivas bíblicas que ensanchan la mente cuando sopeso las alternativas. Por supuesto, hay muchas cosmovisiones alternativas sobre la muerte y el más allá.

Mientras escribía esta parte del libro, leí los tres tomos de la trilogía de Philip Pullman, *His Dark Materials*[6]. Los disfruté inmensamente, tal es el poder extraordinario y las habilidades narrativas de la imaginación de Pullman. Pero por supuesto, la cosmovisión de Pullman es agresivamente atea. La principal fuente del mal en su relato es la iglesia y todos sus representantes. La máxima causa de los problemas del mundo (o más bien de todos los mundos que Pullman convoca a una existencia imaginaria) es «la Autoridad», el alegado creador y poder supremo de todos los universos. Al final del cuento, este último se expone como un cansado antiguo fraude quien se desintegra en el momento en que lo sacan de su caja de cristal, y la anterior es reducida y despojada de poder.

Lo irónico, desde mi punto de vista, es que el tipo de iglesia que Pullman ataca es de hecho digna de ataque: la egoísta, dogmáticamente autoritaria, violenta, torturadora y corrupta institución que ha sido el cristianismo a veces. Ningún cristiano podría defender lo que Pullman correctamente pone en la picota. Pero una ironía adicional es que el tipo de cosmovisión que él quiere atribuir al cristianismo es la muy dualista versión que hemos argumentado aquí que se halla muy lejos de ser bíblica, con la sobrenatural obsesión con las almas y el cielo. En su lugar, Pullman se deleita en las descripciones de la bondad del mundo material, las maravillas de la naturaleza, el goce de vivir como criaturas sensatas en un mundo de color, sonido, gusto, olor, tacto, textura, y la emoción de explorarlas todas estas cosas. ¡Pero esto es enteramente bíblico! Y no solo la Biblia ensalza estas maravillas de la creación como la conocemos ahora, sino que nos dice que en la nueva creación las gozaremos en una medida aun más abundante de lo que podemos imaginar.

En contra de la visión bíblica de una vida gloriosamente rica en cuerpos resucitados en una nueva creación, ¿qué puede ofrecer Pullman? En un punto de la historia, sin duda inspirado por Virgilio, Dante, y Milton, los dos héroes de Pullman, Will y Lyra, se encuentran en el mundo de los muertos, un mundo de fantasmas sombríos y tristes, que incluye a los amigos de su familia. Ahora, Will y Lyra son las figuras redentoras de toda la trilogía, quienes llevan a cabo a un terrible precio la medida de «salvación» que al final llega a la historia.

¿Pero qué pueden ellos hacer por las almas de los muertos? Will tiene un sutil cuchillo capaz de cortar cualquier cosa en el universo, incluyendo abrir agujeros entre un mundo y el otro. Con él hace un agujero en el mundo de los muertos, para dejar a las innumerables huestes de todos los muertos de incontables generaciones desbordarse a la libertad. Los agradecidos fantasmas salen a través de esa abertura. ¿Para qué? ¿La vida real sobre la tierra? ¿Cualquier tipo de existencia personal real? De ningún modo. Lo que más anhelan y que ocurre mientras escapan gozosa y agradecidamente de la fantasmagórica vida de las almas (a la cual se presume que la Autoridad y la iglesia los han condenado) ¡es la extinción! Simplemente se disuelven y vuelven a ser elementos del universo.

> Will agrandó la ventana tan ampliamente como pudo [...] haciéndola suficiente grande para que seis, siete, ocho caminaran de frente, fuera de la tierra de los muertos.
>
> Los primeros fantasmas temblaron esperanzados, en su excitación pasaron de nuevo como una onda sobre la larga línea detrás de ellos, lo mismo niños pequeños que padres de mayor edad con deleite y asombro como si las primeras estrellas que habían visto en siglos brillaran dentro de sus pobres ojos inertes.
>
> El primer fantasma que abandonó el mundo de los muertos fue Roger. Dio un paso hacia delante, y se viró para mirar atrás a Lyra, y rió sorprendido cuando se encontró que penetraba en la noche, la luz de las estrellas, el aire [...] y entonces se fue, dejando detrás como una vívida y breve ráfaga de felicidad que recordó a Will las burbujas de un vaso de champaña[7].

Leí y pensé: *¿Es eso? ¿Es eso lo mejor que puede ofrecer la imaginación atea? La muerte como el corcho que salta de una botella de champaña, una breve ráfaga de felicidad, y entonces... nada. Nada personal. Nada gloriosamente humano. Solo la disolución dentro del «todo» del resto del universo.* Y entonces leí 1 Corintios 15 y los relatos del evangelio que ofrecen la prueba histórica de la resurrección de Jesús de Nazaret, y mi corazón saltó para decir: «Gracias, Señor, que "nos has hecho nacer de nuevo mediante la resurrección de Jesucristo, para que tengamos una esperanza viva" (1 Pedro 1:3)».

Había personas en el mundo de los apóstoles que creían en un futuro más allá de la muerte casi como el que describe Pullman. Uno vivía en las sombras de un mundo sin vida como un alma insípida y miserable del submundo, o se disolvía otra vez en los átomos de donde surgió para el reciclaje de una vida que nunca termina. No en balde el mensaje de la resurrección corporal y de una vida personal real en la nueva creación —como lo que se presenció en Jesús, y como la esperanza maravillosa de todos los que confían en él— era unas tan inefables buenas nuevas.

Y aún lo es.

Notas

1. Vea el excelente estudio de este tema en Michael E. Wittmer, *Heaven is a Place on Earth: Why Everything You Do Matters to God* (Zondervan, Grand Rapids, 2004), esp. pp. 205-6.

2. Una de las investigaciones más completas y estimulantes del tema bíblico de la ciudad, sus orígenes humanos, su futuro redentor, y su rico simbolismo bíblico, es Jacques Ellul, *The Meaning of the City* (Zondervan, Grand Rapids, 1970).

3. Wittmer, *Heaven is a Place on Earth*, provee una buena crítica de esta manera dualista de pensar. Vea también, Darrell Cosden, *The Heavenly Good of Earthly Work* (Hendrickson, Peabody, MA; Paternoster, Milton Keynes, 2006).

4. Jonathan Bonk, «Following Jesus in Contexts of Power and Violence», *Evangelical Review of Theology* 31 (2007), pp. 342-57.

5. On Steve Messer's Strange Country album, *It's Real!*

6. Philip Pullman, *The Golden Compass* (Knopf, Nueva York, 1966); idem, *The Subtle Knife* (Knopf, Nueva York, 1997); idem, *The Amber Spyglass* (New York: Knopf, 200).

7. Pullman, *The Amber Spyglass*, p. 382.

Conclusión

Cuando llego al final de esta serie de reflexiones más bien serpenteantes sobre algunas unas de las más arduas cuestiones de la fe, estoy consciente de que hay muchas más preguntas que respuestas, tanto en lo que he escrito como en lo que probablemente está todavía en su mente como mi compañero de conversación en el proceso. Me entusiasma descubrir si Gordon, cuya pregunta en una conversación motivó este libro, piensa que el bebé que ahora ha nacido se acerca de alguna manera a ofrecer una respuesta que sea satisfactoria... hasta donde se puede.

Pero la cuestión más práctica es: ¿Cómo debemos responder a la luz de las cosas que hemos considerado juntos? Cada parte del libro parece sugerir una respuesta propia.

En la primera parte bregamos con la pregunta original: «¿Qué del mal y el sufrimiento?». Sugiero que la Biblia nos llama a aceptar que hay un misterio sobre el mal que ni podemos ni debemos nunca comprender racionalmente. Pero la Biblia también nos permite traer nuestro lamento y protesta ante la presencia de Dios y unirnos al coro de personajes bíblicos que claman a Dios con el «¿por qué?» y él «¿por cuánto tiempo?» de una fe que sufre. Sobre todo, la Biblia levanta nuestros ojos y nuestros corazones se regocijan anticipadamente debido a que como el sufrimiento y el mal no fueron la primera palabra sobre la creación, tampoco tendrán la última palabra. Dios los derrotará finalmente y los eliminará a ambos de su nueva creación a través de la obra de Cristo.

Nuestra respuesta seguramente tiene que estar junto a la del autor del Salmo 73, doloridos y molestos por el aparente éxito de los impíos en el presente, pero tenemos que traer ese dolor y frustración ante la presencia de Dios en compañía del pueblo de Dios que adora, para encontrar allí un ancla para la fe y una perspectiva fresca y eterna que nos infunda esperanza.

La segunda parte enfrentó el desconcierto que siente mucha gente ante «el Dios del Antiguo Testamento», especialmente sobre la violencia que allí se sancionaba en su nombre. Lo primero que hicimos fue no aceptar que es simplemente un problema del Antiguo Testamento. De manera que nuestra respuesta necesita ser una mayor determinación de leer la Biblia como un todo y sacarnos de la mente esos clisés populares superficiales que no son sino caricaturas del Antiguo y el Nuevo Testamentos y que causan tanto daño a nuestra comprensión bíblica. Pero «leer la Biblia como un todo» significa leerla a la luz de la centralidad de Cristo y reconociendo que esta es, como un todo, la historia de la salvación de Dios.

Desde esa perspectiva podemos ver, de un lado, que los relatos de la conquista se presentan como un episodio del juicio histórico de Dios dentro de la larga historia de la definitiva salvación de Dios, y por lo tanto nunca se cuestiona ni reprochan en los labios de Jesús. Pero del otro lado, vemos también que fue una acción histórica limitada de Dios, la cual Jesús decididamente no aceptaba como modelo de cómo sus seguidores debían comportarse tanto hacia quienes lo rechazaban como hacia sus propios enemigos. Así, que nosotros aceptemos (aun con pena y repugnancia emocional) que Dios actuó con justicia en ese relato bíblico no es aceptar que los cristianos hayan justificado alguna vez su uso como una razón para la violencia y el genocidio. Ni tampoco debemos permitir que nuestro rechazo de todas esas tragedias que desfiguran la historia de la iglesia desemboque en un rechazo de la historia bíblica dentro de la moral explícita y el marco teológico que la Biblia provee para ella.

La tercera parte probablemente puede ser el meollo del libro, porque todos los demás problemas que consideramos se remiten al final a la cruz… o más bien, necesitan ser vistos a la luz de la cruz. Si de veras pudiéramos comprender todo el misterio de la cruz, las demás cosas que ahora no comprendemos se marchitarían hasta prácticamente desaparecer. Pero, por supuesto, como el supremo acto de Dios en Cristo para la redención del universo, la cruz presenta insondables misterios que están más allá de nuestra comprensión, aunque no más allá de nuestra humilde gratitud y adoración.

En los capítulos de la tercera parte traté de descifrar algunos de los más confusos falsos contrarios que estorban nuestra comprensión de la cruz, de manera que por lo menos podamos regocijarnos con tanta mayor claridad en lo que Dios en Cristo logró por nosotros allí mientras se abre para nosotros la revelación bíblica. Y para esas profundidades que están debajo del nivel de nuestra mente inquisidora, podemos alegremente permitirnos, con Charles Wesley, quedar «perdidos en el asombro, el amor y la alabanza».

La parte cuatro parece implorar la respuesta más práctica. Eso puede parecer paradójico, pues se ocupa de algo que no ha sucedido aun: el llamado fin del mundo. Como vimos, esa es una frase más bien inapropiada. Porque la Biblia no termina (como libro) con «el fin», sino con un nuevo comienzo y una gloriosa promesa para toda la creación. ¿Qué significa vivir la vida ahora a la luz de ese futuro? ¡Esto es en tan gran medida de lo que trata la enseñanza práctica del Nuevo Testamento que estoy seriamente tentado a escribir otro capítulo solo sobre eso! Pero, en resumen, tiene que haber consecuencias para nuestra fe y para nuestras vidas.

La Biblia no enseña estas grandes certidumbres sobre el gran clímax (cap. 10) y el nuevo comienzo (cap. 11), no solo para estimular nuestra curiosidad sino para fortalecer nuestra fe. Se nos llama a vivir en esta gran esperanza. Somos aquellos que ya sabemos cómo la presente historia del mundo terminará y lo que está después de ese final. No quiero decir que tenemos un cronograma trazado por completo y que pasemos nuestro tiempo obsesionados sobre qué detalles simbólicos de la Biblia pueden ser de manera inverosímil comparados con los acontecimientos actuales. Antes bien, nos aferramos a las grandes e inequívocas afirmaciones del Nuevo Testamento: Cristo regresará, los muertos se levantarán, habrá un juicio final, la justicia y la misericordia de Dios se desplegarán y vindicarán plenamente, la victoria de Dios sobre el mal, la salvación de su pueblo, y la restauración de la creación por Dios se completarán. Este es el clímax de la gran historia de la que somos parte. Tenemos una esperanza. Tenemos un futuro. Tenemos un evangelio. De esa manera vivimos con valentía y fe, dando testimonio de estas grandes verdades.

Y hay consecuencias para nuestras vidas. ¿Qué significa este gran palpitar de esperanza bíblica cuando volvamos mañana a la vida diaria y al trabajo? Por lo menos dos cosas, pienso.

(1) *Todo nuestro trabajo **ahora** contribuye al contenido de la nueva creación.* Esta es una implicación de lo que argumenté en el capítulo 11 sobre la purga y la redención, antes que la destrucción, de todo lo que ha logrado la humanidad como imagen de Dios en la historia. No obstante lo abismalmente pequeño que podamos pensar que sea la pequeña tajada de espacio y tiempo ocupada por nuestra vida sobre la tierra, esta realmente cuenta. Dios construye con bloques extremadamente pequeños (las vidas humanas), pero construye en una escala en última instancia vasta, y su poder redentor es infinito, cósmico y eterno.

Así que el trabajo importa. La sociedad importa. Nuestra contribución a la vida y el bienestar humano importa. Nuestro uso de los de los recursos materiales creados importa. Nuestro cuidado de la tierra importa. Las relaciones entre nosotros importan. E importan no solo para en el aquí y el ahora, sino para la eternidad, para la nueva creación. En otras palabras, lo que logramos con nuestras vidas sobre la tierra no es solo una insignificante farsa destinada a un incinerador cósmico. La nueva creación incluirá de alguna manera —de forma que solo Dios puede imaginar y planear— todo lo que hemos logrado por medio de nuestro trabajo en esta creación. Purgada y redimida, sí. Libre de todas las excrecencias de la avaricia y la culpa, de la violencia y la codicia, del engaño y el orgullo, sí. Pero no destruida y olvidada para siempre.

Desde mi punto de vista, esto le da gran valor y significado al mundo ordinario de la vida y el trabajo cotidiano. Este no es solo un escenario temporal y desechable para evangelizar almas. Por favor no me malinterprete. El lugar de trabajo es el campo misionero de cada cristiano, y nuestro testimonio del señorío de Cristo y de la verdad y la ética del evangelio tiene que gobernar la manera en que funcionemos allí. Pero cuando los predicadores cristianos dicen que la única razón que los cristianos tienen para ir al trabajo durante la semana es para evangelizar y que cualquier otra cosa que hagan no vale de nada, ¡siento deseos de retar su dualismo no bíblico y sus penosamente inadecuadas doctrinas de la creación, la humanidad y la escatología!

(2) *Todo nuestro comportamiento **ahora** tiene que estar gobernado por las normas de la nueva creación.* El empuje del la ética del Nuevo Testamento consiste en que se nos llama a vivir ahora a la luz del futuro, por las normas del reino de Dios, el cual ya ha invadido este mundo a través de la vida, la muerte, y la resurrección de Cristo, pero que un día será establecido plenamente en la era porvenir. Esto produce una tensión familiar entre las normas del reino de Dios y las realidades de la era presente que todos los cristianos experimentan. Pero es una tensión de la que no podemos y no debemos escapar.

Es la esencia de la profecía bíblica que la revelación sobre el futuro está destinada a ocasionar un cambio en el presente: un cambio en la acción, en la actitud o en ambas. Así que lo que la Biblia nos revela sobre la nueva creación debe gobernar cómo procuramos vivir ahora.

De forma negativa, será un mundo libre de pecado, engaño, crueldad, odio, avaricia, lujuria, orgullo, explotación, opresión y cosas por el estilo. Si es ese el caso de la nueva creación de Dios, tales cosas no deben tener lugar en la forma que vivimos ahora. Para decirlo sin rodeos, cuando consideramos cualquier curso de comportamiento o cualquier actitud, postura, humor, si no lo vamos a hacer entonces (en la nueva creación) no lo hagamos ahora.

De forma positiva, será un lugar de paz, justicia, amor, relaciones sanas, bondad auténtica, realización de la vida humana y armonía con toda la creación. Si eso es lo que anhelamos, debemos esforzarnos por alcanzar tales cosas aquí y ahora.

Entonces debemos vivir como un pueblo que no solo tiene un futuro, sino que conoce el futuro que tenemos y que salimos y vivimos a la luz de ese futuro, en preparación para él, y caracterizados por sus valores.

El Día del Señor ciertamente viene, como seguramente el Señor Jesucristo prometió: «Vengo pronto». ¿Está usted preparado para ese día, confiando en el mismo Jesús como Salvador antes de que se pare delante de él como Juez?

Ya preparan a la nueva creación para que nazca dentro del vientre de la vieja creación ¿Invierte su vida y trabajo en ella y en vivir ahora según sus normas como un ciudadano de la ciudad de Dios?

Nos agradaría recibir noticias suyas.
Por favor, envíe sus comentarios sobre este libro
a la dirección que aparece a continuación.
Muchas gracias.

Editorial **Vida**®
.com

vida@zondervan.com
www.editorialvida.com

www.ingramcontent.com/pod-product-compliance
Lightning Source LLC
Chambersburg PA
CBHW010855090426
42737CB00019B/3371